図解 戦国武将

FILES No.026

池上良太 著

新紀元社

はじめに

昨今は戦国時代、戦国武将がブームだという。もっともこうしたブームは今に始まったことではない。戦場を勇壮に駆け巡った武将たちへの憧れは、常々我々の心のどこかにあるからである。

そのため、戦国時代、そして戦国武将は小説や漫画、ゲームなど様々なフィクションの格好の素材として扱われてきた。そして、そうやって作られたフィクションの数々もまた我々の心を惹きつける一助となっている。

本書はそうしたフィクションの世界から、戦国時代や戦国武将に興味を持った人々を対象としている。戦国時代に関する研究書や専門書は多く、すばらしい内容のものも数知れないが、その反面難しい専門用語も多く、とっつきづらい印象があるのも事実である。

そこで、本書は気軽に手に取ることのできる戦国時代の本を目指し、専門用語をなるべく少なくし、取り扱う際にはなるべく解説するように心がけた。また、内容としては武将個別の情報は少なく、戦国時代全体に満遍なく触れるという形を取らせていただいている。

そのため、戦国マニアとも言える皆様には少々物足りない内容となっているかもしれない。その点についてはご容赦いただきたい。

本書を手に取っていただいた皆様には、より魅力的で深い戦国時代の知識に踏み出すための一歩としていただくことを切に祈るばかりである。

最後に本書を書くにあたり多大な気苦労とご迷惑をおかけした編集部のK女史、そして気長にお待ちいただいた新紀元社様にはこの場を借りて感謝を。

本書を無事世に送り出すことができたのはあなたたちのおかげです。

池上　良太

目次

目次

第1章
戦国武将とその生活

No.001

戦国武将とは？

戦国時代の主役、戦国武将。果たして彼らはどのような存在だったのだろうか？

●戦国武将はどんな人

本書のタイトルともなっている「戦国武将」。実は江戸時代以降に**軍記《ぐんき》物《もの》**と呼ばれる当時の小説などで用いられるようになった造語である。そのため、明確な定義というものが存在していない。そこで、ここでは本書で扱う「戦国武将」の範囲について定義しておこうと思う。

「戦国武将」という言葉は、「戦国」と「武将」の二つの言葉に分けることができる。「戦国」はいうまでもなく**戦国時代**、「武将」は「武士の大将」、「武道に優れた将軍」の意味を持つ。そこで、本書では「戦国武将」を「戦国時代に活躍した武士で、兵士を率いて戦った人物」としたい。

ここでいう「武士」は出身身分としての「武士」ではなく、職業としての「武士」である。実は、有名な戦国武将の中には前歴がよくわかっていないものも多いのだ。代表的なのが**豊臣秀吉《とよとみひでよし》**で、その出身身分は農民とも、半農半武士ともいわれている。さらに、**僧侶**や**商人**、**忍者**といった別種の職業から武士になったものも少なくない。そのため、「武士」を出身身分としての「武士」に限ってしまうといろいろと都合が悪いのだ。

また、「兵士を率いる」という部分に関しては、上記の通り「武将」に「武士の大将」の意味があるところからである。天下が統一され平和な時代になった江戸時代以降の武士であれば、兵士を率いたことのない武士も多かったかもしれない。しかし、戦国時代においては戦場で戦うことこそが武士の義務だったのである。

現在、戦国武将と呼ばれている人物には、一国の支配者である大名、その家臣、果ては滅びた国の再興を目指して奔走した浪人など様々な人物が含まれている。こうした人物たちの共通項目としても、先に挙げた定義は十分にあてはまるだろう。

戦国武将とは？

戦国　武将

実は江戸時代の軍記物と呼ばれる小説で用いられるようになった言葉。
歴史的な定義はなされていない。

戦国
いわゆる戦国時代のこと。

武将
「武士の大将」
「武道に優れた将軍」
の意味。

本書での戦国武将の定義

戦国武将

戦国時代に活躍した武士で、兵士を率いて戦った人物

出身身分としての武士ではなく、職業としての武士。実は戦国武将の出身身分は様々。

武将は「武士の大将」の意味を持つため。実際、武将と呼ばれる人々には部下を引き連れる義務がある。

関連項目

●守護大名と戦国大名はどう違う？→No.002
●戦国時代はいつ始まったのか？→No.003
●中国大返しと信長の後継者争い→No.090
●秀吉と家康→No.091
●戦国大名と商人→No.109
●戦国大名と職人→No.110
●戦国大名と農民→No.112
●戦国大名と忍者→No.113

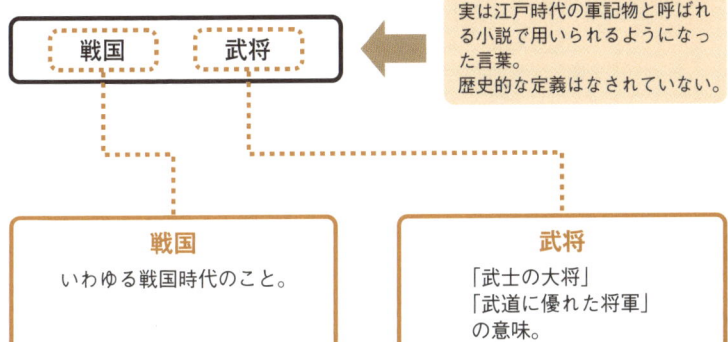

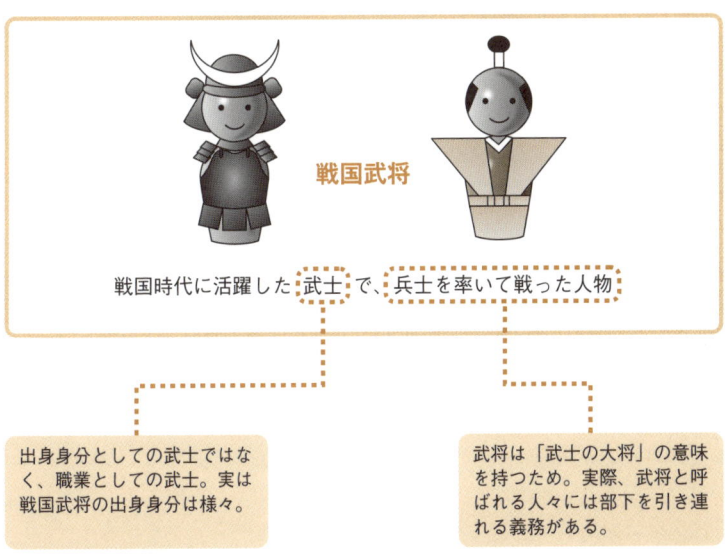

No.002

守護《しゅご》大名《だいみょう》と戦国大名はどう違う？

戦国時代を扱った書物には必ず登場する守護大名と戦国大名。彼らの違いとは一体どのようなものだったのだろうか？

●いくつかある大名の種類

江戸時代より以前の時代、ある程度以上の土地を支配した権力者を「大名」と呼んだ。現在名の知られている戦国武将の多くは、こうした大名と呼ばれる存在だった。この「大名」という言葉は学術的にいくつかの種類に分けられている。ここでは､そうした中から戦国時代に存在した「大名」について解説しよう。

戦国時代の大名として、まず挙げられるのが「守護大名《しゅごだいみょう》」である。彼らは地方を支配するために**室町幕府**に任命された役人で、正しくは**守護**《しゅご》という。守護という役職自体は鎌倉時代にも存在していたが、室町時代に入ると大幅に職権が拡大し、地方の支配者としての役割が与えられるようになった。そこで守護に地方の支配者としての「大名」の語をつけて「守護大名」と呼び分けられている。しかし、彼らの地方支配を支えるのはあくまで幕府の権威であり、自らの実力はあまり関係なかった。そのため、幕府の権威の失墜によって次第にその力を失っていく。

守護大名に代わって歴史の表舞台に登場したのが「戦国大名」である。幕府の役職を持つ者もいるが、基本的には実力のみで地方を支配していた。逆にいえば、幕府の権威だけを頼りにしているようでは、家臣に足元をすくわれたり、周囲の国から攻められたりと、自分の国を守ることはできなかったのである。守護大名と戦国大名の違いを簡単に説明するのであれば、守護大名は県知事、戦国大名は独立国家の国家元首といえるだろう。

最後に登場するのが「織田大名《おだだいみょう》」と「豊臣大名《とよとみだいみょう》」である。**織田信長**《おだのぶなが》や**豊**《とよ》**臣秀吉**《とみひでよし》によって天下統一が進められて以降に登場するこれらの大名は、家臣として支配する土地の権利を保障された大名である。彼らはその保障と引き換えに独立性を奪われた存在だった。

戦国時代の大名の違い

守護大名

後ろ盾
室町幕府
あくまで幕府によって各地に派遣された役人。

権限
県知事＋警察署長
交戦権は無し。近隣の国と戦った場合内乱扱いとなる。

戦国大名

後ろ盾
無し
大名自身の実力のみ。

権限
独立国の国家元首
交戦権がある。領国を広げるため、守るために合戦することができる。

織田、豊臣大名

後ろ盾
織田政権、豊臣政権
各政権によって各地に派遣された家臣や、恭順した大名。

権限
支配する領国内では戦国大名とほぼ同じ
あくまで織田氏、豊臣氏の家臣としての扱い。

関連項目
●戦国武将と室町幕府の官職→No.016
●織田信長の台頭→No.086
●秀吉の死→No.095

No.003

戦国時代はいつ始まったのか？

戦国武将たちがその命をかけて駆け抜けた戦国時代。その戦国時代は歴史的にはどのような位置にあったのだろうか。

●諸説ある戦国時代の期間

「戦国時代」という言葉には、「地方の主権を握った大名（諸侯）が、さらに勢力を拡張し、究極は天下の覇権を取るべく互いに戦った時代」（『新明解国語辞典第四版』三省堂より）という意味がある。日本の戦国時代を現すのにぴったりだが、ここで問題となってくるのがその期間である。

一般的には、戦国時代の始まりは、将軍家とそれを補佐する管領《かんれい》家の後継ぎ争いをきっかけとした**応仁《おうにん》の乱**が勃発した1467年と考えられている。もっとも、異論も存在しており将軍の首のすげ替えを狙ったクーデター事件である明応の政変が起きた1493年や、**北条早雲《ほうじょうそううん》**が堀越《ほりこし》公方《くぼう》足利茶々丸《あしかがちゃちゃまる》を倒し伊豆国《いずのくに》を支配した1491年とする場合もある。

戦国時代の終わりも同様で、**織田信長《おだのぶなが》**によって事実上室町幕府が滅ぼされた1573年、**豊臣秀吉《とよとみひでよし》**による天下統一がなされた1590年、豊臣家が滅亡した1615年など、こちらも様々な説が出ている。

●戦国時代を定義するならば

戦国時代の意味から考えるのであれば、戦国時代の始まりは応仁の乱とするべきである。戦国時代を象徴する下剋上、つまり身分の下のものが身分の上のものを倒して主権を握る行為が頻発するようになったのが応仁の乱以降なのだ。そのため、本書では戦国時代の始まりを応仁の乱の勃発した1467年とする。次に戦国時代の終わりだが、こちらは豊臣氏が滅亡した1615年と設定したい。もちろん、この間に平和な時期が全くなかったわけではない。しかし、「天下の覇権を取るべく互いに戦った時代」と考えるのであれば、豊臣氏が滅びるまでの間、豊臣氏と徳川《とくがわ》氏の間では各地の大名を巻き込んだ**天下分け目の戦い**が続いていたからである。

戦国時代の様々な定義

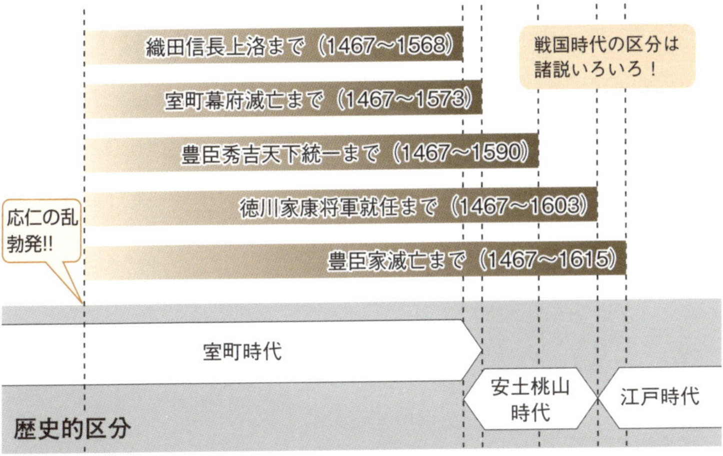

本書における戦国時代の定義

戦国時代とは……

「地方の主権を握った大名（諸侯）が、さらに勢力を拡張し、究極は天下の覇権を取るべく互いに戦った時代」（『新明解国語辞典第四版』三省堂より）

↓

戦国時代の象徴である下剋上が頻発したのが応仁の乱以降!

天下の覇権をめぐる戦いは豊臣家の滅亡まで続いた！

↓

そのため本書で扱う戦国時代の範囲は……

↓

応仁の乱勃発〜豊臣家滅亡まで（1467〜1615）

関連項目

●戦国大名たちはなぜ上洛を目指したのか→No.017
●応仁の乱とその終結→No.073
●戦国時代初期の将軍を巡る状況→No.074
●戦国時代初期の関東地方→No.076
●信長包囲網→No.087
●大坂冬の陣、夏の陣→No.097

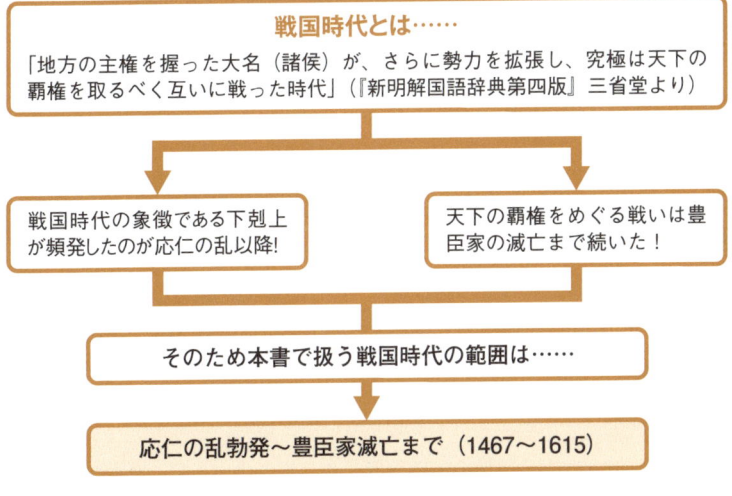

No.004

戦国大名と子供たちとの関係は？

戦国大名にも家庭があり、子供たちがいる。では、彼らの関係とはどのようなものだったのだろうか。

●表面上ドライな親子関係

戦国大名にとって、息子たちは跡継ぎであると同時に重要な手駒であった。家臣や親戚ですら信用できない戦国時代において、家族は唯一信用できるものだったのである。しかし、その関係は表面上非常にドライなものだった。

一般的に戦国大名に息子として認められていたのは三男程度までである。中国地方の戦国大名、**毛《もう》利《り》元就《もとなり》**は子煩悩で知られているが、その彼でも四男以降は「虫けら以下」と言っているのだ。こうした「虫けら以下」の子供たちはどうなったかというと、兄が早世しない限り他家に養子に出されるか、本家を継いだ兄弟の配下として一生を終えるのが常だった。

一方、長男は大名家の跡継ぎとして**英才教育**を施されることとなる。長男が早世した場合に備え、次男、三男にも教育が施されるが、無用な家督争いを避けるために、出家させられることが多い。こうして手塩にかけて育てた息子だが、おとなしく父親の言うことを聞くとは限らない。多くの大名家では、息子が父を討って家督を奪い取るということが行われている。

また、こうした兄弟間の序列が全く無視されることもあった。当主の急死である。この場合、家臣や一族の思惑もあり、四男以下の息子たちにも出番が回ってきた。特に大名家の実権を握ろうとする家臣たちであれば、幼少の息子を擁立することも少なくなかったのだ。

なお、戦国大名の娘たちの扱いも、息子たち同様に手駒としての域を出ていない。彼女たちは他国との同盟関係や家臣の忠誠を得るために嫁に出された。さらに、男女ともに他家に人質に出されることもある。

もっともこれは表面上の話。当時の日記などには子供への土産物を選んだり、病気を心配したりする大名たちの心情が書き残されている。

戦国大名と子供たちの関係

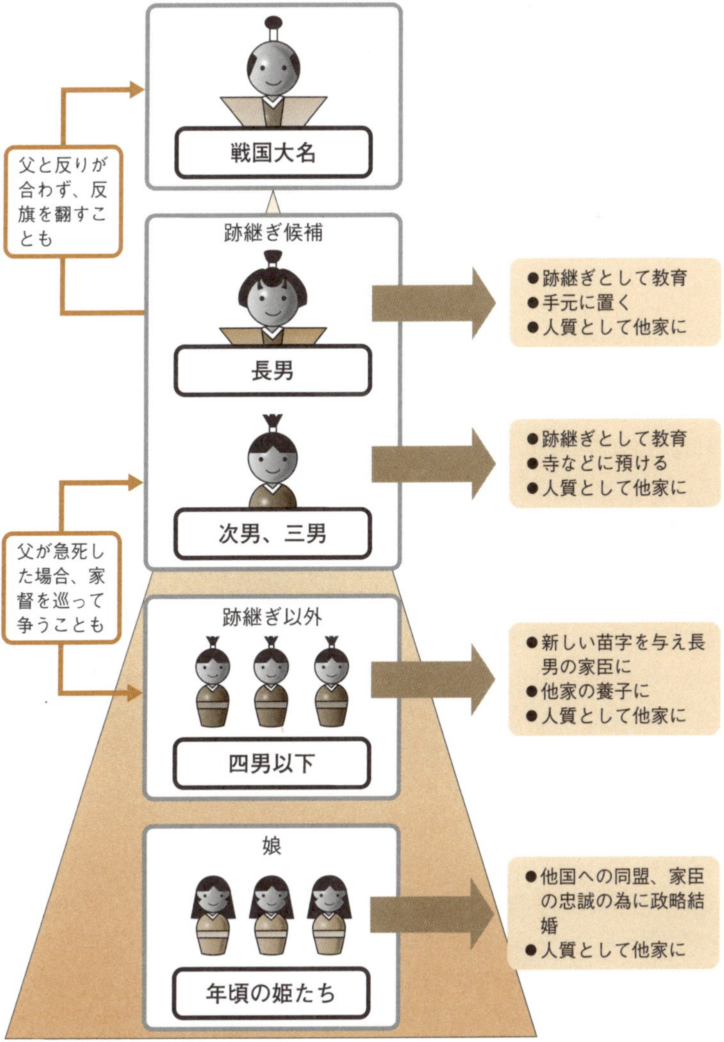

関連項目

●戦国大名にとって人質とは？→No.010
●戦国武将はどんな勉強をしていたのか？→No.027
●戦国武将の結婚とは？→No.032
●戦国時代初期の中国地方→No.081

No.005

戦国大名と一族の関係は？

血のつながった一族は何かと頼りになるものである。しかし、影響力が強いがゆえに時に足枷となることもあった。

●何かとうるさい親戚筋

裏切りが日常化していた戦国時代、直接の家族ほどではないが血のつながった親戚は頼もしい味方であった。実際、多くの戦国大名家では血のつながった親戚を**一門衆《いちもんしゅう》**や家衆《いえしゅう》と呼んで家臣の中でも最有力者として位置づけている。血のつながりというものは、それほど信用をおけるものだったのだ。実際、関東地方の戦国大名**北条《ほうじょう》氏**は、一門衆による揺るぎない支配によって勢力を拡大している。また、中国地方の大名**毛利《もうり》氏**の勢力拡大の陰には、一門衆である小早川《こばやかわ》、吉川《きっかわ》の両家の働きがあった。

もっとも、一門衆の存在が大名たちにとって思わぬ足枷となることもある。大名家の運営に対して影響力が強すぎたのだ。大名というとワンマン経営者のイメージが強いが、実はその経営方針は家臣団との会議によって決められることも多かった。その中でも大きな発言力を持っていたのが大名の一族である一門衆である。大名自身の意見と彼らの意見が一致している分には問題ないのだが、意見をたがえた場合は大変だった。先に挙げた北条氏の場合、**豊臣秀吉《とよとみひでよし》**との合戦の際、それによって合戦の機会を逸し、滅亡の憂き目にあったほどである。

さらに、家臣団の中でも有力者であるがゆえに、一度信用できなくなればその扱いは苛烈を極めた。下手をすればほかの有力家臣団を巻き込んで主家の乗っ取りをするという事態に発展することもあったからである。逆に、こうした一門衆との微妙な関係を敵に利用されることも少なくなかった。例えば、中国地方の大名**尼子《あまご》氏**は、主家の尼子晴久《はるひさ》を叔父の尼子国久《くにひさ》が支えるという良好な関係を維持していた。しかし、毛利氏の計略により国久を疑った晴久は、彼らの一族を処刑してしまう。これにより尼子氏は急速に弱体化してしまったのである。

戦国大名と一門衆の基本的な関係

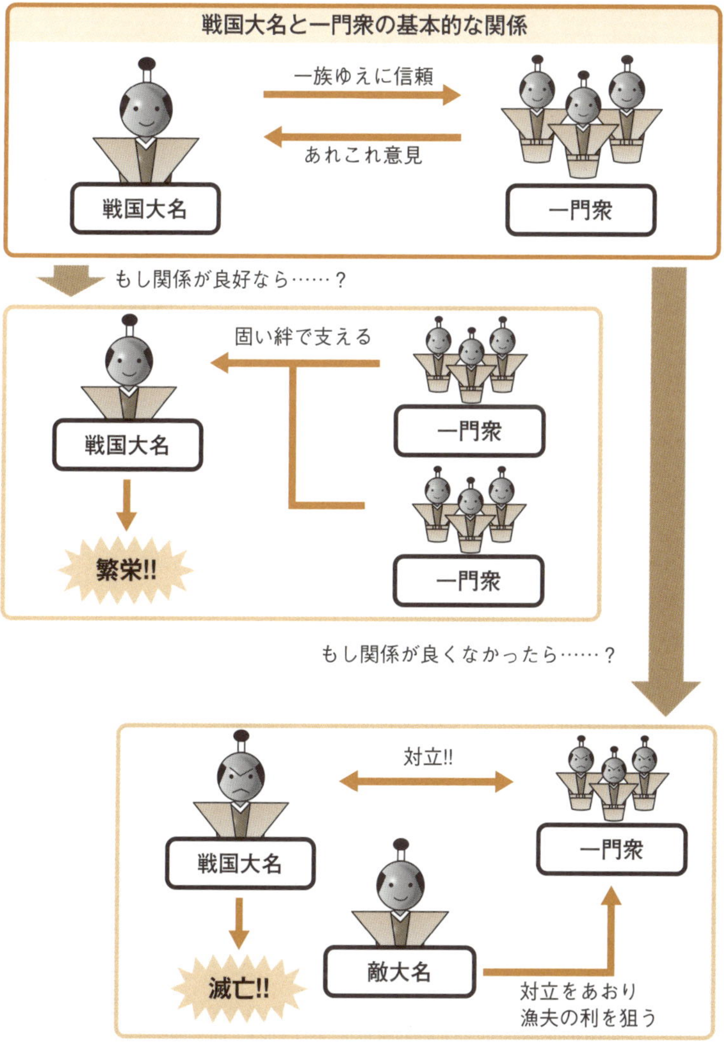
戦国大名と一門衆の基本的な関係
一族ゆえに信頼
あれこれ意見
戦国大名
一門衆
もし関係が良好なら……？
固い絆で支える
戦国大名
一門衆
一門衆
繁栄!!
もし関係が良くなかったら……？
対立!!
戦国大名
一門衆
敵大名
滅亡!!
対立をあおり
漁夫の利を狙う

関連項目
●家臣にはどんな役職があった？→No.007
●戦国時代初期の関東地方→No.076
●戦国時代初期の中国地方→No.081
●小田原征伐→No.093

No.006

戦国大名と家臣との関係は？

戦国大名と家臣団をつなぐ忠誠という名の絆。それは現代人が想像するよりはるかにシビアなものであった。

●御恩と奉公

戦国時代の一般的な主従関係を支えていたのは、「御恩《ごおん》」と「奉公《ほうこう》」という一種の契約だった。「御恩」は主君の、「奉公」は家臣の義務である。

ごく噛み砕いていうのであれば、「御恩」とは生活の保障のことを指す。自分の支配する土地である領地の権利を認めてくれることや、新たに領地を分け与えてくれること。さらに、**禄**《ろく》と呼ばれる給料を支払ってくれることなどがこれに含まれる。家臣が満足する「御恩」を与えることができる主君こそ良い主君だったわけである。一方､「奉公」は軍事的な義務を指す。**軍役**《ぐんやく》と呼ばれる最低限定められた人数の兵士を連れての合戦への参加のほか、軍事的な工事への従事などがこれに含まれた。

「御恩」と「奉公」はドライな利害関係であり、利害が一致しなくなれば簡単に解消される。現在の価値観からすれば酷いことのように思われるかもしれないが、当時は家臣を満足させられない主君のほうにこそ責任があった。逆にいえば、主君に満足している限り家臣たちは戦場で命を落とすこともいとわなかったのである。

もっとも、主従関係がこうした利害のみを求めた関係ばかりだったわけではない。1600年、**関ヶ原の戦い**で敗北した西軍に属していた北陸地方の戦国大名上杉《うえすぎ》氏は、**石高**《こくだか》を4分の1に減らされ米沢国《よねざわのくに》へ移動させられた。生活基盤である税収が減った家臣団の生活は当然苦しくなったが、多くのものは上杉氏のもとを去ることなく従い続けたのである。

このほか陪臣《ばいしん》と呼ばれる特殊な関係もあった。これは家臣と主従関係を結んでいる家臣のことで、「御恩」と「奉公」のやり取りは、**家臣と陪臣**との間で行われていた。そのため、主君と陪臣との間には主従関係が存在していない。

戦国大名と家臣の関係

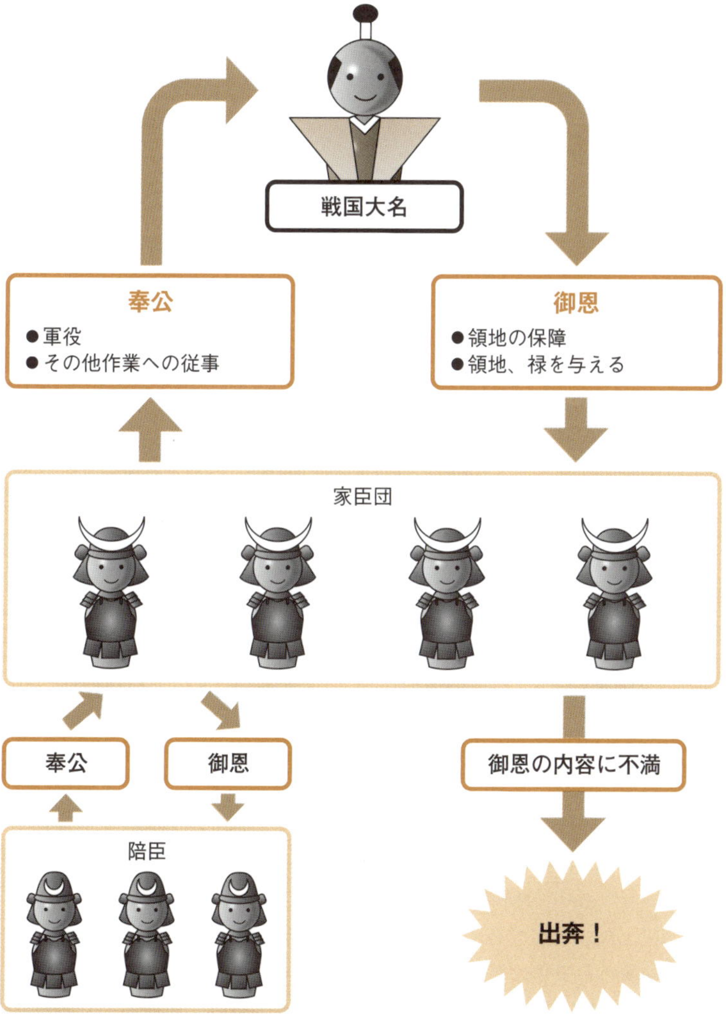

関連項目

●家臣にはどんな役職があった？→No.007
●兵士はどうやって集めたのか？→No.035
●どんなことをすると手柄と認められたのか？→No.063
●論功行賞とは？→No.064
●関ヶ原の戦い→No.096

No.007

家臣にはどんな役職があった？

戦国大名の下で国を支えた家臣たち。そこには役割や出自に応じた階層があった。

●複雑な家臣団の構成

戦国大名の家臣団の構成と役職には、大名ごとに特色があり一定ではない。しかし、その特徴からいくつかの分類方法がある。まず、大名との関係で分ける方法。これは大まかに分けて三つのグループに分けることができる。大名の血縁武将によって構成されている**一門衆《いちもんしゅう》**。遠縁にあたる武将や、古くから仕えている武将によって構成される譜代衆《ふだいしゅう》。最期に大名の領国がある程度発展した後に編入された国衆《くにしゅう》である。国衆は新参衆《しんざんしゅう》や、外様衆《とざましゅう》、他国衆《たこくしゅう》と呼ぶこともある。このほか**直臣《じきしん》**、**陪臣《ばいしん》**、奉公衆《ほうこうしゅう》という三つのグループに分ける分類もある。この場合、直臣は直接大名に仕える家臣、陪臣はその家臣に仕え間接的に大名に仕えている家臣、奉公衆はさらにその下で働いている最下級の人々を指す。

次に家臣同士の関係で分ける方法。こちらは代表的なものとして寄親《よりおや》、寄子《よりこ》制が挙げられる。家臣が増えすぎると大名自身では全てを把握できない。そこで生まれた制度である。大名は優秀な家臣を寄親として選び、その部下として他の家臣を預ける。預けられた家臣は寄子として寄親の指揮下に入った。システム的には陪臣に似ているが、寄子はあくまで大名自身の家臣である。なお、寄子の身分はおおむね低く、生活全般を寄親によって支配された。中には奴隷のように扱われることもあったという。

最期に平時の役職であるが、こちらも大名ごとに大きく違う 。共通している役職としては、軍事、政治面で大名を補佐する宿老《しゅくろう》。宿老の下でその仕事を補佐する家老《かろう》、中老《ちゅうろう》、若中老《わかちゅうろう》、老中《ろうじゅう》。老中たちの定めた政策に乗っ取って国を治める行政機関の長である奉行《ぶぎょう》、奉行の下で実務にあたる諸役《しょやく》、地方を治め税の徴収を行う郡代《ぐんだい》、代官《だいかん》。大名の周辺の諸事を担当する近習《きんじゅう》や小姓《こしょう》、文書を作成する右筆《ゆうひつ》などが挙げられる。

家臣団の構成

大名との関係で見た構成1

一門衆
戦国大名の血縁武将

譜代衆
戦国大名の遠縁武将
古くから仕える武将

国衆
領国が発展した後に
編入された武将

大名との関係で見た構成2

直臣
戦国大名に直接仕える武将

陪臣
戦国大名の家臣に仕える武将

奉公衆
武将に仕える身分の低いもの

家臣同士の関係で見た構成

寄親
戦国大名に選ばれた優秀な武将

→ 支配 →

寄子
寄親に部下として預けられた武将

平常時の主な役職

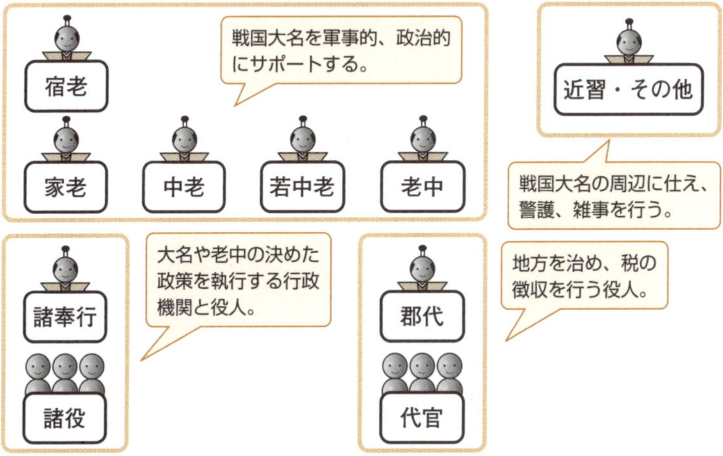
宿老
戦国大名を軍事的、政治的にサポートする。
家老
中老
若中老
老中
近習・その他
戦国大名の周辺に仕え、警護、雑事を行う。
諸奉行
大名や老中の決めた政策を執行する行政機関と役人。
諸役
郡代
地方を治め、税の徴収を行う役人。
代官

関連項目
●戦国大名と一族の関係は？→No.005
●戦国大名と家臣との関係は？ →No.006

No.008

戦場にはどんな役職があった？

個人の武勇を誇る戦いから、集団戦へと移行した戦国時代。そのため、戦闘部隊にもシステマチックな編成と役職が求められた。

●戦場での序列

個人戦から集団戦へと移行した戦国時代の合戦。数多くの兵士を効率よく動かすためには、専用の組織づくりが必要不可欠であった。ここでは、その組織について解説しよう。

合戦時の組織は、大きく分けて全体を統括する本陣と、その命令のもとで働く各部隊に分けることができる。本陣の指揮をするのが総大将《そうだいしょう》で、通常は戦国大名自身を指す。しかし、大名自身が合戦に参加しない場合は、大名が任命した武将がその座に就いた。総大将を補佐するのが副将《ふくしょう》、脇大《わきだい》将《しょう》で、大名の信頼が厚い武将が任命されることが多い。副将たちとは別に軍事的な助言を行うのが軍奉行《ぐんぶぎょう》、**軍配者**《ぐんばいしゃ》と呼ばれる役職である。特に軍配者は占いや儀式を取り仕切った。軍奉行の下には小荷駄奉行《こにだぶぎょう》、旗奉行《はたぶぎょう》、槍《やり》奉行《ぶぎょう》、弓奉行《ゆみぶぎょう》、鉄砲奉行《てっぽうぶぎょう》など仕事にあわせた様々な奉行がいる。小荷駄奉行は補給部隊の指揮官で、兵士たちが実力を発揮するためには必要不可欠な役職。他の奉行に関しては諸説あり、足軽大将《あしがるだいしょう》の別名とされることもある。さらに本陣には、将兵の働きを監視する軍目付《ぐんめつけ》、総大将の親衛隊である馬廻衆《うままわりしゅう》、各部隊との連絡役の使番《つかいばん》などの役職も置かれていた。

各部隊の指揮官となったのが侍大将《さむらいだいしょう》もしくは武者大将《むしゃだいしょう》である。**指物**《さしもの》や旗、甲冑など部隊を見分けるための印は、侍大将ごとに決められ統一されていた。侍大将の下では、足軽大将が**足軽**たちを指揮していた。足軽はその役割によって部隊の目印である旗を死守する旗足軽《はたあしがる》、長柄《ながえ》と呼ばれる長槍を使う槍足軽《やりあしがる》、弓を使う弓足軽《ゆみあしがる》、鉄砲を扱う鉄砲足軽《てっぽうあしがる》に分けられており、それぞれの部隊を指揮する足軽大将たちも旗大将《はただいしょう》、槍大将《やりだいしょう》、弓大将《ゆみだいしょう》、鉄砲《てっぽう》大将《たいしょう》と呼び分けられた。なお、このほか戦場には馬の世話役や荷物運びなど直接戦闘に参加しない人々も数多くいた。

戦場の役職とその関係

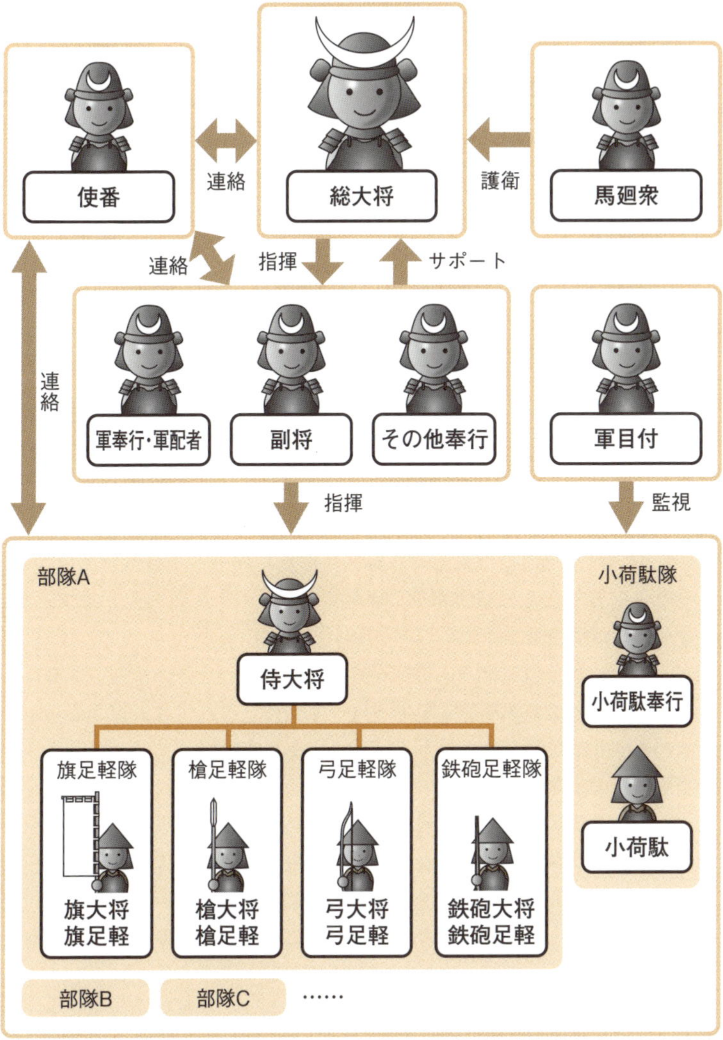

関連項目
●領民も戦にかり出された？→No.014
●足軽とはどのような存在だったのか？→No.036
●軍師はどのような仕事をしていたのか？→No.037
●馬印、指物とは？→No.058

No.009

家臣の採用方法とは？

組織の運営には優秀な人材が不可欠。それは戦国大名たちの領国経営においても例外ではなかった。

●人材を確保せよ

戦国大名にとって、優秀な人材の確保は避けては通れない重要な問題だった。合戦に勝ち、国を豊かにするためにはあらゆる方面で優れた人材が必要だったのである。

北陸地方の戦国大名**朝倉《あさくら》氏**では、一芸に秀でているものであればとりあえず雇うという姿勢をとっていた。こうした状況はほかの大名家でも大きく変わらなかっただろう。さらに、**足利《あしかが》学校**という養成機関を卒業したものや、前の主君から**感状《かんじょう》**と呼ばれる感謝状をもらっているものは優遇された。また、戦で降伏した敵方の武将、戦死した敵方の武将の家族なども、その働きが勇猛であれば優遇して雇うこともあった。どんな素性であれ、優秀な人材は喉から手が出るほど欲しかったのである。

もっとも、多くの場合は人材を発見、即雇用というわけにはいかなかった。雇用にも一定の手順が必要だったのである。これには裏切りの防止や、旧来の家臣を納得させるという意味合いがあった。

雇用までの手順は次の通りである。まず、対象の人物は大名の親族や有力な家臣による推薦を受けなければならない。現在でいうところの保証人である。無事に推薦を受けられてもすぐに雇用されたわけではない。仮雇用期間が設けられ、十分な実力の持ち主かどうか調べられた。仮雇用期間での働きが十分なものであれば、晴れて家臣として雇用される。雇用された人物は大名と差し向かい、酒やお茶を飲んで契りを結んだ。もし、大名が合戦などで遠隔地にいる場合は、誓約書を書いて大名に届けた。大名が用心深い場合は、家族を**人質**として差し出させることもあった。

こうした雇用方法は、大名の家臣である武将たちが家臣として雇う**陪臣《ばいしん》**の場合もおおむね同様だったようである。

戦国武将採用までの手順

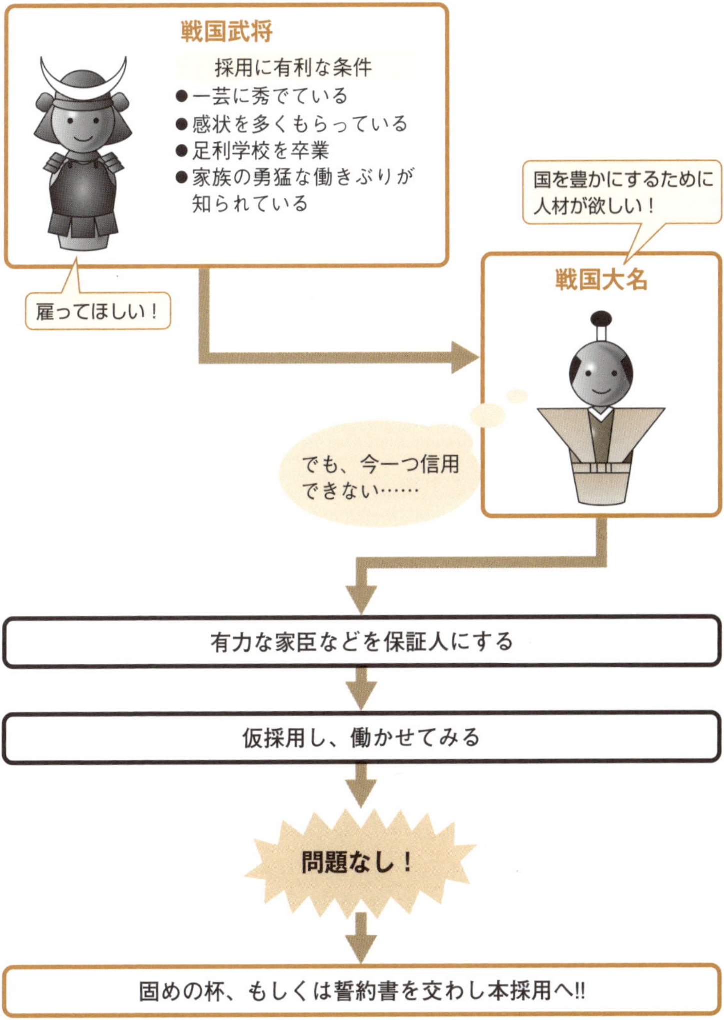
戦国武将
採用に有利な条件
●一芸に秀でている
●感状を多くもらっている
●足利学校を卒業
●家族の勇猛な働きぶりが知られている
雇ってほしい！
国を豊かにするために人材が欲しい！
戦国大名
でも、今一つ信用できない……
有力な家臣などを保証人にする
仮採用し、働かせてみる
問題なし！
固めの杯、もしくは誓約書を交わし本採用へ!!

関連項目

●戦国大名と家臣との関係は？ →No.006
●家臣にはどんな役職があった？→No.007
●戦国大名にとって人質とは？→No.010
●戦国武将はどんな勉強をしていたのか？→No.027
●論功行賞とは？→No.064
●戦国時代初期の北陸地方→No.077

No.010

戦国大名にとって人質とは？

口約束など信用できない戦国時代。信用を得るためには人質を差し出すしかなかった。

●人質の役割

戦国時代は裏切りが常に付きまとう時代だった。そのため、戦国大名たちは自分の身の安全の保障として人質を取った。人質を差し出させる相手は敵国の場合もあれば、自らの**家臣**であることもある。とにかく信用できない相手には**肉親**を差し出させ、人質として手元に置くことで相手にプレッシャーをかけようとしたのだ。逆に、人質を差し出す側も、相手の信用を得るために積極的に人質を差し出した。口約束や書面のうえでの約束など信用できない戦国時代において、人質を差し出すことが一種の契約行為となったのである。

人質というとイメージが悪いが、こうした人質たちの待遇はそれほど酷いものではなかった。多くの場合、重要人物として丁重に扱われていたという。例えば、幼いころの徳川家康《とくがわいえやす》は東海地方の戦国大名、**今川義元《いまがわよしもと》**の下で人質生活を送っていた。江戸時代に書かれた書物には彼が義元の下でいかに冷遇されたかについて書かれているのだが、現在の研究では冷遇どころか優遇されていたことがわかっている。彼は義元の下で武士として必要な教育を受け、義元の名前から元の一字をもらい（目上の存在から名前の一字をもらうのは名誉なことだった）、彼の親戚にあたる築山殿《つきやまどの》を妻として与えられていた。

とはいえ人質は人質。いざ事が起こればその扱いは微妙なものとなってくる。関係がそれほどこじれていなければ、人質は無事送り返された。中には丁寧に人質が持参した物まで返された例もある。しかし、関係がこじれてしまえばそうはいかない。見せしめのために殺されることもあれば、人質自身が親族の重荷となることを避けるために自ら命を断つこともあった。中には強引に脱出を試みた例もあったという。

人質の扱いと、人質が取り交わされた訳

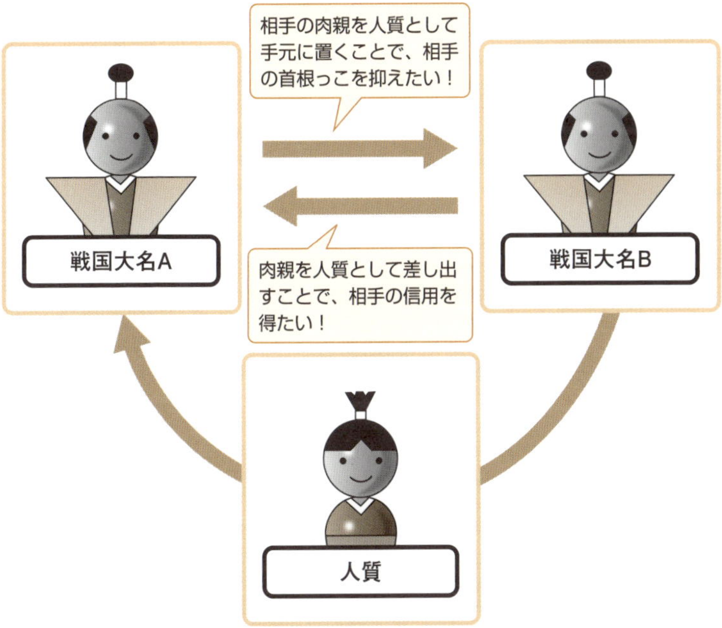
相手の肉親を人質として手元に置くことで、相手の首根っこを抑えたい！
戦国大名A
戦国大名B
肉親を人質として差し出すことで、相手の信用を得たい！
人質

人質の扱いは比較的丁寧
時には重要人物として十分な教育や待遇を得られることも!

しかし両者の関係がこじれると……

見せしめとして殺されることも!!
（無事送り返されることや、人質自身が強引に脱出することもある。）

関連項目

●戦国大名と子供たちとの関係は？→No.004
●戦国大名と家臣との関係は？ →No.006
●戦国時代初期の東海地方→No.079

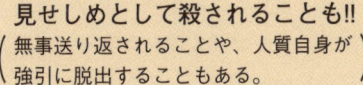

No.011

分国法《ぶんこくほう》

戦国大名たちが領国支配のために制定した分国法。それは、主に農民と家臣たちを統制するためのものだった。

●領国支配のために

分国法《ぶんこくほう》は、戦国法《せんごくほう》、戦国家法《せんごくかほう》とも呼ばれるもので、戦国大名たちが自らの支配する領国を治めるために制定した法律である。基本的には公式文書として施行されたものを指すが、家訓として残されたものを分国法として扱うことも多い。

ところがこの分国法、全ての大名が施行できたわけではなかった。中国地方の大名**毛利《もうり》氏**のように国人《こくじん》と呼ばれる国内の小領主たちの力が強く、分国法を施行できない大名も多かったのである。それどころか国人の力が強すぎて、彼らによって制定された分国法を押し付けられた近畿地方の大名六角《ろっかく》氏のような例もあった。

●分国法の主な内容

分国法《ぶんこくほう》の内容や規模は千差万別であるが、そのほとんどは鎌倉時代に制定された武家政権のための法律『御成敗式目《ごせいばいしきもく》』を基本としている。また、その地方の武家独自の慣習なども盛り込まれることが多い。

分国法の内容は、主に農民支配に関する法律と家臣団統制に関する法律の二つに大別することができるだろう。農民に納めさせる**年貢**は大名の重要な収入源の一つであり、農民たちに確実に年貢を納めさせるためのシステムを構築する必要があった。農民支配に関する法律は、こうしたシステムを確実に運用するために必要だったのである。

一方、家臣団統制に関する法律は不安定な国内を安定させるためのものだった。主従関係の徹底や家臣団内での序列の明記によって大名の地位を確実なものとし、財産分与の一本化や許可のない**婚姻**の禁止によって家臣団の勢力が衰えるのを避けようとしたのである。

分国法とは？

分国法
戦国大名が領国を治めるために制定した独自の法律

分国法を制定したい！

戦国大名

しかし国内の国人たちの力が強いと……

→ 激しい抵抗にあって制定に失敗!!

→ 国人に都合の良い法律を押し付けられる!!

分国法の目的

御成敗式目　鎌倉時代に制定された武士の法律

をもとにして…

農民支配
- 農民に確実に税を納めさせるためのシステムの確立。

家臣団統制
- 国内の序列の明記。
- 家臣の勢力が衰えないシステムの確立。

●主な分国法

関連項目
●家臣にはどんな役職があった？→No.007
●戦国大名の収入源とは？→No.012
●戦国武将の結婚とは？→No.032
●戦国時代初期の中国地方→No.081

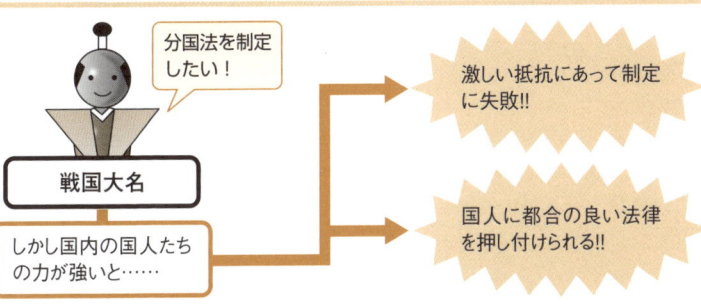

No.012

戦国大名の収入源とは？

膨大な費用を必要とする領国運営。戦国大名たちは様々な方法で、その資金を捻出していた。

●領国の運営資金を確保しろ

国の運営にはとにかくお金がかかる。独立を維持するための軍事費用、国内の公共事業のための費用、公務員の給料、そのほか……。これは戦国時代も例外ではない。特に支配する領地である領国を拡大し、防衛するために必要な軍事費用の確保は、戦国大名にとっての大きな課題であった。

大名たちの収入の基本となったのは税金である。大名が直接支配する直《ちょっ》轄《かつ》地《ち》から得られる農業収入などに課した**年貢**。直轄地、家臣に与えた土地である給人領《きゅうにんりょう》（知《ち》行《ぎょう》地《ち》）を問わず、領国全体から徴収する役銭（田んぼに課す段銭《たんせん》、畑に課す懸銭《かけせん》、家に課す棟別銭《むねべつせん》など所得に応じて徴収する税）。裕福な人間から徴収した有《う》徳銭《とくせん》。高利貸しを行っていた土《ど》倉《そう》から徴収した蔵役《くらやく》。市場での売り上げに課す市《いち》場《ば》銭《せん》。軍事費として臨時に徴収する矢《や》銭《せん》。このほか様々な理由をつけて税金を徴収した。中には僧侶の結婚に課した税なども存在している。なお、年貢というと厳しい取り立てを連想しがちだが、その年の収穫量によっては免除することもあったという。その代り、役銭は免除されることがなく、大名の収入の根幹となった。

こうした税収で足りない場合には、大名自身が商売を行った。鉱山の運営、明、**南蛮《なんばん》諸国**との貿易、変わったところでは領国内の住民に強制的に借金をさせ、その利子を徴収した例もある。

このほか合戦による収入もあった。戦場となった土地の人々が**略奪**を避けるために支払う礼銭、援軍を依頼した国から支払われる礼銭、降伏した国から支払われる礼銭などがこれにあたる。こうした礼銭の額はかなりのもので、大名の収入のかなりの部分を支えたとする説もある。さらに、戦場での略奪行為や人身売買を収入源とすることもあった。こうした略奪行為が禁止されるようになったのは、戦国時代後期に入ってからである。

戦国大名の主な収入源

戦国大名

軍備の増強や国内の開発には莫大な資金が必要！

そこで……

税収

年貢
直轄地の農業生産物から徴収する税。

役銭
領国全体から所得に応じて徴収する様々な税。

有徳銭
裕福な人から徴収する税。

蔵役
高利貸しから徴収する税。

市場銭
市場の売り上げから徴収する税。

矢銭
軍事費として臨時徴収する税。

商売、貿易

対外貿易
南蛮貿易や対明貿易など。九州地方などが盛ん。

鉱山経営
新規開発から、単なる経営まで様々。

貸付
領民に金銭や苗などを貸し付け、利子を徴収。

合戦

礼銭
援軍を依頼した国や、敗戦国から受け取る礼銭。

略奪品
敗戦国から奪った人、物品の売り上げ。

関連項目

●貫高制と石高制って何？→No.013
●戦場では略奪行為が行われたのか？→No.062
●戦国大名と南蛮人→No.111

No.013

貫高制《かんだかせい》と石高制《こくだかせい》って何？

戦国大名の必要不可欠な収入源の一つである年貢。その徴用方法には、様々な利点を持つ複数の方式があった。

●農地への評価

戦国大名の収入源の一つであった**年貢**。この年貢には徴収の方法として貫高制《かんだかせい》と石高制《こくだかせい》の2種類の徴収方法が存在していた。

貫高制は、農地への課税額を金銭で示したものである。課税額としては田んぼであれば1反（約10ha）あたり300～500文《もん》、畑であれば1反あたり100文と少し程度を課すのが一般的だった。その土地の生産性はあまり考慮されておらず、一度定められてしまえばそれ以降変更されることも少ない。ところが、貫高制は課税額が金銭で示されてはいても、実際に金銭で支払われることは少なかった。ほとんどの場合は収穫された作物による物納が行われていたのである。もっとも、作物に対する評価額はまちまちで、所有する土地に比べて税収が極端に少なくなることもあった。一見、あまり有効に思えない貫高制であったが、家臣に兵士の動員を課す**軍役《ぐんやく》**には有効に働いた。軍役は家臣に与えた土地の貫高ごとに何人といった具合に兵士の数が決められている。一度定めてしまえば変更のない貫高制の場合、どの家臣が何人兵を連れてくるか把握しやすかったのだ。

一方、石高は土地の生産性に対する評価額である。1反あたりの米の生産量を上田、中田、下田、下下田と分類したものを石盛《こくもり》、これに土地の面積を掛けたものを石高という。これに税率を掛けたものが税として徴収された。もっとも、この石高制を導入するためには、土地の所有者を明確にし、生産性を調査する検知《けんち》が必要不可欠。多くの戦国大名家では自らの土地に定められた貫高が変更されることを好まない**家臣団**（評価された貫高よりも多くの農地収入を得ていた）の反対により、検知を行うことは困難であった。そのため、石高制が導入されたのは大きな支配力を持つ大名家に限られている。また、その場合も新たに支配した地域がほとんどだった。

貫高制

貫高
- 田（1反あたり300～500文）
- 畑（1反あたり100文程度）

× 土地の面積 ＝ 税収

貫高 × 武将の知行地の面積 ＝ 武将の知行高

武将の知行高 × 軍役の割合 ＝ 武将が動員する兵数

利点
- ●現状維持で反発を招かない
- ●動員できる兵力を把握しやすい

欠点
- ●土地にあわせた正確な税収を得ることができない！

石高制

石盛（土地の生産能力）
- 上田（1反あたり1石5斗）
- 中田（1反あたり1石3斗）
- 下田（1反あたり1石1斗）
- 下々田（1反あたり9斗）

× 土地の面積 ＝ 石高

石高 × 税の徴収率 ＝ 税収

利点
- ●土地にあわせた税の徴収が可能

欠点
- ●石高を知るための検地を行うには大きな権力が必要！

関連項目
●戦国大名の収入源とは？→No.012
●兵士はどうやって集めたのか？→No.035
●論功行賞とは？→No.064
●戦国時代のものの単位→No.066
●戦国時代のお金の単位→No.067

No.014

領民も戦にかり出された？

戦国大名にとって領民は重要な労働力でもあった。領民たちは税の一環として時には戦場にも駆り出されたのである。

●領民にとっては苦しい夫役

戦国大名たちは税の一環として、夫役《ぶやく》と呼ばれる強制労働を領民に課していた。合戦に兵士や雑用係として参加させられる陣夫役《じんぶやく》、平時に築城や**城**の修繕などに駆り出される普請役《ふしんやく》、**馬**とその所有者を一時的に徴発する伝馬役《てんまやく》などがこれにあたる。さらに治水事業や灌漑《かんがい》事業などの公共事業、大名が直接支配する直轄《ちょっかつ》領での農作業などにも夫役は動員された。

こうした大規模な人員動員の中で特に比重が大きかったのが陣夫役である。これは長期間拘束され危険も伴うため、領民にとっては通常の税よりも負担が大きかった。その期間に得られたはずの収入が補償されていないからである。特に農民の場合、作付けや収穫の時期に夫役に動員されることは致命的ともいえる負担になった。当時の農業にはとにかく人手が必要だったからである。また、陣夫役で戦場に行った場合は戦死する危険もあった。武田信玄《たけだしんげん》が治める甲斐国《かいのくに》の甲州法度《こうしゅうはっと》によれば、その場合は一時的にその一族の夫役が免除されたという。もっとも、従軍中に持ち物を失った場合は補償の対象とはなっていない。また、従軍中の食料や給金は支給されるものの、それらを持って無事に帰れる保証はなかった。

公共事業に駆り出されることも負担が少なかったわけではない。食料を含む必要な物資は全て本人負担だったのだ。そのため、こうした労苦に耐えられず逃げ出す領民も少なくなかった。しかし、大名たちがこれを許すはずはなく、逃げた領民は追われ、残された一族は罰金が科せられたという。また、さらなる労働力の確保のため、人身売買が盛んに行われたという記録も残されている。ところが戦国時代後期に入ると、人員動員を巡る状況に変化が訪れた。**足軽**の専門化などにより陣夫役は減り、夫役自体も金次第で免除されるようになったのである。

領民と夫役という制度

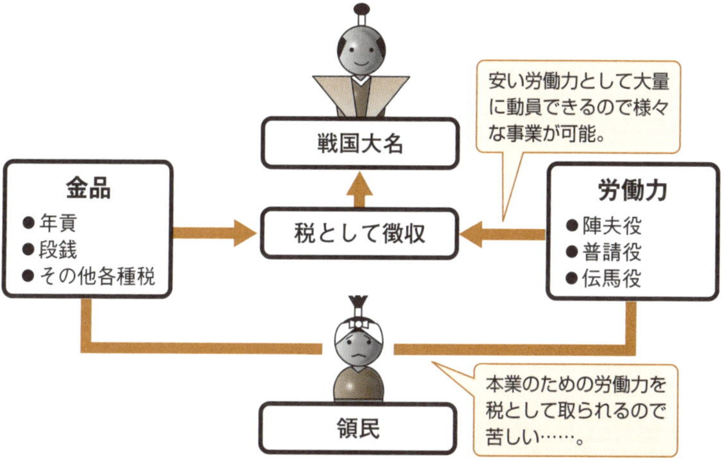

夫役の実態

陣夫役

主な仕事：陣中での雑務。時に戦闘も。

労働条件：給料、食料は支給。それ以外は全て自己責任で。

その他夫役

主な仕事：土木作業や書状、物資の配送。

労働条件：基本的には無給。削られた本業の労働時間への補償もなし。

→ 兵農分離による陣夫役の免除や、税の代納によって本業の労働に専念できるように！

関連項目

●戦場にはどんな役職があった？→No.008
●分国法→No.011
●城はどうやって建てたのか→No.044
●戦国時代の交通手段→No.070
●戦国大名と農民→No.112

No.015

戦国武将と朝廷の官職

朝廷に仕える人々以外には本来意味のない朝廷の官職。しかし、戦国武将たちには非常に魅力的なものだったようである。

●どうしても欲しい朝廷の官職

朝廷の官職とは、朝廷に仕える役人の職種や役職を示すものである。本来なら朝廷の役人ではない戦国武将には全く無意味なものといえるだろう。しかし、武将、特に戦国大名たちは朝廷の官職を得るために奔走した。大名たちにとって朝廷の官職は、それほど魅力的なものだったのである。

戦国時代、朝廷は大名などに収入源である土地を横領され、金銭的に困窮していた。そのため、朝廷は金策の手段の一つとして官職をお金で売るようになっていた。これに大名たちが飛びついたというわけである。

では、大名たちはどうして官職を欲しがったのであろうか。一つにはステータスとしてである。位の高い官職を持っているほど武将としての格も高かったのだ。格下の官職のものは格上の官職のものに馬鹿にされる。そのため、大名たちはムキになって官職を求めた。なお、こうしたステータスとしての官職は、朝廷内で働く人々の官職であることが多い。例えば厩《うまや》番《ばん》の長などといった具合である。しかし、実際に朝廷に仕事をしに行くわけではなく、完全に有名無実なものだった。

もう一つの理由は国を治めるための実利である。戦国時代は室町幕府の官職である守《しゅ》護《ご》の権威に陰りが見え始めており、大名たちは領国支配の方便として別の権威も必要としていた。その標的となったのが、朝廷から派遣されて各国を治めていた国司という役人の官職である。国名＋守《かみ》、例えば尾《お》張《わり》守《のかみ》などがこれにあたる。

なお、こうした官位を得るためには朝廷への献金だけではなく幕府や**公家**への根回しが必要不可欠であり、莫大な金品が必要だった。そのため、官職をもじった通り名を名乗ったり、家臣に実在しない適当な官職を授けたりする戦国大名も少なくなかったという。

戦国大名が朝廷の官職を欲しがった訳

税を横領され
懐が苦しい。
どうしても官職
が欲しい。
朝廷
官職売買！
戦国大名

名誉的官職

理由：対外的な序列の基準が必要。
具体的な官職：左馬守（馬寮という馬を管理する役所の長官という意味）など。朝廷で働くことはない。

実利的官職

理由：国を治めるための権威として利用。
具体的な官職：国司の尾張守（尾張国を治める長官という意味）など。朝廷への納税義務などはない。

官職名の構造

官司（役所名や国名など） ＋ 四等官（長官、次官、判官、主典）

官司	長官	次官	判官《ほうがん》	主典《さかん》
太政官	大臣《だいじん》	納言《なごん》・参議《さんぎ》	納言《なごん》・弁《べん》	外記《げき》・史生《ししょう》
省	卿《きょう》	輔《ふ》	丞《じょう》	録《ろく》
職	大夫《だいぶ》	亮《すけ》	進《しん》	属《ぞく》
寮	頭《かみ》	助《すけ》	允《いん》	属《ぞく》
国司	守《かみ》	介《すけ》	掾《じょう》	目《そうかん（さかん）》
弾正台	尹《いん》	弼《ひつ》	忠《ちゅう》	疏《そ》
兵衛・衛門府	督《かみ（とく）》	佐《さ》	尉《い》	志《し》

関連項目

●戦国武将の名前の決まりとは？→No.023
●戦国大名と天皇、公家→No.103

No.016

戦国武将と室町幕府の官職

戦国時代には既に有名無実名物となりつつあった室町時代の官職。しかし、戦国時代を語るうえでは欠かせない知識の一つである。

●室町幕府の官職と戦国武将の関係

応仁《おうにん》の乱以降、室町幕府は実質的な支配力を失っていた。しかし、その権威自体は戦国武将にとって魅力的なものだったようである。室町幕府の官職は、まさにその象徴といえるだろう。

例えば**守護《しゅご》**、守護代《しゅごだい》という役職。守護は室町幕府が地方を支配するために任命した役人、守護代は守護が地方に派遣して実際の支配にあたらせた代役である。守護は世襲されることが多く、一族が代々引き継いできた役職は大名にとってステータスであり、領国支配の正統性を示すものであった。そのため、ある程度力を蓄えた大名たちは幕府に献金を行い、守護の職を求めたという。**武田信玄《たけだしんげん》**の武田氏は、代々この守護の家系だった。一方、彼のライバルとして有名な**上杉謙信《うえすぎけんしん》**の長尾《ながお》氏は守護代の家系である。このほか守護の家系には東海地方の戦国大名の**今川《いまがわ》氏**などがいる。

次に、関東管領《かんとうかんれい》という役職。これは謙信が任命された役職である。関東管領は、鎌倉府の鎌倉公方《かまくらくぼう》を補佐する役職である。鎌倉公方は関東を支配するために派遣された足利《あしかが》氏の一族で、いわば東の将軍だった。謙信は越《えち》後国《ごのくに》から遠い関東まで度々出兵しているが、彼の出兵理由の一つに関東管領として関東の平和を守るという建前があったのである。

さらに、管領《かんれい》という役職も外すことはできない。管領は将軍の補佐役で、事実上幕府の政治の実権を握っていた役職である。そのため、足利将軍家と血のつながった有力大名である細川《ほそかわ》氏、斯波《しば》氏、畠山《はたけやま》氏の3家のみで持ち回りで任命されてきた。これらは三摂家《さんせっけ》と呼ばれているが、このうち畠山氏の家督争いが応仁の乱の直接の原因となっている。また、**織田信長《おだのぶなが》**には**将軍**足利義昭《あしかがよしあき》から管領の役職を与えられたが、これを断ったというエピソードが残されている。

室町時代の主な官職（中央）

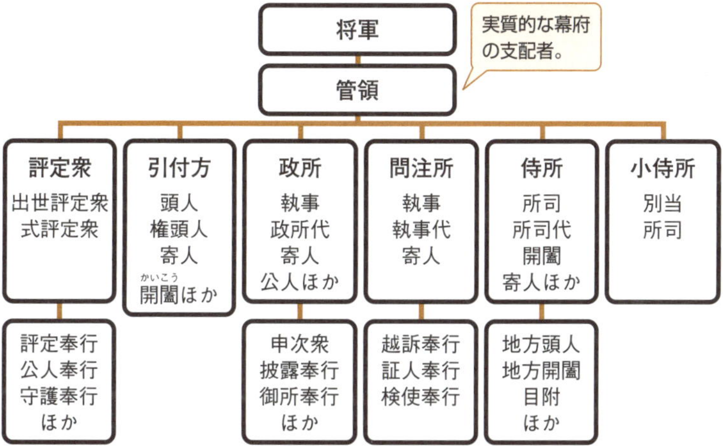
将軍
実質的な幕府の支配者。
管領
評定衆
出世評定衆
式評定衆
評定奉行
公人奉行
守護奉行
ほか
引付方
頭人
権頭人
寄人
開闔《かいこう》ほか
政所
執事
政所代
寄人
公人ほか
申次衆
披露奉行
御所奉行
ほか
問注所
執事
執事代
寄人
越訴奉行
証人奉行
検使奉行
侍所
所司
所司代
開闔
寄人ほか
地方頭人
地方開闔
目附
ほか
小侍所
別当
所司

室町時代の主な官職（地方）

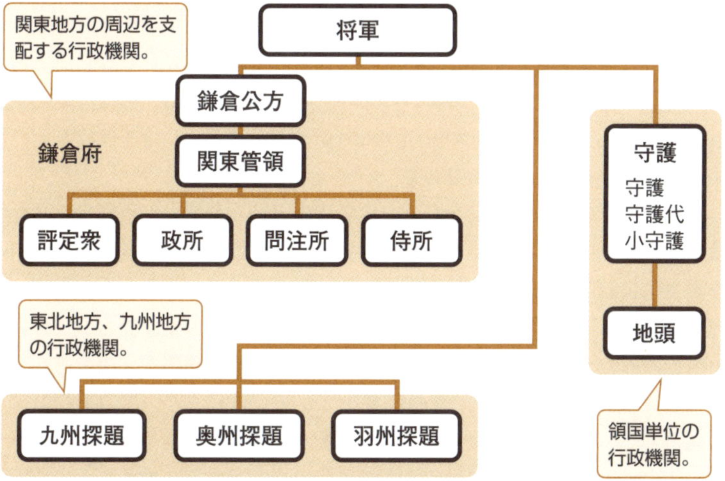
関東地方の周辺を支配する行政機関。
将軍
鎌倉府
鎌倉公方
関東管領
評定衆
政所
問注所
侍所
東北地方、九州地方の行政機関。
九州探題
奥州探題
羽州探題
守護
守護
守護代
小守護
地頭
領国単位の行政機関。

関連項目

●守護大名と戦国大名はどう違う？→No.002
●応仁の乱とその終結→No.073
●戦国時代初期の東海地方→No.079
●上杉謙信と武田信玄の戦い→No.084
●織田信長の台頭→No.086

No.017

戦国大名たちはなぜ上洛を目指したのか

まるで導かれるかのように京を目指す戦国大名たち。そこには、彼らを魅了するだけの権威と実利があった。

●上洛の抗えない魅力

上洛とは京を目指して移動する行為をいう。当時の日本の首都は京であり、首都を中国風にいうと洛となる。そこに上っていくから上洛である。戦国時代、有力な戦国大名の多くは上洛を目指して活動した。なぜなら、そこにはそれ相応の旨味があったからである。

上洛には少数の家臣を連れて行う私的上洛と、自らの支配する領国から京に至る道のりにいる大名を平らげながら行う軍事的上洛の2種類がある。これら2種類の上洛は、大名の目的に合わせて使い分けられた。私的上洛は、**幕府**や**朝廷**から領国支配のため綸旨《りんじ》（朝廷の敵を討伐するための命令）などのお墨付きを得るために行われることが多い。もちろん国内統一は自力で行わなければならないのだが、戦国時代の武将たちは権威と建前を重視した。上洛によって国内統一の正当性を得られれば、反対勢力を抑え込む口実となり得たのである。

一方、軍事的上洛は、天下を手中に収めるという目的のために行われた。戦国時代初期から中期にかけて、将軍を推し立てて上洛し、京とその周辺を軍事的に制圧することは天下を取るという意味を持っていた。京とその周辺を手中に収めれば、天下に号令することができたのだ。なお、軍事的上洛を行った大名としては、中国地方の戦国大名**大内義興**《おおうちよしおき》や四国地方から進出した**三好長慶**《みよしちょうけい》、そして**織田信長**《おだのぶなが》などが挙げられるが、織田信長以前の大名たちは自らの領国の支配と京の支配を別物として考えていた。天下統一＝全国統一となったのは信長登場以降のことである。

さらに、上洛には文化、経済、技術を吸収するという目的もあった。当時の京はあらゆる文化的活動の中心地だった。戦国大名たちは上洛によって領国を豊かにするノウハウを学ぼうとしていたのである。

戦国大名と上洛

上洛とは

上洛とは京に入ること。京を中国の都、洛陽になぞらえたことからこの語がある。

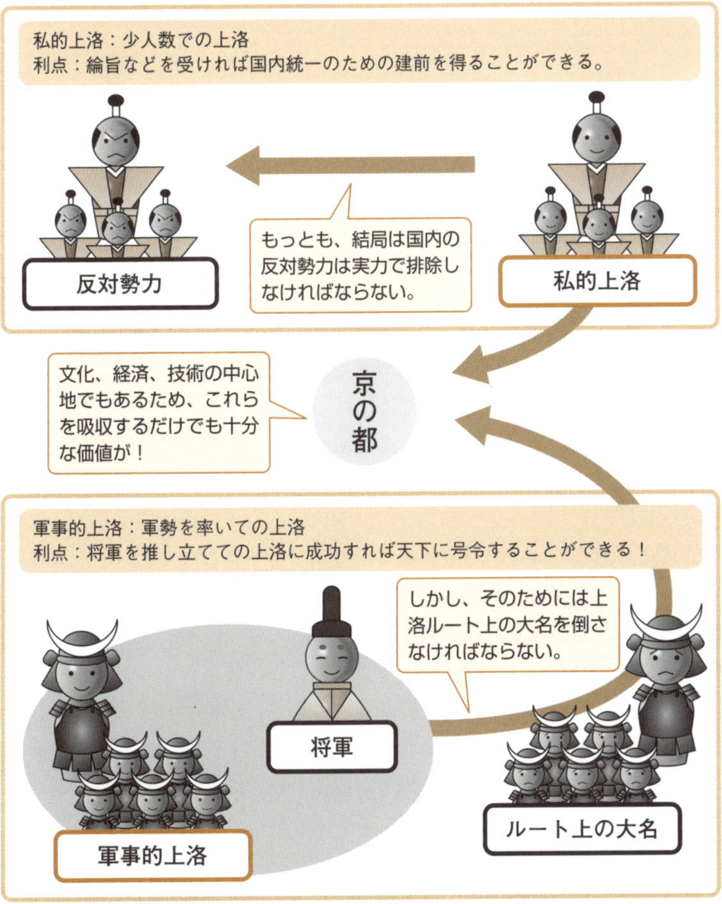
私的上洛：少人数での上洛
利点：綸旨などを受ければ国内統一のための建前を得ることができる。
反対勢力
もっとも、結局は国内の反対勢力は実力で排除しなければならない。
私的上洛
文化、経済、技術の中心地でもあるため、これらを吸収するだけでも十分な価値が！
京の都
軍事的上洛：軍勢を率いての上洛
利点：将軍を推し立てての上洛に成功すれば天下に号令することができる！
しかし、そのためには上洛ルート上の大名を倒さなければならない。
将軍
軍事的上洛
ルート上の大名

関連項目

●戦国時代初期の将軍を巡る状況→No.074
●戦国時代初期の四国地方→No.082
●織田信長の台頭→No.086
●戦国大名と天皇、公家→No.103
●戦国大名と将軍家→No.104

No.018

戦国武将はどんな所に住んでいたのか？

儀礼的、形式的な貴族たちの時代に対し、様々な合理化が行われるようになった戦国時代。戦国武将たちの住居もその例外ではなかった。

●身分によって変わる武将の住居

戦国時代の武士の住まいとして有名なのが、主殿《とのも》造り、書院《しょいん》造りと呼ばれる形式の武家屋敷である。これは大名クラスを含む有力な武将の住まいで非常に贅沢な住まいだった。

室町時代以前、武士の屋敷は公家の屋敷をまねた寝殿《しんでん》造りと呼ばれる左右均等な作りで、全面板の間の住まいが基本であった。しかし、室町時代に入るころから、左右均等にこだわらず、必要な機能ごとに独立した建物を造り、それを塀で囲った主殿造りの屋敷が登場する。

主殿造りは、その名の由来となる主殿を中心に北側と南側で区分されていた。北側は寝室や妻子の住む対屋《たいのや》、家臣の控える遠侍《とおざむらい》、台所といった施設を設けたプライベートスペース、南側は主殿、湯殿、茶室などの施設を設けた接客スペースである。屋敷の周囲は塀で囲われており、大きな門が一つと小さな門が複数ある。主殿は屋敷同様北側が武将の書斎である書《しょ》院《いん》、南側が訪問客の接客用のスペースとなっていた。接客用という性格から主殿には畳が敷き詰められていることが多い。畳は贅沢品で、建物全体に敷き詰められていることは少なかったという。屋根は基本的に茅葺《かやぶ》きや板葺《いたぶ》きである。瓦葺《かわらぶ》きの屋根も畳同様贅沢品で、寺院や城に用いられるものだった。なお、中級武士の屋敷も施設こそ少なくなるもののおおむね主殿造りに準じており、構造自体は大きく変わることはない。

こうした上級武士、中級武士の屋敷と異なり、足軽を含む下級武士の住居は質素そのものであった。屋敷のそばに作られた長屋がそれで、屋根は茅葺き、床は板の間である。酷い場合には床もなく、土を固めた土間に藁《わら》を敷いていることもあった。塀は生け垣で、ウコギなどの食用になるものが多かったという。

上級武士の屋敷

武田信玄の屋敷

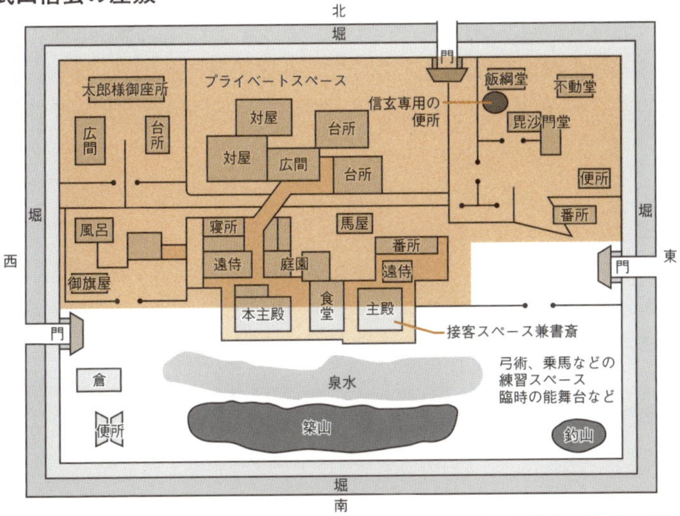
北
堀
門
太郎様御座所
プライベートスペース
飯綱堂
不動堂
信玄専用の便所
対屋
台所
広間
台所
毘沙門堂
対屋
広間
台所
便所
番所
堀
風呂
寝所
馬屋
西
番所
東
遠侍
庭園
遠侍
門
御旗屋
食堂
本主殿
主殿
門
接客スペース兼書斎
倉
弓術、乗馬などの練習スペース
臨時の能舞台など
泉水
便所
築山
釣山
堀
南

●床は基本的に板の間で、畳は主殿など限られた場所のみ。
●屋根は茅葺、板葺きが多い。

下級武士の長屋

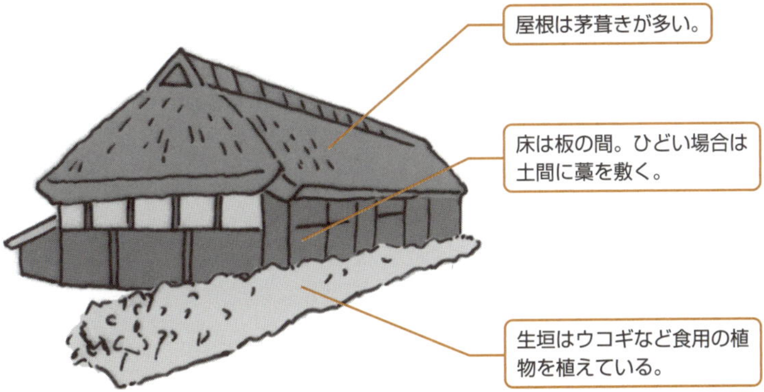
屋根は茅葺きが多い。
床は板の間。ひどい場合は土間に藁を敷く。
生垣はウコギなど食用の植物を植えている。

上級武士の屋敷などに併設される下級武士の長屋はかなり質素。複数の武士が共同生活を営んでいた。

No.019

戦国武将はどんな病気にかかったのか？

医療技術が未発達だった戦国時代。武将たちは様々な病気に悩まされていた。

●戦国武将の命を奪った様々な病

体が資本の戦国武将にとって、病気は厄介な敵の一つだった。しかも、当時は優秀な医師が京、特に朝廷や幕府の周辺にしか居ないという状況。地方で大病を患えば、京から医師を派遣してもらうか祈祷に頼るしかなかった。そのため、武将の中には京医師から技術を学ばせた医師団を育成するものや、独自の技術を考案し家に伝えるものも居たという。

当時の武将たちの死因として多く挙げられているのが癌である。当時は癌という名はなく、積聚《しゃくじゅう》などと呼ばれていた。癌を患った武将として最も有名なのは織田信長《おだのぶなが》と豊臣秀吉《とよとみひでよし》に仕えた丹羽長秀《にわながひで》であろう。長秀には自ら腹を裂き、病巣を取り出したという逸話が残されている。武田信玄《たけだしんげん》、毛利《もうり》元就《もとなり》、徳川家康《とくがわいえやす》などの死因も癌だとする説もある。

高血圧から来る脳卒中や脳出血である中風《ちゅうふう》も武将たちを苦しめた。塩辛いものを食べ、毎日酒を飲むという生活が原因である。上杉謙信《うえすぎけんしん》の死因には諸説あるが、脳卒中とする説が多い。また、信長、秀吉の家臣、池田輝《いけだてる》政《まさ》は発作で半身不随に陥ったと当時の記録に残されている。

様々な伝染病、感染症も武将たちを苦しめていた。傷から感染する破傷風は、そりの病と呼ばれ戦場の病として恐れられた。天然痘、当時の言い方では疱瘡《ほうそう》も、醜いあばたを残すため非常に嫌われていたという。疱瘡には伊達政宗《だてまさむね》や秀吉が幼いころに感染している。特に政宗は疱瘡で右目を失っており、この傷は後の彼の人生に暗い影を落とすこととなった。このほか労咳《ろうがい》（結核）や、瘧《おこり》（マラリヤ）も多くの人命を奪っている。

海外から持ち込まれた唐瘡《とうかさ》、梅毒も武将たちの間で猛威を振るっていた。家康の息子結城秀康《ゆうきひでやす》は梅毒により鼻が落ち、若くして命を落としている。秀吉の家臣、加藤清正《かとうきよまさ》、黒田官兵衛《くろだかんべえ》なども梅毒を患っていたという。

戦国武将と医師の関係

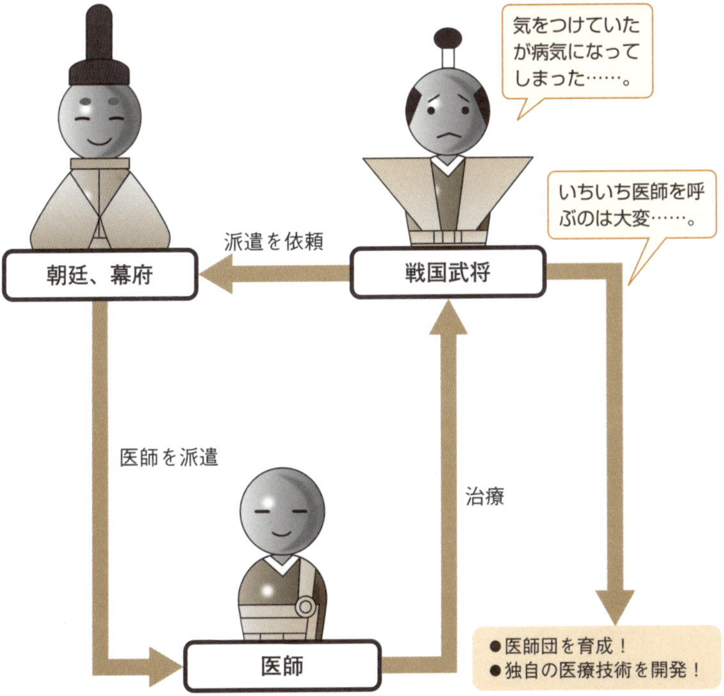
気をつけていたが病気になってしまった……。
いちいち医師を呼ぶのは大変……。
派遣を依頼
朝廷、幕府
戦国武将
医師を派遣
治療
医師
●医師団を育成！
●独自の医療技術を開発！

戦国武将と当時の病気

当時の病名	現在の病名	病気にかかったとされる武将
積聚（しゃくじゅう）	癌	丹羽長秀、武田信玄 毛利元就 徳川家康
中風	脳梗塞、脳出血	池田輝政、上杉謙信
そりの病	破傷風	
疱瘡（ほうそう）	天然痘	伊達政宗、豊臣秀吉
労咳（ろうがい）	結核	
瘧（おこり）	マラリヤ	
唐瘡（とうかさ）	梅毒	結城秀康、加藤清正、黒田官兵衛

No.020

戦国武将はどんなものを食べていたのか?

体が資本の戦国武将。しかし、その食生活は驚くほど簡素だったようである。

●食事は粗食で朝昼2食

戦国武将たちの食事は、基本的に午前8時の朝食、午後2時の昼食の2食だけだった。夜遅くまで起きている場合には午後9時頃に軽い夜食を食べることもあったが、これは例外といえる。

食事は通常一汁一菜が基本。これは戦国大名も変わらない。おかずがない分ご飯の量は多く、1回の食事で2合5尺、今の茶碗5杯分は食べた。もっとも、ご飯といっても白米ではなく、玄米や雑穀が多かった。なお、蒸籠で蒸したものを強飯《こわいい》、現在のご飯にあたるものを姫飯《ひめいい》という。汁ものは味噌汁や糠味噌汁、単なる塩汁など様々。汁ものは食事を終える時にご飯にかけ、さらさらと流し込む。おかずは鳥や魚、野菜や海草、蒲鉾や納豆のような加工食品、梅干しや漬物など比較的種類が多い。もっとも、この食事は比較的マシといえるレベル。中級以下の武士ともなると周辺で採取した物を入れた雑炊で食事を済ませることも多かった。

ところが客人を招いた食事、饗応《きょうおう》となると途端に豪勢になる。礼法に乗っ取っていくつかの膳を用意させ、山海珍味で客人をもてなしたのである。大名の場合、これは自らの権力を誇示することにもつながったのだ。

料理の味付けには、塩、味噌、酢、ひしおが使われる。体を動かす武将たちは濃い目の味付けを好んだのだという。

合戦中の食事も普段の食事とは大きく異なる。大名によって大量の白米と高蛋白なおかずが用意され、武将や兵士たちにふるまわれた。

さらに武将たちの食卓に欠かせなかったものとして酒が挙げられる。武将たちは酒を飲めない下戸でもない限り一日中酒を飲んでいた。当時の酒は濁ったどぶろくと呼ばれる種類の酒で、現在の清酒のようにアルコール度数は高くない。なお、**輸入物**の焼酎やワインも一部で飲まれている。

戦国武将の食事

戦国武将

食事の時間は？
食事は午前8時と午後2時の朝夕2回。
午後9時以降に夜食を取ることもあるが稀。

味付けは？
塩、味噌、酢、ひしお（魚の塩漬けから作る魚醤）など。体を動かすので濃い味付けが好み。

基本的な食事（一汁一菜）

飯：2合5尺（現在の茶碗5杯分）蒸した強飯、炊いた姫飯などがある。玄米や雑穀、雑炊など。

菜：鳥獣肉や魚、野菜、海草、加工食品、漬物など。

汁：味噌汁、糠味噌汁、塩汁。ご飯にかけて食事のしめ。

饗応（お客をもてなす食事）の例

本膳： 蛸、鯛の焼き物、なます、香の物、鮒鮨、菜汁、御飯	**二膳：** うるか（塩辛）、鰻、ふと煮、鮑、鱧、ホヤ冷汁、鯉の汁	**三膳：** 焼き鳥、渡り蟹、にし（詳細は不明）、鶴汁、鱸汁
四膳： 巻スルメ、しきつぼ、椎茸、鮒汁	**五膳：** まながつおの刺身、しょうが酢、けずり昆布、鴨汁	**御菓子：** 羊皮餅、豆飴、美濃柿、花に昆布、から花（造花）

※織田信長が徳川家康をもてなした際に出されたもの。これは略式の膳で、本来は本膳の前に引き出物、酒と汁物を3回出す。（式三献という）

合戦中の食事

- 大量の白米の握り飯。
- 味噌など高淡白なおかず。
- 出陣前に酒や山海の珍味が振舞われることも。

その他

- どぶろく（当時の酒には清酒は無かった。アルコール度数は低い）。
- 輸入物の焼酎、ワイン。

関連項目
●戦国武将の一日→No.025
●合戦にはどんなものを持って行ったのか？→No.052
●戦国大名と南蛮人→No.111

No.021

戦国武将はどんな娯楽を楽しんだのか？

様々な娯楽にあふれた現代社会。しかし、戦国の世もそれに負けないくらい豊富な娯楽があった。

●戦国武将たちを魅了した趣味の数々

戦国武将の娯楽はアウトドアとインドアの2種類に分けることができる。アウトドアで最も人気が高かったのは鷹《たか》狩《が》りであった。鷹狩りは訓練した鷹を使って行う狩りだが、役割や手順が事細かく決められていた。そのため軍事訓練としても最適だったのだが、それ以上に武将たちを魅了する何かがあったようだ。そのため、鷹狩りに使う鷹は武将たちの間で贈り物として珍重されていた。時には輸送中の鷹を横取りしようとする武将がいたほどである。徳川家康《とくがわいえやす》も鷹狩りに魅了された一人だが、その楽しみに耽溺するのは良くないと戒めている。アウトドアの娯楽としては、このほかに競馬《くらべうま》と呼ばれる2頭の馬での競争や水練《すいれん》（水泳）、相撲などが挙げられる。蹴鞠《けまり》も貴族的な趣味として一部の武将たちが熱中していたという。

一方インドアの娯楽としては**連歌《れんが》**や和歌、能、狂言、各種舞踊、囲碁、将棋、茶の湯、知識人（僧や御伽衆と呼ばれる側近）との問答などが挙げられる。連歌は和歌の上の句と下の句を別々の人物が作るものでゲーム的要素が強いものだった。武将たちはこぞって連歌師と呼ばれる教養人を招いては連歌大会を開催したという。大会には時に敵対していた武将同士が集まることすらあった。茶の湯も武将たちを魅了した趣味の一つである。信長が茶の湯を行う許可を家臣への褒美としたほど武将にとって茶の湯は価値があった。このような連歌熱、茶の湯熱は見栄の部分も大きい。こうした趣味にふけることで、自分たちが**公家**などに負けない文化人であるということを示そうとしたのだ。

もっとも、本気でこうした趣味に熱中してしまった武将も少なくない。中国地方の大名大内義隆《おおうちよしたか》は当時一流の**文化人**であったが、あまりにも趣味に没頭しすぎために、家臣に裏切られてしまっている。

戦国武将の娯楽の数々

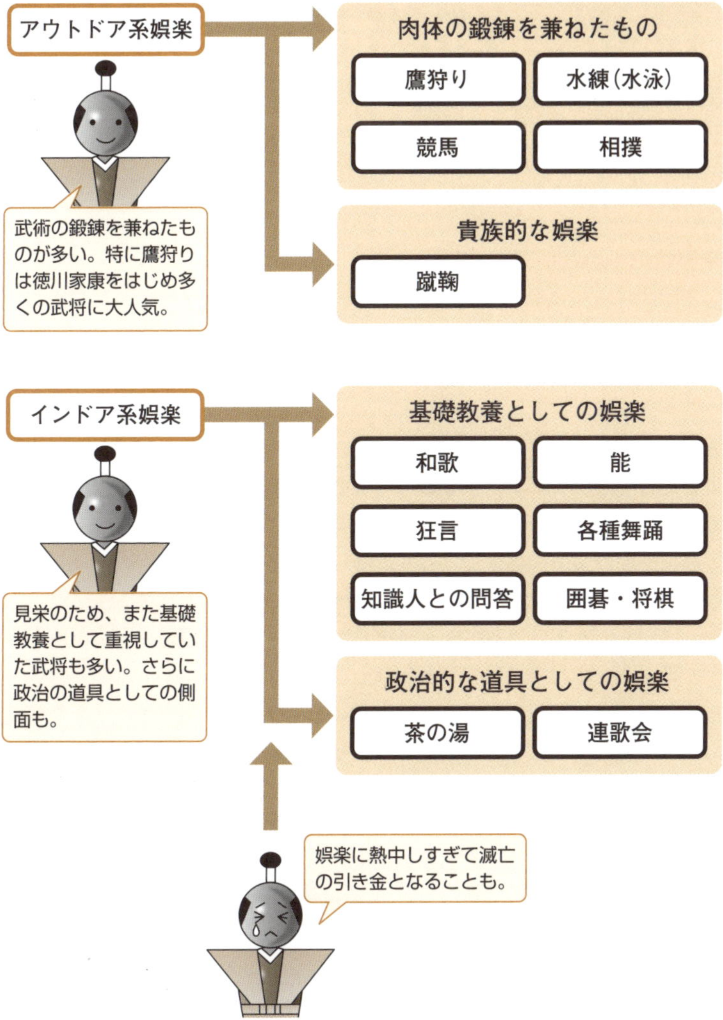
アウトドア系娯楽
肉体の鍛錬を兼ねたもの
鷹狩り
水練(水泳)
競馬
相撲
貴族的な娯楽
蹴鞠
武術の鍛錬を兼ねたものが多い。特に鷹狩りは徳川家康をはじめ多くの武将に大人気。
インドア系娯楽
基礎教養としての娯楽
和歌
能
狂言
各種舞踊
知識人との問答
囲碁・将棋
政治的な道具としての娯楽
茶の湯
連歌会
見栄のため、また基礎教養として重視していた武将も多い。さらに政治の道具としての側面も。
娯楽に熱中しすぎて滅亡の引き金となることも。

関連項目

●戦国武将はどうやって体を鍛えていたの?→No.026
●出陣前にはどのようなことが行われたのか?→No.039
●陣中ではどう過ごしていたのか?→No.049
●戦国大名と天皇・公家→No.103
●戦国大名と文化人→No.108

No.022

花押《かおう》、印判《いんばん》とは？

戦国時代の重要な連絡手段であった書状や文書。その筆者を証明する花押や印判には、様々な趣向が凝らされていた。

●風情にあふれた戦国武将の署名

戦国武将たちが残した私的な書状や公的文書には、花押《かおう》や印判《いんばん》が残されている。これらはこうした文書を発行したのが本人であるという証明であった。では、花押、印判とは具体的にはどのようなものだったのだろうか。

花押は簡単にいえば本人のサインである。公的な文書に用いられることもあるが、私的な文書に用いられることが多い。草名《そうみょう》という、名前の字を崩して書いたサインから生まれたもので、中国の晋《しん》の時代から用いられ始め、日本でも平安時代には用いられるようになった。本来は自らが文書を書いて、その文末に書き加えるものだが、次第に**右筆**《ゆうひつ》と呼ばれる文書作成の専門家に文書を書かせ、その内容を証明するために文末に書くようになっていく。花押には草名から発展した草名体、名前の辺《へん》や旁《つくり》を組み合わせた二合体、縁起の良い字を崩した一字体、さらに字の上下に線を引いたものなど、様々な種類が存在している。花押は本人証明をする重要なものなので、容易に他人にまねされないように様々な工夫がなされていた。しかし、戦国時代後期に入るころには木版も登場するようになる。

一方、印判は単純にいえばハンコで、主に戦国大名たちが国内発行する公的文書に用いられた。その歴史は古く飛鳥時代以前に遡り、様々な公的機関で用いられている。大名たちの印判は非常にバラエティーに富んでおり、**北条早雲**《ほうじょうそううん》の夢に因んだ北条氏の虎の印判や、**織田信長**《おだのぶなが》の信条を書いた天下布武《てんかふぶ》の印判、洗礼名をローマ字で書いた**大友宗麟**《おおともそうりん》の印判など様々なものがあった。印判を押す際には黒もしくは朱で押したが、次第にその他の色も使われるようになる。なお、印判は私的文章に用いられることもあった。もっとも、関西の武家社会では印判よりも花押が重視されており、やむをえず使う場合には詫びを添えたという。

花押とは

戦国武将

花押とは？

本人を示すために文書の末端に記したサイン。

歴史

中国の晋朝から使用され始める。日本での使用は平安時代から。

織田信長の花押。「麟」の一字を図案化した一字体。

主な使用場面

私的文書

使用方法

発行者の署名として文末に書く。容易にまねされないように様々な工夫が施されていた。

花押の種類

草名体…名前を崩したもの
二合体…名前の一部を組み合わせたもの
線引…上下に線を引いたもの
一字体…縁起のいい一字を崩したもの

草名体の一例

線引の一例

印判とは

戦国武将

印判とは？

本人の出した文書であることを証明する印鑑。

歴史

日本では飛鳥時代から既に使用。様々な公的機関で用いられた。

織田信長の印判。「天下布武」の字を図案化したもの。

主な使用場面

公的文書

使用方法

発行者の証明として文末に捺印。多くは朱印、黒印だが、ほかの色で押すこともあった。

印判の例

北条氏の印判。初代早雲の虎の夢にちなんだ虎の図が特徴。

大友氏の印判。洗礼名をローマ字で書いたもの。

関連項目

●家臣にはどんな役職があった？→No.007
●戦国時代初期の関東地方→No.076
●戦国時代初期の九州地方→No.083
●織田信長の台頭→No.086

No.023

戦国武将の名前の決まりとは？

戦国武将は多くの名前を持っている。なぜ、武将たちは多くの名前を持っていたのであろうか？

●本名を呼ぶことは失礼？

戦国時代の日本において、本名（諱《いみな》）で相手を呼ぶのは失礼なことだった。これは中国文化の影響で、本名に呪力があると考えられていたことの名残である。当時はそのような意味は失われかけていたものの、やはり面と向かって本名を呼ばれることは非常に不愉快なことだったのだという。

それでは当時の人々はお互いを呼び合う時どうしていたのだろうか？実は愛称で相手を呼んでいたのである。しかし、愛称と一口にいってもいくつか種類がある。ここでは戦国武将の名前の決まりを見ていこう。

戦国武将は、生まれるとまず幼名という愛称がつけられた。吉法師《きっぽうし》や竹《たけ》千代《ちよ》といった呼び名がそれである。幼名は基本的に子供の健康を祈ってつけられるが、その他に家督の継承権を表すこともあった。

戦国武将が成人すると、ようやく本名が与えられる。本名には先祖伝来の一字をつけることが多い。ところがこの本名、一生変わらないというわけではなく、実は生涯に何度も変えられた。その最大の理由は偏諱《へんき》である。偏諱は目上の人の名から一字を頂くというもので、大変名誉なことであった。上杉謙信《うえすぎけんしん》などは、偏諱を受け何度も名を変えている。もっとも、先に書いた通り本名を呼ぶことは失礼にあたる。そこで、本名と一緒に通名《つうめい》と呼ばれる愛称がつけられた。ところが、この武将が**朝廷**や**幕府**から**官職**《かんしょく》を与えられると、今度は官職名で呼ばなくてはならなくなる。本名を呼ぶのと同様、官職を持つ武将を通名で呼ぶことは失礼だったのである。官職は度々変わるため、その都度呼び方を変えなければならなかった。

このほか、その武将が出家することでも呼び名が変わった。これを法号、もしくは法名という。謙信や信玄《しんげん》といった有名武将の呼び名も、この法号にあたる。

戦国武将の名前の決まり

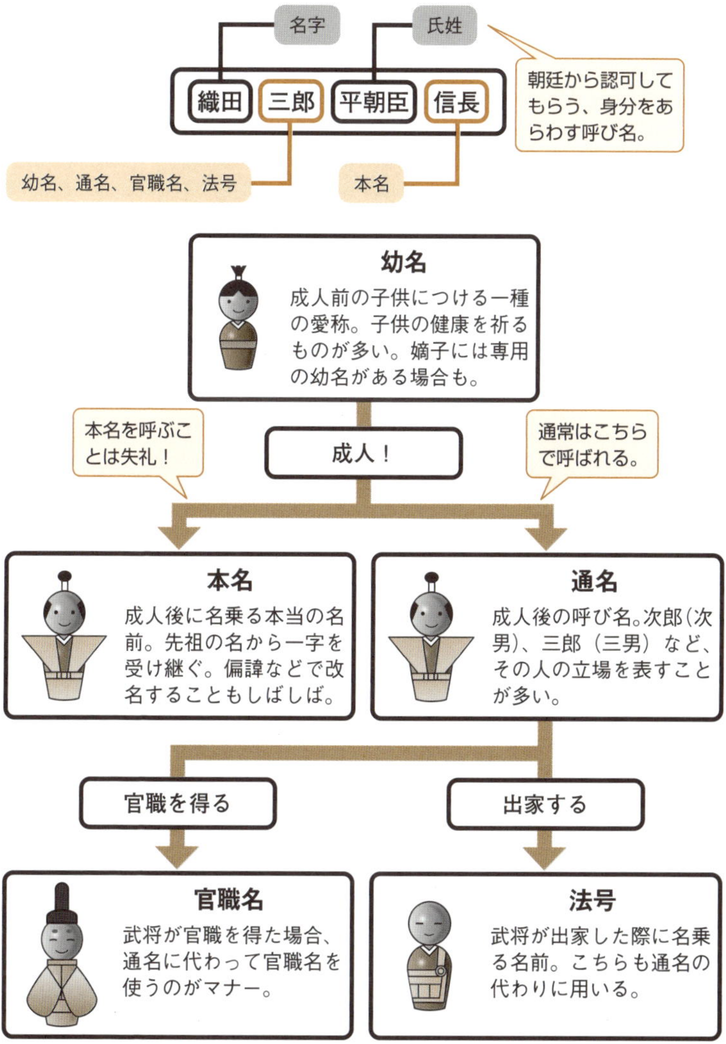
名字
氏姓
織田
三郎
平朝臣
信長
朝廷から認可してもらう、身分をあらわす呼び名。
幼名、通名、官職名、法号
本名
幼名
成人前の子供につける一種の愛称。子供の健康を祈るものが多い。嫡子には専用の幼名がある場合も。
本名を呼ぶことは失礼！
成人！
通常はこちらで呼ばれる。
本名
成人後に名乗る本当の名前。先祖の名から一字を受け継ぐ。偏諱などで改名することもしばしば。
通名
成人後の呼び名。次郎（次男）、三郎（三男）など、その人の立場を表すことが多い。
官職を得る
出家する
官職名
武将が官職を得た場合、通名に代わって官職名を使うのがマナー。
法号
武将が出家した際に名乗る名前。こちらも通名の代わりに用いる。

関連項目
●戦国武将と朝廷の官職→No.015
●戦国武将と室町幕府の官職→No.016
●論功行賞とは？→No.064

No.024

源氏でないと将軍になれない？

戦国大名の素性を示す氏、そして姓。ジンクスを重んじた当時の人々は、ここに様々な意味を見出そうとしていた。

●本当に将軍になれたのは源氏だけだったのか？

征夷大将軍は源氏しかなれないという説がある。これには諸説あり現在は否定される方向にあるが、こうした説はなぜ唱えられたのであろうか。その背景を知るためには、当時の氏姓制度を理解する必要があるだろう。

現在の名字と違い、戦国時代には名字のようなものが三つあった。具体的にいえば氏《うじ》、姓《かばね》、名字《みょうじ》である。氏はその人物が属する血族のことで、主なものとして源氏《げんじ》、平氏《へいし》、藤原《ふじわら》氏、橘《たちばな》氏などが挙げられる。姓は朝廷とその一族の関係を示すもの。全部で八つあり、上から真人《まひと》、朝臣《あそん》、宿禰《すくね》、忌寸《いみき》、道師《みちのし》、臣《おみ》、連《むらじ》、稲置《いなぎ》となる。氏と姓は朝廷から公認されるもので、主に公式文書に用いられていた。一方、名字は支配する土地や住み着いた土地になぞらえて名乗る自称である。後に氏と姓は混同され、氏＝姓として扱われるようになった。そのため、源氏、平氏といった氏を現在では本姓と呼んでいる。

ここで征夷大将軍と源氏の関係になるのだが、実は鎌倉幕府、室町幕府、江戸幕府を開いた征夷大将軍たちは、みな清和源氏を名乗っていたのだ。清和源氏は清和天皇を祖とし、代々武家の棟梁としての地位を確立してきた一族である。もっとも、これは幕府を開くにあたって、武家の棟梁としての地位を求めた結果にすぎないだろう。史上初めて征夷大将軍となった坂上《さかのうえの》田村麻呂《たむらまろ》は源氏ではないし、鎌倉幕府も4代将軍以降は藤原氏や皇族などが征夷大将軍となっているのだ。

なお、本姓に関しては源平交迭《げんぺいこういつ》という思想も存在している。これは、天下は源平が持ち回りで治めるという思想で、平氏、源氏、北条《ほうじょう》氏（平氏）、足利氏（源氏）という順番となっている。信長もこの思想に影響されていたらしく、藤原氏（忌部氏とも）から平氏に本姓を変更しているのである。

戦国時代の名字の仕組み

氏
その人物が所属する血族。源氏、平氏、藤原氏、橘氏の四姓のほか、渡来系に秦氏などがある。

姓
朝廷との関係を示す。
真人→朝臣→宿禰→忌寸→道師→臣→連→稲置
の順番。

徳川　次郎三郎　源　朝臣　家康

名字
支配する土地など一族の由来となるものを示す。自分で勝手に名乗っても良い。

現在のように名字＋名前で名乗るようになったのは明治以降のこと。氏と姓は時代が下るにつれ混同され、氏を本姓とも呼んだ。

征夷大将軍と氏（本姓）の関係

征夷大将軍になれるのは本姓が清和源氏だけ!?

清和源氏の征夷大将軍
鎌倉幕府：源氏
室町幕府：足利氏（源氏）
徳川幕府：徳川氏（源氏）

しかし……

実際には清和源氏以外の征夷大将軍も！

源平交迭ってなに？

源平交迭思想→源氏と平家が交代で天下を治めるという思想。

平氏→源氏→北条氏（平氏）→足利氏（源氏）

源氏：鎌倉幕府初期の将軍家
北条氏（平氏）：鎌倉幕府の実権を握る
足利氏（源氏）：室町幕府の将軍家

織田信長もこの思想によって平氏に改姓したという説も……。

関連項目

●戦国武将の名前の決まりとは？→No.023
●戦国大名と将軍家→No.104

No.025

戦国武将の一日

油断ならない戦国時代に生きる戦国武将の生活。それは実に堅実で合理的なものだった。

●早寝早起きが基本の生活

戦国武将というと戦場での働きばかりがクローズアップされて、日々の生活はあまり知られていない。では彼らはいったいどのような生活をしていたのだろうか。ここでは当時の資料を元に、彼らの生活を再現してみよう。

武将が起床するのは午前3時から午後5時までの間である。かなり早い時間であるが、これは一説には夜襲を警戒してのことだという。そのためか、起床した武将が一番にやることは屋敷の点検であった。点検を終えると武将は行水して**神仏**に礼拝する。その後、身支度を整え、家人に様々な用事を申しつけた。城勤めの武将であれば、午前6時には城に出仕する。といっても現在のサラリーマンのように毎日出仕したわけではなく、必要に応じて出仕していたようだ。なお、当時の**朝食**は午前8時ごろである。当然出仕前には間に合わないので、弁当を持参するか腹もちのするものを食べていく。主君によっては朝食を支給してくれる場合もあった。

城での仕事は身分や**役職**によって異なる。身分の低いものは馬の世話や城の備品管理などの雑用や警備など。それ以外のものは、例えば右筆《ゆうひつ》であれば書類の作成など役職に応じた仕事をする。精神的に最も大変だったのは小姓《こしょう》で、ほぼ24時間主人の身の回りの世話に忙殺されたという。

城に出仕しない場合も武将たちは暇だったわけではない。身分の高い武将であれば自らの領地の管理や接待などに忙殺され、身分の低い武将も生活の糧を得るために畑仕事などに精を出さなければならなかった。

警備などの仕事を除いて、大抵の仕事は夕方には終了する。現在のように照明が発達していないためである。夕食は午後2時にとり、午後6時には門を閉めた。その後、屋敷の中を点検し、火元の確認などをして午後8時には就寝する。こうして武将たちの一日は終わるのである。

戦国武将の一日

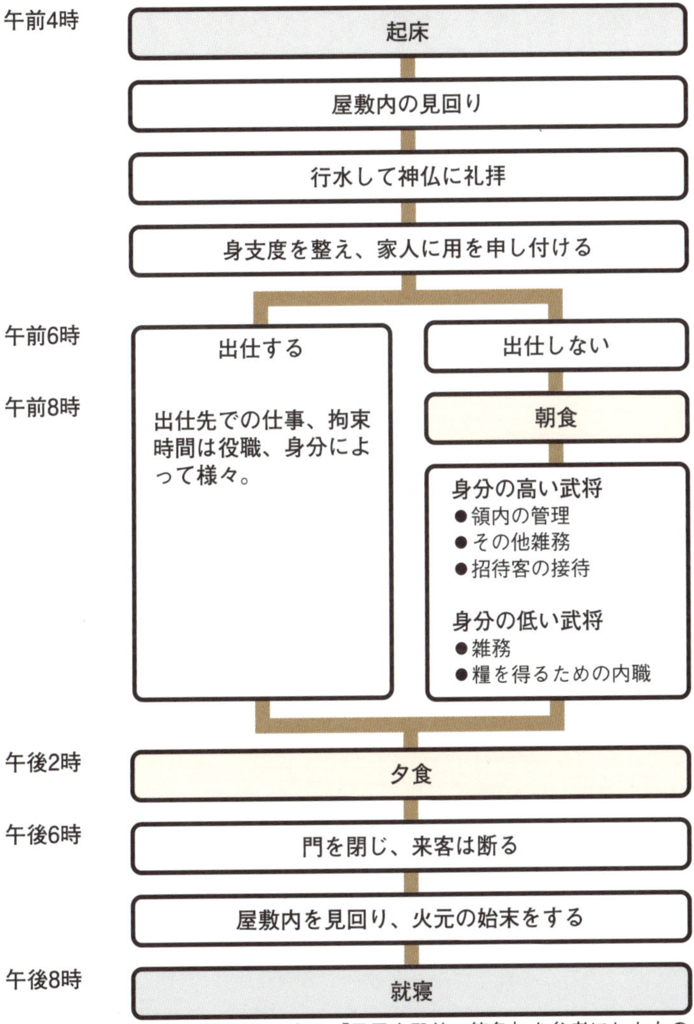
午前4時
起床
屋敷内の見回り
行水して神仏に礼拝
身支度を整え、家人に用を申し付ける
午前6時
出仕する
出仕しない
午前8時
出仕先での仕事、拘束時間は役職、身分によって様々。
朝食
身分の高い武将
●領内の管理
●その他雑務
●招待客の接待
身分の低い武将
●雑務
●糧を得るための内職
午後2時
夕食
午後6時
門を閉じ、来客は断る
屋敷内を見回り、火元の始末をする
午後8時
就寝

※図は主に「早雲寺殿廿一箇条」を参考にしたもの

関連項目
●家臣にはどんな役職があった？→No.007
●戦国武将はどんなものを食べていたのか？→No.020
●戦国武将はどんな神様を信仰していたのか？→No.030

No.026

戦国武将はどうやって体を鍛えていたの?

戦場においては自分の身体が頼りとなる。そのため、戦国武将たちは様々な鍛錬を行い、己を鍛え上げていた。

●文武両道とはいっても

「文武は車の両輪」と考えていた戦国武将たちであったが、どちらかといえば文よりも武を重要視していた。戦場で求められたのはやはり教養よりも戦果だったからである。そこで武将たちは様々な方法で体を鍛え、戦場で役に立つ技術を身につけていた。

武将たちがまず身につけなければならなかったのは、種々の武芸である。武芸と一口にいってもその内容は様々で、弓や馬、刀、槍、鉄砲に始まり、組打《くみうち》(素手での格闘術)、水練《すいれん》(水泳)や忍術といったものまで武芸に含まれていた。こうした武芸の多くは戦国時代には既に体系化されており、武将たちはそれぞれ師を選んで弟子となった。もっとも、戦国大名に仕えている武将の場合はまとまった時間が取れないことも多く、こうした修行は**仕事**の合間を縫って行われていたという。

どこの家にも仕えていない武将の場合は武者修行を行うことが多かった。各地を巡り様々な流派の技を学んだり、他流試合を行って腕を磨いたりしたのである。名声が高まれば興味を持った大名から招かれることもあり、鍛錬であると同時に**就職活動**にもつながっていた。

娯楽を兼ねた訓練も多い。長続きしやすく、息抜きにもなったからである。流鏑馬《やぶさめ》、笠懸《かさがけ》、犬追物《いぬおうもの》は、弓術、馬術の訓練として好まれていた。流鏑馬、笠懸は馬上から的を射るもの。犬追物は馬で犬を追いかけ矢で射殺すものである。また、鷹狩りも連携の訓練や肉体の鍛錬に適していた。格闘技の訓練としては、相撲が好んで行われている。織田信長《おだのぶなが》の相撲好きは有名で、大規模な相撲大会を開催したこともあったほどであった。水練も武将たちの鍛錬として好まれた娯楽の一つである。徳川家康《とくがわいえやす》はかなりの老齢になるまで川で泳いでおり周囲を驚かせたという。

戦国武将の鍛錬方法

「文武は車の両輪」とは言うものの、戦場でものを言うのはやっぱり体力と身につけた技術！

そこで……

師匠について学ぶ

武芸は戦国武将にとって必須科目。通常は師匠について学ぶ。仕事の合間を縫っての鍛錬になることが多い。

- 馬術
- 弓術
- 剣術
- 槍術
- 鉄砲
- 組討（格闘術）
- 忍術
- 水練

武者修行で鍛える

仕官前の武将が各地で様々な流派を学び、腕試しをして回る旅。就職活動としての側面もあった。

- 武将により様々

娯楽を兼ねた訓練で鍛える

長続きしやすく、息抜きにもぴったり。

- 流鏑馬
- 笠懸
- 犬追物
- 鷹狩り
- 相撲
- 水練

関連項目
●家臣の採用方法とは？→No.009
●戦国武将はどんな娯楽を楽しんだのか？→No.021
●戦国武将の一日→No.025

No.027

戦国武将はどんな勉強をしていたのか?

日々戦争に明け暮れた戦国武将たち。しかし、彼らの多くは当時最高レベルの知識人でもあった。

●文武両道を目指す戦国武将

戦での槍働きこそが本分の戦国武将たち。しかし、彼らは体だけを鍛えていたわけではない。実は様々な教養も身につけていたのである。特に戦国大名の子息ともなれば身につけなければならない教養は多岐に及んだ。そのため、多くの武将たちは子供のころから勉学に励んでいる。

彼らが学ぶ主な教育機関となったのは**禅宗**の寺院であった。織田信長《おだのぶなが》や武田信玄《たけだしんげん》、上杉謙信《うえすぎけんしん》といった名だたる大名をはじめ、低い身分から出世を果たした豊臣秀吉《とよとみひでよし》なども寺院に預けられていたのである。また、専門の教育機関として下野国《しもつけのくに》の足利《あしかが》学校のようなものもあった。

それではそのような教育機関で実際にはどのような勉強を行っていたのだろうか。武将たちが寺院で学ぶのは、およそ2~3年、長くても3~4年である。まず基本的な読み書きに始まり、寺院らしく経文などが教えられた。続いて往来物と呼ばれる一問一答形式の教科書が用いられ、武家のしきたりや一般常識、その他児童教育が施される。これが終わると、次に学ぶことになるのが中国の学問書「四書《ししょ》」、「五経《ごきょう》」や和歌などの知識である。

もっとも、こうした学問は武将にとっては少々退屈なものだったようで、信玄などはもっと実践的な勉強がしたいと師に頼んだという。そうした武将たちに教えられたのが「七書」と呼ばれる中国の軍学書だった。当時の寺院では軍学なども教えていたのである。さらに勉強が進むと日本の古典文学である『源氏物語』や『古今和歌集《こきんわかしゅう》』、『万葉集《まんようしゅう》』、さらに当時の和歌のテキストである『和漢朗詠集《わかんろうえいしゅう》』などの文学的教養や医術なども身につけた。

なお、大人になってからも戦国武将の勉強は続いている。特に大名ともなると幕府や**公家**との交渉のために有職故実《ゆうしきこじつ》や蹴鞠《けまり》、絵画、立花、香道といった貴族的な文化も学んだという。

戦国武将の教育機関と主に学んだこと

禅宗の寺院
足利学校などの養成機関

← 期間は通常2～3年。
長くても3～4年程度。

戦国武将の子供

初級の勉強

- 読み書き
- 仏教の経文
- 一般常識
- 武家のしきたり
- その他児童教育

↓

中級の勉強

- 四書（中国の学問書）：『論語』『大学』『中庸』『孟子』
- 五経（中国の学問書）：『易経』『書経』『詩経』『礼記』『春秋』
- 七書（中国の軍学書）：『六韜』『三略』『孫子』『呉子』『司馬法』『蔚繚子』
- 和歌などの知識

↓

上級の勉強

- 『源氏物語』
- 『古今和歌集』
- 『万葉集』
- 『和漢朗詠集』
- 医術

↓

その後の勉強

- 有職故実
- 蹴鞠
- 立花
- 香道

関連項目
●軍師はどのような仕事をしていたのか？→No.037
●戦国大名と天皇、公家→No.103
●戦国大名と将軍家→No.104
●戦国武将と仏教界→No.105

No.028

戦国武将はどんな服を着ていたのか？

昔の服装といえば着物と思いがちだが、実際には戦国武将たちが身につけた服には様々な種類があった。

●戦国武将の様々な服装

戦国時代の武士の服装は、礼服と私服の二つに分けることができる。礼服は公家系統と武家系統の二つがあり、場面によって使い分けられていた。公家系統の礼服としては、束帯《そくたい》姿、衣冠《いかん》姿、狩衣《かりぎぬ》姿が挙げられる。束帯、衣冠、狩衣は平安絵巻などでよく見られる服装で、袖の広い詰襟《つめえり》の上着を帯で留め、裾を袴の上に出すようにして身につけた。束帯、衣冠の場合は頭に冠、狩衣の場合は烏帽子《えぼし》をかぶる。武家系統の礼服としては、直垂《ひたたれ》姿、大紋《だいもん》姿、素襖《すおう》姿が挙げられる。直垂は現在の着物に似ているが、脇が縫い付けられておらず、前の部分を掻き合わせて重ね、紐で固定して身につけた。裾は袴の中に入れ、侍《さむらい》烏帽子《えぼし》という複雑に折り曲げた烏帽子をかぶる。直垂は戦国時代初期には武士の私服であったが、のちに礼服として用いられるようになった。大紋は直垂に大きな家紋を付けたもの、素襖は大紋より家紋を小さくし、紐を革紐に付け替えたものである。

戦国時代中期以降、武士の私服として用いられたのが小袖《こそで》袴《はかま》姿である。小袖は現在の着物の原型だが、現在のものより体の部分の幅が広く、袖が小さい。小袖は本来、直垂などの下に着る下着であったとも、庶民の服装であったともいわれている。簡易礼服として肩衣《かたぎぬ》と呼ばれる袖なしの上着を、防寒着として胴服《どうふく》という羽織を上に着ることも多い。出家した武士の場合は、道服《どうふく》という僧衣の一種や袈裟《けさ》を小袖の上に着ることもあった。

戦国時代の成人男性の髪形は、髷《まげ》を結い、額を剃りあげる（月代《さかやき》という）のが基本である。成人前は頭頂部のみを剃り、前髪は残す。髭《ひげ》を剃ることは少なく、それぞれ工夫を凝らした髭を伸ばしていた。戦国時代初期、成人男性は必ず烏帽子などのかぶり物をしていたが、次第にその風習は廃れ、趣味や実益を兼ねて頭巾や笠を身につける程度になったという。

戦国武将の服装

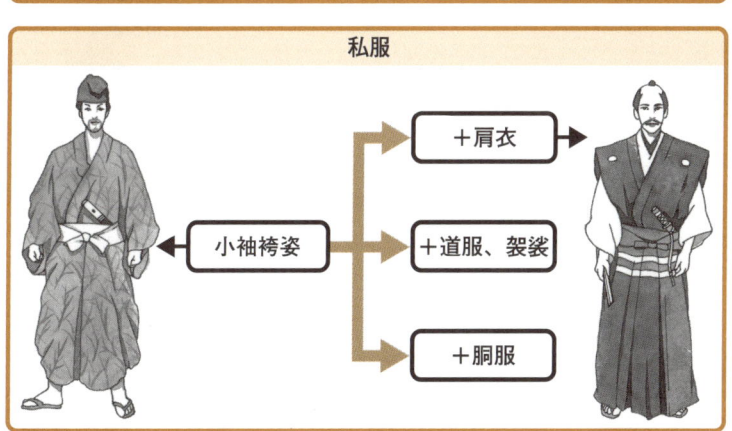

礼服

公家系統

- 束帯姿
- 狩衣姿
- 衣冠姿

武家系統

- 素襖姿
- 大紋姿
- 直垂姿

私服

- 小袖袴姿
  - ＋肩衣
  - ＋道服、袈裟
  - ＋胴服

髪形・その他

●月代を剃り、髷を結う。
●髭は剃らず、様々な形に整えた。
●未成年は前髪を残す。

No.029

女性はどんな服を着ていたのか？

高級で豪華な服装に身を包んだ身分の高い女性に比べ、身分の低い女性の服装は質素なものだった。

●戦国武将の様々な服装

戦国時代の女性の服装は小袖《こそで》と呼ばれる衣類が基本だった。小袖は現在の着物の原型となったものであるが、当時の小袖は胴体部分の幅が広く袖の部分が小さいなど現在の着物とは大きく作りが違う。

身分の高い女性は、この小袖を何枚も重ねて着ていた。この小袖の重ね着は、打掛《うちかけ》姿、腰巻《こしまき》姿の2種類に分けることができる。打掛姿は小袖を重ね着た上から、打掛と呼ばれる大きめの小袖を羽織ることからこう呼ばれている。帯は現在の女性の帯よりずっと細く、紐状のものを用いた。腰巻姿は打掛姿の夏向けの服装で、打掛を腰に巻きつけたものである。こうした服装の多くは絹織物に染色や刺繍を施した贅沢なもので、非常に重量があった。外出する際には被衣《かつぎ》と呼ばれる専用の小袖や、市女笠《いちめがさ》と呼ばれる笠をかぶる。なお、この時代は身分の高い女性でも足袋を身につけるものはほとんどおらず、冬でも裸足で過ごしていた。

一方、身分の低い女性の服装は非常に簡素である。麻の小袖（帷子《かたびら》ともいう）1枚もしくは数枚を重ね着た上に前掛けをするかしないかという具合だった。しかも、着替えなど持っていない。子供のころから同じ着物を着続け、せめて脛の隠れる着物が着たいと嘆く話が残っているぐらいである。刺繍はなく、もっぱら手書き模様や織り模様が着物を飾っていた。

戦国時代の女性の髪形は、髪を長く伸ばして垂らす垂髪《すいはつ》が一般的である。しかし、戦国時代後期になると後ろで束ねるようになった。また、身分の低い女性の場合は生活の邪魔にならないように肩のあたりで切るか、唐輪《からわ》髷《まげ》などの髷を結うことが多い。当時の化粧は、白粉《おしろい》を塗って唇には紅をさし、眉を剃って書き眉をするというもので、成人するとお歯黒を施した。お歯黒《はぐろ》は歯に塗る黒い染料で、歯のでこぼこを隠したのだという。

戦国時代の女性の服装

戦国時代の女性の服装は小袖が基本。
小袖は現在の着物の原型だが、当時のものは袖が小さく胴周りの幅が広い。

身分の高い女性の服装

- 身分の高い女性は小袖を多く重ねて着る。生地も贅沢なものが多い。

身分の低い女性

- 小袖を1枚から数枚重ねる程度。着たきり雀である。

髪形、化粧

- 身分の高い女性は髪を伸ばして垂らした垂髪が基本。時代が下ると後ろで結ぶように。
- 化粧は白粉、紅、黛、お歯黒程度。
- 身分の低い女性は邪魔にならない長さに切るか髷にする。

No.030

戦国武将はどんな神様を信仰していたのか？

戦場で命のやり取りを続ける戦国武将たち。彼らは心のよりどころとして様々な神仏を信仰していた。

●やはり最後は神頼み？

多くの戦国武将たちは神や仏を深く信仰していた。**分国法**《ぶんこくほう》の一つで当時の生活規範が書かれた『早雲寺殿《そううんじどの》廿《にじゅう》一箇条《いちかじょう》』には、朝早く起きて身だしなみを整え、神仏に祈るようにと書かれている。戦場で命のやり取りをする武将たちにとって、運を味方につけることは非常に重要なことであった。そのため、熱心に神仏に祈り、戦場での武運を得ようとしたのである。織《お》田《だ》信長《のぶなが》も神社仏閣での**戦勝祈願**を行い、戦死者たちのために供養を行っていた。信長は比叡山《ひえいざん》を焼き討ちし、**仏教**の宗派の一つ**一向宗**《いっこうしゅう》と争ったことや、宣教師ルイス・フロイスの記録から無神論者とされることが多い。しかし、当時のほかの武将と変わることなく信仰を持っていたのである。

もっとも、こうした武将たちの信仰は、宗教の教えを全面的に守るというような堅苦しいものではなかった。上杉謙信《うえすぎけんしん》は仏教の守護神で軍神でもある毘沙門天《びしゃもんてん》に深く帰依し、生涯未婚で過ごした。しかし、仏教で禁じられている酒をこよなく愛し、戦国大名として殺生を続けたのである。その他の武将も似たり寄ったりで、入道《にゅうどう》（髪の毛を剃り落として僧侶の服装をし、法号を名乗る）した後も武将として殺生三昧の生活を続けるものが多かった。

武将たちが信仰した神仏は先ほどの毘沙門天をはじめ、摩利支天《まりしてん》、愛染《あいぜん》明王《みょうおう》、不動明王《ふどうみょうおう》、愛宕勝軍地蔵《あたごしょうぐんじぞう》などの仏教系、八幡《はちまん》神をはじめとする神道系の神々（この場合各神社自体への信仰が多く、現在のように体系化された神々への信仰は少ない）、山岳信仰から発展した飯綱権現《いづなごんげん》など様々である。さらに宣教師たちによってキリスト教が広げられるようになると、彼らの信じるデウスも信仰の対象となった。九州地方の大名大友宗麟《おおともそうりん》や、信長の家臣の高山右近《たかやまうこん》のほか多くの武将がキリシタンとなっている。

戦国武将の信仰生活

戦国大名 → **神仏**

●戦勝と罪業消滅を願い、毎日祈祷を行う。
●寺社に領地を寄進して手厚く保護する。

しかし……

たとえ入道しても信仰と実際の生活は別！
●合戦で殺し合いをする日々。
●酒を浴びるように飲む。
●妻帯し、子をもうける。（一部例外あり）

戦国武将が信仰していた主な神仏

仏教系

- 毘沙門天
- 摩利支天
- 愛染明王
- 不動明王
- 愛宕勝軍地蔵

神道系

- 八幡神
- その他

※神道系の神々への信仰は、各神社への信仰が主。
祭神そのものや、信仰する神社と同じ祭神を祀る全ての神社を信仰していることは少ない。

修験道系

- 飯縄権現

キリシタン系

- デウス

関連項目
●分国法→No.011
●戦国武将の名前の決まりとは？→No.023
●出陣前にはどのようなことが行われたのか？→No.039
●戦国大名と仏教界→No.105
●戦国大名と一向宗→No.106
●戦国時代を知るための資料4『日本史』→No.101

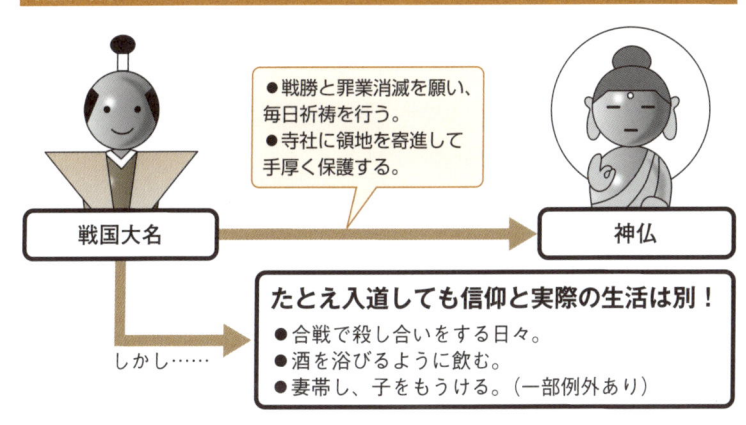

No.031

戦国武将は恋愛できない？

政略結婚が常であった戦国時代の結婚。だが、そんな中でも彼らは自分の正直な気持ちに身を焦がし、時には行動に移していた。

●命がけの恋愛

戦国時代の結婚は**政略結婚**が多く、自由恋愛による結婚は珍しかった。とはいえそこは人間同士、当然恋に身を焦がす武将も少なくない。中には無事恋愛結婚にまでこぎつけた武将もいる。九州地方の戦国大名**竜造寺《りゅうぞうじ》氏**の家臣鍋島直茂《なべしまなおしげ》は、同じく家臣の石井忠常《いしいただつね》の娘を見初め、毎日のように密会していた。ついには忠常の家の者に怪しまれ、曲者として怪我を負わされるという事件まで起きてしまう。しかし、直茂はそれでもあきらめずに交際を続け、結婚することに成功した。東北地方の戦国大名**最上《もがみ》氏**の家臣鳥海信道《とりうみのぶみち》という武将の場合、主君の妻の侍女と恋愛関係になり死罪になりかけている。その後、信道は上司のとりなしで無事に侍女と結婚したが、その恩に報いるために戦場で若い命を散らすことになった。

もっとも、愛する二人が結ばれることはそうはない。**上杉謙信《うえすぎけんしん》**には若いころに3人の女性を見初めたという話が残されている。しかし、政治的な立場の差や家臣の猛反対があり、この恋愛が実ることはなかったようだ。当時は身分が高いほど恋愛より政治や周囲の意見が優先されたのである。

戦国時代には男性同士の恋愛譚も数多い。当時は男色もごく普通のことだったのだ。特に武将とその身の回りの世話（性的な意味も含めて）をする小姓《こしょう》との間では恋愛関係に発展することが多く、**武田信玄《たけだしんげん》**と**伊達政宗《だてまさむね》**が小姓に宛てて書いたラブレターも残されている。その内容は夜の営みを断られたから浮気はしていないとか、頬にキスするぐらいは浮気じゃないなど非常に露骨である。その他にも、戦場で見初めた武将を捕らえようとした例や、愛する武将のために獅子奮迅の活躍をした武将など男色に関するエピソードは枚挙にいとまがない。中には好きな武将に思いが届かなかったことを悲観して無茶な戦い方をし、命を落とした武将もいたのだという。

戦国武将の恋愛（男女間）

愛し合う二人に立ちふさがる問題
基本的には政略結婚
身分の差
政治的立場の差
家臣の意見
しかし……
本人の熱意や周囲の協力で
結婚にこぎつけることも！

戦国武将の恋愛（男性同士）

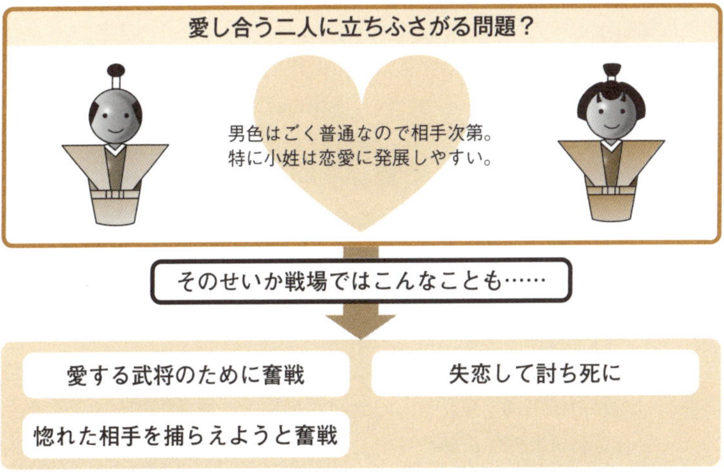
愛し合う二人に立ちふさがる問題？
男色はごく普通なので相手次第。
特に小姓は恋愛に発展しやすい。
そのせいか戦場ではこんなことも……
愛する武将のために奮戦
失恋して討ち死に
惚れた相手を捕らえようと奮戦

関連項目

●戦国武将の結婚とは？→No.032
●戦国時代初期の東北地方→No.075
●戦国時代初期の九州地方→No.083
●上杉謙信と武田信玄の戦い→No.084

No.032

戦国武将の結婚とは？

自由に好きな人と結婚をすることができる現代とは違い、戦国時代の結婚はままならないものだったようだ。

●政治的に利用された結婚

戦国武将たちの結婚は、現在の結婚ほど自由ではなかった。特に戦国大名ともなれば自由意思による結婚はできなかったといってもいい。結婚も乱世を生き残るための重要な武器となったからである。大名の姫君たちは政略結婚のための手駒として扱われることが多かった。政略結婚が行われる理由は同盟国との結束を高めるため、家臣を血族として迎え入れるため、さらに大国への服従の証としてなど様々である。このほか、侵略した土地の姫君を妻、もしくは側室として迎えることでその土地を治める正統性を自らの血族に持たせた例もあった。さらに、嫁いだ姫君たちは嫁ぎ先の内情を故郷に伝えるスパイとしても機能していたという。このように政治的意味合いの強い結婚だけに、大名は家臣の結婚には常に目を光らせていた。特に他国の女性を妻に迎える場合は、情報の流出や家臣の裏切りを注意する必要があったからである。

当時の婚姻制度は現在の一夫一婦制ではなく、男性は側室を持つことが許されていた。結婚の目的には子孫を残して家を存続させるという目的もあったためである。また、初婚にこだわることはなく、男女ともに数回結婚経験があることもまれではなかった。夫婦は別姓であり、妻は夫の姓を名乗る必要はない。

このように書くと戦国時代の結婚生活は不毛で形式的なもののようだが、実際には夫婦の仲が良く生涯一人の妻を愛し続けた戦国武将もいた。そうでない場合も良好な関係を続けている武将は多かったのである。

なお、当時の結婚式は現在のような決まった形式ではなかった。ただ、お色直しはあったようで2日間白装束で過ごした後、色のついた着物を着た。また、この際に花嫁側の親族から引き出物を出すのが常であった。

結婚の意義

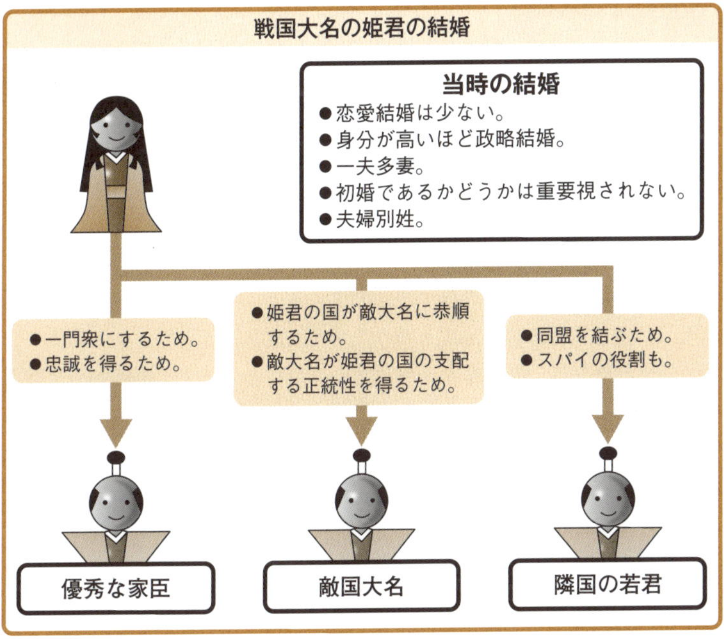
戦国大名の姫君の結婚
当時の結婚
●恋愛結婚は少ない。
●身分が高いほど政略結婚。
●一夫多妻。
●初婚であるかどうかは重要視されない。
●夫婦別姓。
●一門衆にするため。
●忠誠を得るため。
●姫君の国が敵大名に恭順するため。
●敵大名が姫君の国の支配する正統性を得るため。
●同盟を結ぶため。
●スパイの役割も。
優秀な家臣
敵国大名
隣国の若君

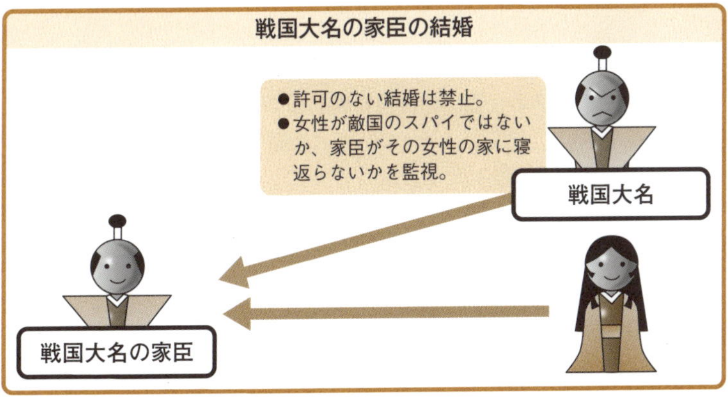
戦国大名の家臣の結婚
●許可のない結婚は禁止。
●女性が敵国のスパイではないか、家臣がその女性の家に寝返らないかを監視。
戦国大名
戦国大名の家臣

関連項目

●戦国大名と子供たちとの関係は？→No.004
●戦国武将は恋愛できない？→No.031
●分国法→No.011

No.033

戦国武将には礼儀作法が大切？

戦国時代、武士たち自身の手で作られた礼儀作法。それは「武士の体面」を重視したものだった。

●戦国時代の礼儀作法

個人の能力よりも集団の能力が優先されるようになった戦国時代。組織を円滑に運営するために必要となったのが礼儀作法だった。上下関係や同胞とのやり取りに一定の基準や解決方法を設けることで、集団内の無駄な軋轢を解消しようとしたのである。

平安時代から鎌倉時代にかけて、武士の礼儀作法の基準となったのは**公家**の礼儀作法であった。しかし、武士には馴染まないものだったらしく定着していない。室町時代には幕府主導で小《お》笠原《がさわら》流などの武士の礼法が研究されたものの、戦国時代に入るとこれも一部の知識人階級的な武士のものとなってしまう。そこで戦国大名たちは自分の支配する領国のみで通用する法律、**分国法**《ぶんこくほう》（家《か》法《ほう》）において礼儀作法を定めるようになる。こうして領国ごとに様々な礼儀作法が定められたが、その全てに共通していたのが「武士の体面」を守ることであった。

私生活の礼法であれば互いの体面を尊重し、相応の答えがない場合には相手を討ち果たす。例えば、酒を勧められた際、一度飲むといえば嫌な相手からの酌であっても何杯でも飲まなければならない。逆に、一度断ったなら意地でも飲んでは駄目であった。酒を勧めたほうであれば、相手がいかに断っても意地でも飲ませなければならない。当然、折り合いなどつくはずはないので、命のやり取りに発展する。

公共の場での礼法の場合、主君の体面を汚さないために細心の注意を払う必要があった。例えば、主君が呼べばどんなに遠くにいても「あっ」と返事をして駆けつけなければならない（足軽の場合は「ねい」）。また、主君の前では行儀悪く足を組んだり、袖まくりしたり、談笑したり、笑ったりするのはマナー違反だった。

戦国武将の礼儀作法ができるまで

国内には色々な人材が集まるので
上下関係や互いのやり取りに基準が必要！

↓

公家基準の礼法は合わない

↓

室町幕府の定めた礼法は知識階級のものに

↓

「武士の対面」を重視した
礼儀作法を国内向けに作成！

当時の主な礼儀作法の例

私的な場面	日ごろ仲の悪い相手の酌でも何杯でも飲む。一度断った場合は意地でも飲まない。酒を勧めるほうは意地でも飲ませる。＜『甲陽軍艦』＞
	座敷で人や脇差などを蹴ってしまったら日ごろ仲が悪い相手でも慇懃に手を付いて三度詫びる。謝られたほうも、これ以上は迷惑と手を振り許す。＜同上＞
	徒歩の人が道で馬に乗った人に出会ったら、相手が挨拶のために馬を降りなくてよいように物陰に隠れる。馬に乗ったほうは相手を見つけたら馬を降りて挨拶し、徒歩の人も相手の馬を抑えてやる。＜同上＞
	女性の部屋が近い場合は早々にその場を立ち去る。＜『群書類従』＞

公的な場面	主君に呼ばれたら遠くにいても「あっ」（足軽の場合は「ねい」）と返事をし、駆けつける。＜『早雲寺殿廿一箇条』＞
	城内では談笑をつつしみ、かたわらによって静かにしている。＜同上＞
	廊下を通る際、目上の人がいた場合は少々腰を折り、手を腰につけて静かに通り抜ける。＜同上＞
	主君の前では行儀悪く足を組んだり、袖まくりしたり、談笑したり、笑ったりしてはならない。＜『宗五大双紙』＞

関連項目
●分国法→No.011
●戦国大名と天皇、公家→No.103

戦国時代を生きた武芸者たち

合戦での効率的な戦闘方法が確立される一方、個人の武芸がもてはやされたのも戦国時代の特徴である。

こうした戦国時代の武芸者としてまず挙げられるのが剣聖と呼ばれた二人の剣豪、上泉信綱《かみいずみのぶつな》と塚原卜伝《つかはらぼくでん》であろう。信綱は元々山内上杉《やまのうちうえすぎ》氏の家臣であったが、その後北条《ほうじょう》氏、長野《ながの》氏、武田《たけだ》氏に仕えている。武田氏家臣の時代に武人として名を挙げることを選んで武者修行の旅に出、後に新陰流《しんかげりゅう》を興した。現在でも使われている竹刀は彼の発明だという。

塚原卜伝は鹿島の神職の出で、新当流《しんとうりゅう》の開祖である。武芸者として各地を周って勇名を馳せたが、近畿地方を支配していた三好長慶《みよしちょうけい》に仕えたこともあった。将軍足利義輝《あしかがよしてる》をはじめ、能登国《のとのくに》の北畠具教《きたばたけとものり》、織田信長《おだのぶなが》の家臣の細川藤孝《ほそかわふじたか》、常陸《ひたちの》国《くに》佐竹氏の家臣の真壁氏幹《まかべうじもと》、武田信玄《たけだしんげん》の家臣海野輝幸《うんのてるゆき》など戦国武将の弟子が多い。

時代が下ると台頭してくるのが柳生新陰流《やぎゅうしんかげりゅう》の柳生宗厳《やぎゅうむねよし》である。彼は元々信長の家臣であったが、税を誤魔化したために領地を没収され、上泉信綱に学んだ剣術一本で生活することとなった。もっとも、これは幸運だったといえるかもしれない。京で名を上げた宗厳は、息子である柳生宗矩《むねのり》とともに徳川家康《とくがわいえやす》に召抱えられたのだ。宗厳、宗矩はそれぞれ政治的にも優れた人物であり、これを境に柳生氏は将軍のご指南役、そして大名への道を駆け上る。

一方、柳生氏同様に徳川氏のご指南役となりながらも不遇な扱いを受けた武芸者もいた。一刀流の神子上忠明《みこがみただあき》（後の小野《おの》忠明、典膳《てんぜん》とも）である。忠明は元々安房国《あわのくに》の里見《さとみ》氏の家臣であったが後に徳川秀忠《とくがわひでただ》に仕えている。ご指南役として召抱えられたのは柳生氏よりも先であったが、将軍であっても容赦しなかったため遠ざけられることとなった。

戦国時代最後の剣豪として名高いのが宮本武蔵《みやもとむさし》である。数々の逸話はいまさら語るまでも無いが、その晩年はあまり恵まれたものではなかったようだ。様々な大名家に仕官したものの召抱えられず、最終的には豊前国細川《ぶぜんのくにほそかわ》氏に300石で召抱えられ生涯を閉じたという。

このほか戦国時代には、北条氏に仕え北条氏滅亡後に明に渡って武芸を修めた真新陰流《しんしんかげりゅう》の小笠原長治《おがさわらながはる》、島津《しまづ》氏に仕えた示現流《じげんりゅう》の東郷藤兵衛《とうごうとうべえ》、美濃国《みののくに》の斎藤義龍《さいとうよしたつ》に請われ家臣と試合を行った中条流《なかじょうりゅう》の富田勢源《とだせいげん》、肥後国《ひごのくに》の相良《さがら》氏に仕えたタイ捨流《しゃりゅう》の丸目蔵人《まるめくらんど》など多数の武芸者が居る。

なお、こうした武芸者たちの武芸は、戦場での戦いとはいささか異なっていたようである。そのため、極めて自分のものとすれば戦場でも無類の強さを発揮するものの、中途半端に学んだ状態では実力を発揮できなかった。豊臣秀吉《とよとみひでよし》子飼いの武将、福島正則《ふくしままさのり》に仕えていた可児才蔵《かにさいぞう》は、かつて槍術を学んだものの戦場での働きはかえって悪くなった。そこで師匠に相談したところ「中途半端な武芸は身を滅ぼす」と忠告されたという。

第2章
合戦という仕事

No.034

合戦にはどれぐらいの費用がかかったのか？

国家の大事たる合戦。そこに費やされる費用は、採算を度外視した莫大なものであった。

●湯水のように消えていく軍事費

今も昔も軍事費というのは国の予算において大きな割合を占める。戦国時代もその例外ではない。しかし、戦国時代の合戦にどれだけの費用が使われたのか具体的な数字を知ることは難しい。資料が分散し失われていることが多いというのが主な理由だが、軍事費を負担したのが大名だけではなかったことがそれに拍車をかけている。実は戦国時代の軍事費は、大名と家臣がそれぞれ分担して負担していたのである。

もっとも、その分担はあまり明確ではない。一般的には大名が合戦中の補給物資や軍事工作費用を負担。家臣たちは軍役《ぐんやく》に定められた武装や労働力となる**陣夫**《じんぶ》たちの給料、戦場までの食料や輸送費といった具合である。

例えば豊臣秀吉《とよとみひでよし》は関東地方の大名北条《ほうじょう》氏を攻めた**小田原攻め**の際、補給物資として米20万石を用意。加えて金1万枚を投入した。秀吉の金1枚は金10両分、つまり40貫相当。一説によると米1石を1貫（実際には相場は変動するし、もっと安い記録もある）なので計60万貫、1貫を現在の金銭で15万円と計算すると900億円もの巨費を投入したことになる。この合戦では築城も行っているので、費用はさらに大きなものとなるだろう。

一方、軍役をかけられた家臣の側の記録だが、こちらは九州地方の大名**島津**《しまづ》**氏**の**第一次朝鮮出兵**における記録が残されている。秀吉からの要求は約1万5000人。このうち陣夫が4000人である。5カ月分の補給物資として米1万522石、大豆616石が用意され、人員輸送のために4305貫を投じて66艘の船が新造された。大豆もほぼ1石で1貫なので、補給物資と新造船の金額だけで約23億円。さらに将兵1万1000人分の武装費用や陣夫4000人分の給金を支払うことになる。これらの数値は戦国時代末期の大規模な合戦における数字であるが、合戦にはこのように莫大な費用が必要だったのである。

合戦にかかる費用

合戦をするためには最低でもこれだけの費用が必要。

戦国大名

合戦のための主な費用（大名分）

合戦中の兵糧（武将、兵士の食料）の費用
消耗品（弾薬、矢など）の費用
軍事工作（兵糧攻めや水攻めなど）のための費用

合戦のための主な費用（家臣分）

将兵の武装、その他費用
陣夫（雑用のために集めた領民）への賃金
補給物資などの雑費

→ 軍資金を得るために様々な経済活動を行うことに……。

合戦にかかった費用の試算

小田原攻め（大名の例）

合戦中の兵糧	：米20万石 ＝300億円
その他消耗品	：金1万枚 ＝600億円
軍事工作費	：不明

補給物資だけで600億円以上！

第一次朝鮮出兵（家臣の例）

将兵の武装、その他費用	：新造軍船 ＝ 6億円
陣夫への賃金	：不明
補給物資	：米、大豆 ＝ 17億円

家臣だけでも23億円以上！

関連項目
●領民も戦にかり出された？→No.014
●戦国時代のものの単位→No.066
●戦国時代のお金の単位→No.067
●九州征伐→No.092
●小田原征伐→No.093
●秀吉の死→No.095

No.035

兵士はどうやって集めたのか？

合戦には欠かすことのできない兵士たち。戦国武将たちはどのように兵士を集めていたのだろうか。

●兵士を集めろ！

武器に食糧、軍資金、合戦に必要なものは様々だが、最も必要なものは兵士である。それでは、戦国大名たちはどのように合戦に必要な兵士たちを集めていたのだろうか。

戦国大名の兵力の基本となったのは、大名が家臣の武将たちに課した軍《ぐん》役《やく》によって集められた兵士たちである。軍役とは、武将たちが参戦する際に、何人の兵士を連れてこなければならないか定めたもので、**知《ち》行《ぎょう》地《ち》**（領地）の広さや、その豊かさに応じて決められていた。戦国時代後期に入り兵農分離が行われるまで、軍役の中心となったのは武将たちの支配する領民たちである。特に、農民たちの比率が多く、合戦は農閑期を選ばなければ満足に兵士を集められなかったという。

合戦や出仕するような用がない場合、武将たちは各自の領地にいる。そのため、いざ合戦となり兵士たちが必要になると、大名たちは各地に**招集**をかけた。これを陣触《じんぶれ》という。陣触は鐘や太鼓などの鳴り物や狼煙《のろし》で行うことが多いが、遠隔地の場合には使者を差し向けなければならなかった。当然、遠隔地の武将と兵士たちが集まるまでには時間がかかるため、行軍中や現地での合流も少なくない。武将が合流すると着到《ちゃくとう》奉行《ぶぎょう》が軍役通りの人数の兵士を集めたか、期日通りに到着したかを評価し、着《き》到《とう》状《じょう》と呼ばれる証明書を発行した。この着到状は合戦中の働き同様に、武将の評価の対象になったという。

こうして兵士たちが集められると、重鎮クラスの武将ごとに振り分けられ複数の軍団が作られた。それぞれの軍団では乱戦に備えて統一された目印の旗や**指物《きしもの》**が与えられる。さらに余裕があれば、各種の訓練が行われた。合戦中の合図や**陣形《じんけい》**、武器の扱いなど覚えることも多かったのである。

どうやって兵士を集めていたのか？

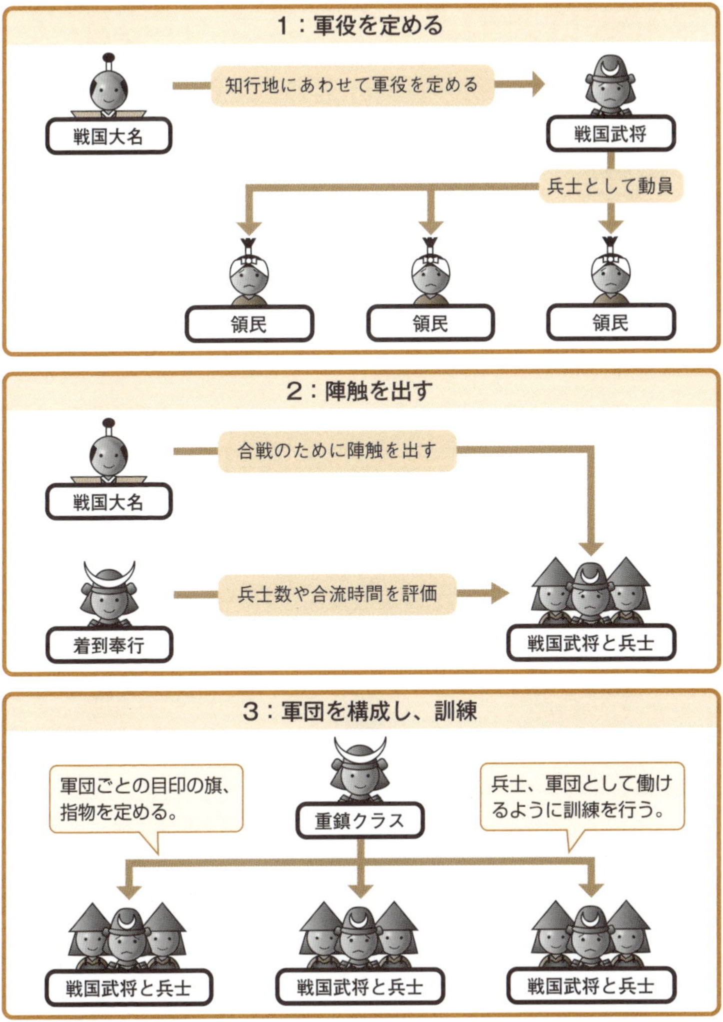
1：軍役を定める
戦国大名
知行地にあわせて軍役を定める
戦国武将
兵士として動員
領民
領民
領民
2：陣触を出す
戦国大名
合戦のために陣触を出す
着到奉行
兵士数や合流時間を評価
戦国武将と兵士
3：軍団を構成し、訓練
軍団ごとの目印の旗、指物を定める。
重鎮クラス
兵士、軍団として働けるように訓練を行う。
戦国武将と兵士
戦国武将と兵士
戦国武将と兵士

関連項目

●戦場にはどんな役職があった？→No.008
●貫高制と石高制って何？→No.013
●陣形、陣法とは？→No.040
●馬印、指物とは？→No.058
●論功行賞とは？→No.064
●戦国時代の情報伝達手段→No.069

No.036

足軽とはどのような存在だったのか？

戦国時代、最下層の戦闘員として軍を支えた足軽。しかし、その出自は貧農や野盗のような食い詰め者の集まりであった。

●不逞の輩からプロフェッショナルの兵士へ

足軽という言葉の歴史は相当に古い。平家の盛衰を描いた『平家物語』には既に登場している。そのころは「あしがる」の名の通り鎧を身につけない身軽な兵士たちで、従者や雑用として働く存在にすぎなかった。

足軽の名がにわかに注目されるようになるのは、応仁《おうにん》の乱でのことである。この時期に登場した足軽は、身分の低い武士や食い詰めた農民たちが徒党を組んだ傭兵のような存在だった。すぐに使える兵力を欲していた**守《しゅ》護大名《ごだいみょう》**たちは、積極的に足軽を雇用したという。こうした足軽は敵の霍乱には役に立ったものの、野盗まがいの行動も多く評判は最悪だった。

しかし、戦国時代が進むにつれ足軽の重要性は増していく。当時の合戦が個人戦から集団戦へと移行していたからである。こうして足軽は正式に兵士として軍制に組み込まれることとなった（南北朝時代には既に弓兵部隊などとして取り込まれていたとする説もある）。

軍制の中の足軽たちの役割は歩兵である。戦国時代初期の足軽の多くは、**農民**や**職人**といった領民たちが臨時に雇われたものだった。彼らは「雇足軽」と呼ばれ、その身分も武士とは区別され差別的扱いを受けていたという。**禄《ろく》**（給料）も低く自分では武装を用意できないため、城に備蓄されていた量産品の武装一式が貸与された。

戦国時代中期以降になると、足軽はさらに戦闘に特化したものとして扱われるようになった。兵農分離が行われ、常備兵力としての足軽が登場したのである。これは扱いに訓練が必要となる鉄砲が兵器として普及したことも無関係ではない。もっとも、常備軍としての足軽の維持には莫大な費用がかかる。そのため、常備軍としての足軽を保有していたのは、織田信長やその跡継ぎとなった豊臣秀吉《とよとみひでよし》など力の強い大名だけだったという。

足軽の登場とその変遷

平安時代の足軽

鎧を身に着けない兵士たちの総称。「足が軽い」から足軽。

武将たちの従者として戦場での雑用を行う。

↓

室町時代の足軽

身分の低い武士や食い詰めた農民の集まった傭兵。

敵の霍乱を行うインスタントな兵士。評判は最悪。

合戦が個人戦から集団戦に変化！

↓

戦国時代初期の足軽

主に徴兵された農民を中心とした人々。

集団戦に移行した戦場の主力として領国からかき集める。

有力大名が登場し、常備軍を維持できるように

↓

戦国時代中期以降の足軽

農業からは切り離された常備軍。

鉄砲など訓練の必要な兵器を使用するようになる。

関連項目

●戦国大名と守護大名はどう違う？→No.002
●戦場にはどんな役職があった？→No.008
●合戦にはどんなものを持って行ったのか？→No.052
●論功行賞とは？→No.064
●戦国大名と職人→No.110
●戦国大名と農民→No.112

No.037

軍師はどのような仕事をしていたのか？

戦国大名を補佐するブレーンや、参謀として語られる軍師。しかし、当時の彼らは軍事における呪術的な面を司る存在だった。

●呪術的な役割を持っていた軍師の仕事

戦国大名の傍らで様々なアドバイスをする武将――軍師。もっとも当時は軍師という言葉はなく、**軍配者**《ぐんばいしゃ》とか単に軍配などと呼ばれていた。現在のイメージでは軍師というと軍事参謀的なイメージがあるが、当初彼らの役割はそうしたイメージとはかけ離れたものだった。合戦に関連するあらゆる呪術的な部分を担っていたのである。

例えば、勝利を願うための加持《かじ》、祈祷《きとう》、さらには合戦の日取りや当日の天候を占う卜占《ぼくせん》などがそれである。天候占いなどはたかが占いと馬鹿にしたものではなく、経験やそれまでのデータに基づいて行うもので一流どころともなればかなり正確だった。また、縁起担ぎは日々命がけの合戦を行う戦国武将にはつきもので、豊臣秀吉《とよとみひでよし》などは各月の3日を吉日として合戦を行っていたという（違う日に開戦していることも多いが）。

合戦の場ともなれば軍配者はさらに忙しくなる。**出陣式**での儀礼全般や、敵の首を軍神への捧げものとする血祭り、戦闘終了後の**首実検**《くびじっけん》などありとあらゆる儀式を取り仕切ったのだ。また、出陣前に軍法を定め、軍のモラルを高めるのも彼らの役割だった。

もっとも、時代が下るにつれ軍配者の役割は次第に変化していく。当時の軍配者は、中国の易学《えきがく》の経典や**武経七書**《ぶけいしちしょ》と呼ばれる兵法書を学んでいることが求められた。これらの書物は元々軍配者に求められていた呪術的な部分以上に軍事的な側面が強かった。そうした知識が長く続く戦乱の中で熟成され、兵法として完成させられていったのである。こうして軍配者は現在のイメージに近い参謀としての役割も担うようになっていく。なお、軍配者には一種の**養成機関**が多数存在した。その代表が下野国《しもつけくに》の足利《あしかが》学校である。足利学校の出身者は軍配者として仕官する際に優遇されたという。

軍師の定義とその仕事

軍師とは？

合戦に関する儀式面、呪術面のサポート役。この時代は軍配者、軍配などと呼ぶ。

軍師

軍師の資格は？

易学や軍学を修めていること。足利学校出身者が望ましい。

軍師の仕事は？

合戦準備
- 必勝祈願の加持祈祷
- 方角、吉日の割り出し
- 天候予測

合戦前～合戦後
- 出陣式、血祭り
- 軍法の設定
- 首実検、帰陣式

軍師は優秀な知識人

実践的兵法が完成

参謀的役割の軍師が登場！

軍師

軍事的アドバイス

政治的アドバイス

戦国大名

関連項目

●戦場にはどんな役職があった？→No.008
●戦国武将はどんな勉強をしていたのか？→No.027
●出陣前にはどのようなことが行われたのか？→No.039
●合戦終了後にはどんなことをしたのか？→No.061

No.038

合戦はどうやって始まったのか？

他国との合戦。それはスポーツではなく、互いの存亡をかけた殺し合いである。そのため、儀礼的な通達が行われることはまれであった。

●戦国大名が合戦を始めるまで

現在の国家間での戦争は、宣戦布告の後に行われることになっている。しかし、戦国時代の合戦において、そのようなルールは存在しなかった。そのため、合戦の切欠はまちまちである。明確に宣戦布告が行われた例としては、豊臣秀吉《とよとみひでよし》が関東地方の戦国大名、北条氏を滅ぼした**小田原攻め**の際に行われたものが挙げられるだろう。秀吉は五カ条からなる最後通牒を送りつけ宣戦布告としている。

このような直接的な宣戦布告の他に、領地である領国の内外に対して敵対大名との抗戦を宣言する場合や、自分の正しさを主張する檄文を送りつけて宣戦布告の代わりとする例もあった。豊臣秀吉の家臣で西軍大将として徳川家康《とくがわいえやす》と争った石田光成《いしだみつなり》の檄文や、**上杉謙信《うえすぎけんしん》**の家臣直江兼継《なおえかねつぐ》の直江状などがこれに当たる（直江状はフィクションとする説も多い）。

もっとも、挙兵、即宣戦布告としてみなされることも多く、同盟国への奇襲なども日常的に行われていた。時には二つの国の間にある重要拠点に、片方の国が勝手に城を建てたことが合戦のきっかけとなったこともあった。

合戦のきっかけとして一風変わっていたのが朝廷から発せられる治《ち》罰綸《ばつりん》旨《じ》である。治罰綸旨は朝廷の敵を滅ぼすように天皇直々に宣言を出すもので、討伐を命じられた大名は錦の御旗をかざして堂々と誰はばかることなく敵を滅ぼすことができた。

こうして合戦の機運が高まると行われるのが家臣と行う会議戦評定《いくさひょうじょう》である。大名たちは敵軍との兵力差、自国の物資、周辺大名の動向を家臣たちとともに検討し、今後の動向を決めた。兵力差が大きければ敵軍に対して和睦工作や降伏の準備を進める。逆に兵力差が拮抗しているなら、徹底抗戦の準備を始めるといった具合である。

色々あった合戦のきっかけ

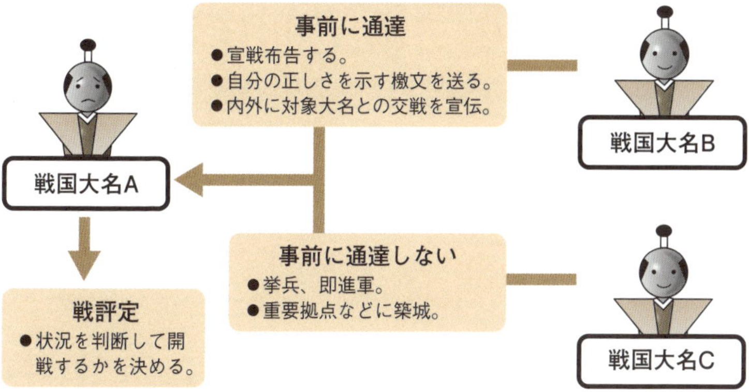
事前に通達
●宣戦布告する。
●自分の正しさを示す檄文を送る。
●内外に対象大名との交戦を宣伝。
戦国大名B
戦国大名A
事前に通達しない
●挙兵、即進軍。
●重要拠点などに築城。
戦国大名C
戦評定
●状況を判断して開戦するかを決める。

懲罰綸旨とは？

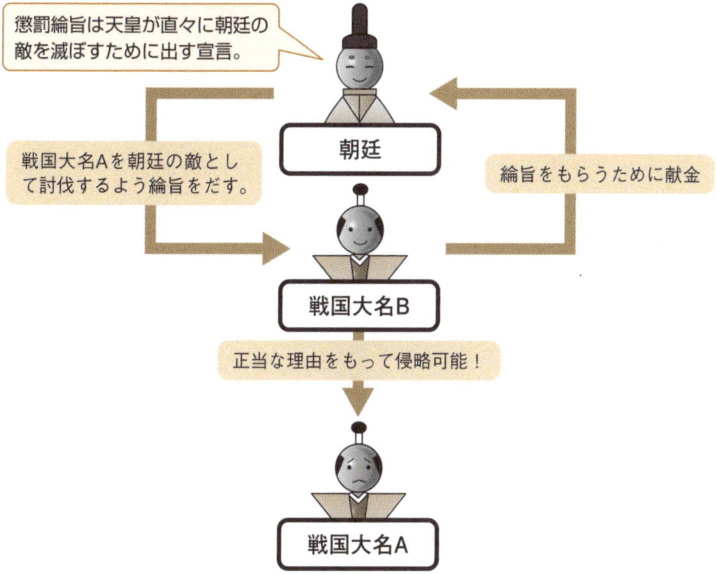
懲罰綸旨は天皇が直々に朝廷の敵を滅ぼすために出す宣言。
朝廷
戦国大名Aを朝廷の敵として討伐するよう綸旨をだす。
綸旨をもらうために献金
戦国大名B
正当な理由をもって侵略可能！
戦国大名A

関連項目

●戦国大名たちはなぜ上洛を目指したのか→No.017
●戦国時代初期の北陸地方→No.077
●小田原征伐→No.093
●関ヶ原の戦い→No.096

No.039

出陣前にはどのようなことが行われたのか？

合戦での勝利に命をかける戦国武将たち。彼らは勝利を得るために、様々な縁起を担いで勝利を祈っていた。

●たとえ迷信であったとしても

命がけの戦場に出る前、戦国武将たちは勝利を祈って様々な縁起担ぎを行っていた。

まず、精進潔斎《しょうじんけっさい》である。武将たちは出陣前になると身の回りを整え、身が穢れるとして女性を遠ざけた。特に出産直後の女性には身の回りのものに触れることさえ許さなかったという。

次に**連歌会**《れんがかい》を催し、できた連歌を神社に奉納した。武将たちの間で、連歌会を行うことで合戦に勝てるという信仰が流行していたのだ。

最後に**軍配者**《ぐんばいしゃ》が占いによって吉日を選び出陣式を行った。出陣式は大抵の場合、総大将の屋敷か**寺社**で行われる。総大将はまず完全武装し（儀式が終わった後とする説もある）、南、もしくは東向きに置いた床几《しょうぎ》と呼ばれる椅子に座る。そこで「式三献《しきさんこん》」という儀式を行った。結婚式などで今でも行われている三三九度である。総大将の前には「勝栗《かちぐり》」、「打鮑《うちあわび》」、「昆布」の三つの肴と酒が用意され、肴を一つつまむごとに杯をあおった。三つの肴は「打ち勝って喜ぶ」という語呂合わせだが、やっているほうは真剣である。三つの肴が用意できない際には「人切れ」として漬物一切れを用意することもあった。三三九度を済ませた総大将は次に、信奉する神々へ祈りを捧げる。ここでも「われこの軍に勝栗、われこの敵を打鮑、なにとぞ勝利を得させたまえ」と語呂合わせでの祈りが行われた。

出陣式が無事終わると、「えい、えい、おう」の掛け声とともに出陣となる。まず、総大将が右手に扇、左手に弓を持ち、「えい、えい」と声をかけ、それに居並ぶ武将たちが「おう！」と答えた。このとき、徐々に声を大きくするのが基本である。なお、出陣の際、総大将の馬は南か東を向いて出発した。馬が退く場合は呪《まじな》いの後、再度馬に乗りなおしたという。

出陣までの手順

精進潔斎

身を清める。女性、特に妊婦は身が汚れるとして近づけなかった。

↓

連歌会

出陣前に連歌会を催し、できた歌を寺社に奉納することが流行。明智光秀が織田信長に反旗を翻した際も連歌会を行っている。

↓

出陣式

1：占いで吉日を選ぶ。
2：総大将は完全武装し、南、もしくは東を向いて座る。
3：縁起物の肴を用意。
4：三三九度で肴を食べ、杯をあおる。（式三献）
5：信仰する神々に勝利を願う。
6：右手に扇、左手に弓をもった総大将の「えい、えい」の掛け声に武将たちが「おー！」と答え出陣！

式三献の膳

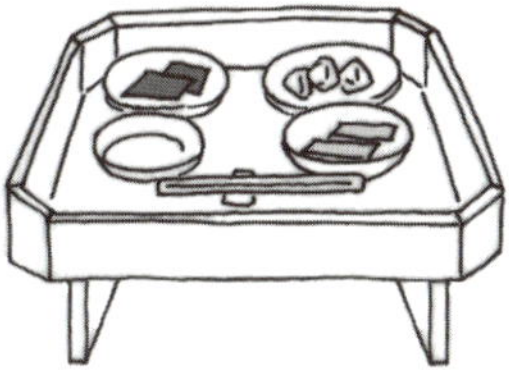

↓

出陣

総大将の馬は南か東を向けて出発。馬が怯むようであれば呪いを施して馬に乗りなおして再出発！

関連項目

●戦国武将はどんな娯楽を楽しんだのか？→No.021
●軍師はどのような仕事をしていたのか？→No.037
●戦国武将はどんな神様を信仰していたのか？→No.030

No.040

陣形、陣法とは？

合戦が集団戦へと移行しつつあった戦国時代。戦国大名たちは勝利のために陣形、陣法の研究を行っていた。

●目的によって使い分けられた様々な陣形

陣形《じんけい》とは、簡単にいえば戦場での兵士の配置方法である。戦国時代の合戦は、個人戦から集団戦へと移行しつつあった。この過程で、集団をいかに効率よく行動させるかが追求されるようになる。そのための手段として用いられたのが陣形であり、陣を敷くための知識、陣法《じんぽう》であった。陣法は既に奈良時代には中国からもたらされており、平安時代には盛んに研究もなされていたという。しかし、戦国時代になるとその重要性はいやがうえにも高まっていく。各地で盛んに陣法の研究が行われるようになり、実際に合戦に用いられるようになった。

こうした陣法の中で現在最もよく知られているのが、武田八陣と呼ばれるものであろう。その名の通り八つの陣形を基本とした陣法で、それぞれ魚鱗《ぎょりん》、鶴翼《かくよく》、雁行《がんこう》、偃月《えんげつ》、鋒矢《ほうし》、長蛇《ちょうだ》、方円《ほうえん》、衡軛《こうやく》という名前がつけられている。魚鱗、鋒矢は突破、鶴翼、偃月は包囲、雁行、長蛇は様々な状況に対応するため、方円は防御とそれぞれ有効な場面や相性が異なっており、陣形の使い分けが勝敗を決することも少なくなかった。また、状況に合わせた陣形の変更も求められたという。

陣を敷くタイミングは諸説ありはっきりとはしない。戦場についた時点でとする場合もあれば、**偵察**により敵軍を発見した時点とする場合もある。軍勢は先陣、本陣、後陣、そして補給部隊の小荷駄《こにだ》に分けて配置され、各部隊間の連絡は**使番**《つかいばん》と呼ばれる伝令によって伝えられた。

なお、こうした陣法の有用性について疑問を呈する人々もいる。まず、陣法を有用に活用するためには、それ相応の訓練が必要であった。さらに、当時の**情報伝達手段**では、陣の状況を把握し、正確に情報を伝達することが難しかったというのである。

陣形、陣法とは

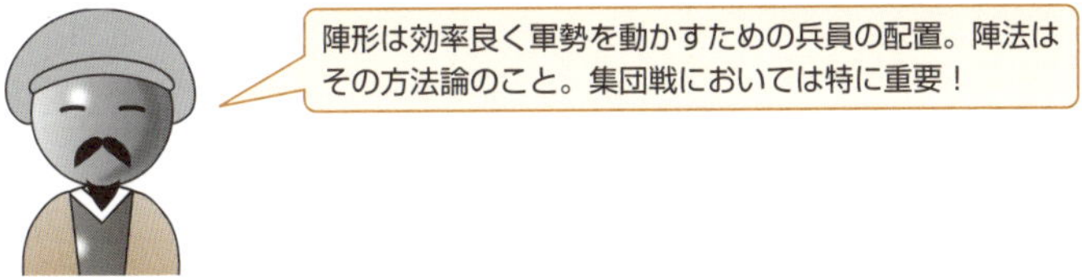
陣形は効率良く軍勢を動かすための兵員の配置。陣法はその方法論のこと。集団戦においては特に重要！

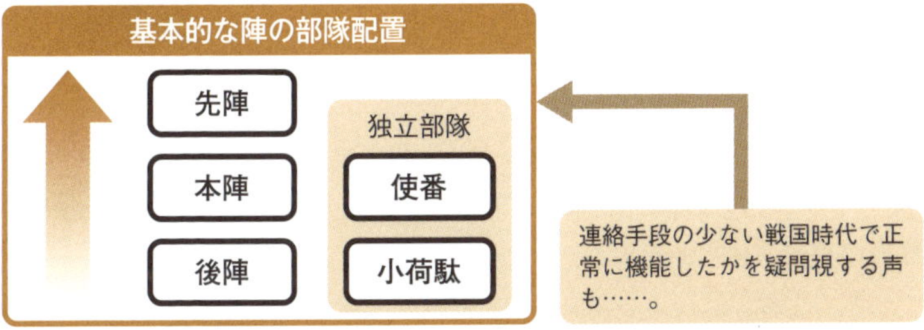
基本的な陣の部隊配置
先陣
本陣
後陣
独立部隊
使番
小荷駄
連絡手段の少ない戦国時代で正常に機能したかを疑問視する声も……。

主な陣形の種類とその使用目的

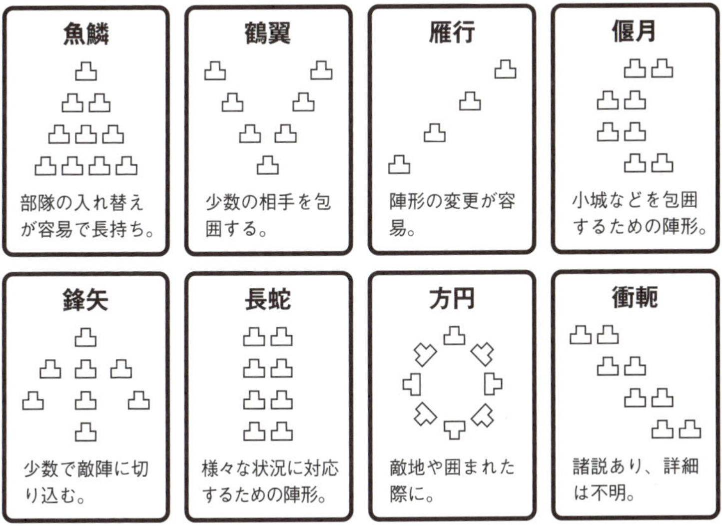
魚鱗
部隊の入れ替えが容易で長持ち。
鶴翼
少数の相手を包囲する。
雁行
陣形の変更が容易。
偃月
小城などを包囲するための陣形。
鋒矢
少数で敵陣に切り込む。
長蛇
様々な状況に対応するための陣形。
方円
敵地や囲まれた際に。
衝軛
諸説あり、詳細は不明。

関連項目

- ●戦場にはどんな役職があった？→No.008
- ●戦争には手順があった？→No.041
- ●合戦中はどうやって情報を集めたのか？→No.042
- ●戦国時代の情報伝達手段→No.069

No.041

戦争には手順があった？

勇壮な戦国武将の活躍を想像しがちな合戦の場面。しかし、実際の戦場ではいかに効率よく戦うかが重視されていたようだ。

●システム化した戦闘の手順

戦国時代、合戦はその姿を大きく変えた。個人の武勇がものをいう戦い方から、大将の知略がものをいう団体戦へと変化したのである。このため、戦闘の手順自体も幾分システマチックなものとなっていた。

当時の合戦では前から順に**鉄砲**を装備した足軽の鉄砲隊、**弓矢**を装備した足軽の弓隊（投石を行う足軽の投石隊もこれに含む）、**長槍**を装備した足軽の長柄隊、**騎馬武者**とその従者によって構成された騎馬武者隊という具合に隊列を組む。大将は後方に位置し、隊列の指揮を行った。

敵軍との距離が1〜2間（約218〜327m）ほどになると鉄砲の打ち合い（これを矢合わせという。弓矢の打ち合いの場合も同じ）が始まり、ついで半町（約54m）ほどの距離になると弓矢、12〜13間（約21〜23m）に近づけば長柄隊の登場となる。ちなみに当時の長槍での戦い方は、突くことよりも叩くことを重視していた。長柄隊が衝突すると、槍による壮絶な殴り合いが行われたのである。

こうして敵軍の体勢が多少なりとも崩れると、いよいよ騎馬武者隊の登場となる。騎馬武者となれば想像されるのが勇壮な騎馬武者突撃だが、そのようなことが行われていたのは戦国時代初期までのこと。戦国時代も中期を過ぎるころには騎馬武者たちは突撃時には馬を降り、馬を連れた従者とともに徒歩で敵軍へと向かった（騎乗での戦闘を否定する説もある）。

なお、鈴木眞哉氏の研究によれば、戦国武将たちの負傷理由の大半が鉄砲によるものだという。これに矢傷、投石による傷が続き、槍、刀による傷はほんの3割程度。そのほとんどは、重傷を負った敵将から首を取るために接近して負った傷だそうである。命がけの戦場では、綺麗ごとや勇壮さより、いかにして敵を倒すかが優先されたのかもしれない。

合戦時の戦闘の手順

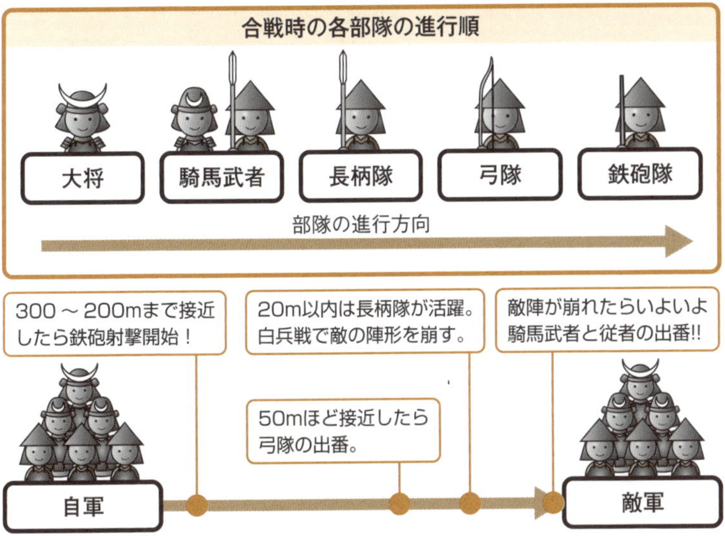
合戦時の各部隊の進行順
大将
騎馬武者
長柄隊
弓隊
鉄砲隊
部隊の進行方向
300～200mまで接近したら鉄砲射撃開始！
20m以内は長柄隊が活躍。白兵戦で敵の陣形を崩す。
敵陣が崩れたらいよいよ騎馬武者と従者の出番!!
50mほど接近したら弓隊の出番。
自軍
敵軍

戦場での負傷原因

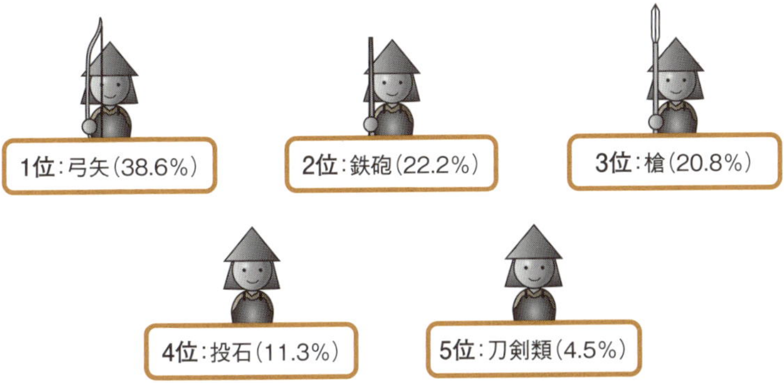
1位：弓矢(38.6%)
2位：鉄砲(22.2%)
3位：槍(20.8%)
4位：投石(11.3%)
5位：刀剣類(4.5%)

関連項目
●戦場にはどんな役職があった？→No.008
●刀は武士の魂？→No.053
●槍は戦場の主役？→No.054
●武士の象徴は弓矢だった？→No.055
●鉄砲は合戦を変えた？→No.056
●馬は武将のステータスだった？→No.059
●戦国時代のものの単位→No.066

No.042

合戦中はどうやって情報を集めたのか？

戦場において、常に正確な情報を得ることは必須の行動である。そのため戦国大名たちは、様々な手段を講じて情報収集に努めた。

●情報収集の重要性

合戦の勝敗を決定づけたものの一つに情報収集がある。正確な情報を入手すれば、数に劣る戦いに勝利することも不可能ではなかった。織田《おだ》信長《のぶなが》と東海地方の戦国大名今川義元《いまがわよしもと》が戦った**桶狭間《おけはざま》の戦い**も、信長が今川勢の動きを把握していたことが勝因とされている。その証拠に、戦後一番の功労者とされたのは、義元を討ち取った武将ではなく、情報収集を行った武将であった。

それでは大名たちは合戦の際、どのように情報収集を行っていたのであろうか。戦国時代、情報収集活動は物《もの》見《み》と呼ばれていた。物見の仕事は、戦場の地形、敵軍の動静、敵軍の士気（簡単にいえばやる気）、物資の量などを調査して総大将に報告することである。規模によって、数人で偵察に行く小物見、数十人単位の中物見、数百人単位の大物見の3種類に分けることができた。秘密裏に情報を得ようとするのであれば、当然小物見が有利である。しかし、少人数では危険な場合は、敵との交戦も視野に入れて大人数での偵察を行った。上杉謙信《うえすぎけんしん》などは自ら数百騎の騎馬武者を率いて大物見を行うことがあったという。

このような物見として派遣されるのは**忍者**、もしくは武将である。敵陣深く潜入する物見は忍物《しのびもの》見《み》といい、忍者や身分の低い武将、足軽が派遣された。この際は商人や宗教関係者などに変装して潜入することが多い。また、敵陣ではなく周辺の町や村に進入して住民から情報収集することもあった。人物としては年齢や経験は関係なく、綿密にものを見て、忠実に行動できる人物が選ばれたという。戦功を焦って命令を無視し、独断専行するような人物を物見として派遣すれば、かえって自軍を危険に晒されることになったからである。

情報収集手段

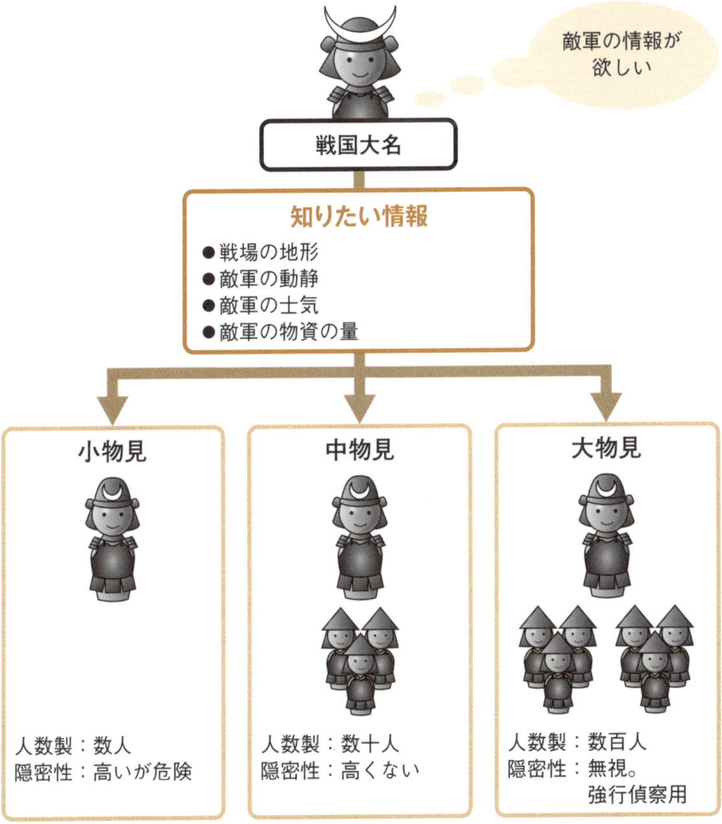
敵軍の情報が
欲しい
戦国大名
知りたい情報
●戦場の地形
●敵軍の動静
●敵軍の士気
●敵軍の物資の量
小物見
人数製：数人
隠密性：高いが危険
中物見
人数製：数十人
隠密性：高くない
大物見
人数製：数百人
隠密性：無視。
強行偵察用

そのほかにも……

忍物見

任務：商人や宗教関係者などに変装して敵陣や敵国に潜入。

適材：信用できる武将や忍者など。綿密にものを見て忠実に行動できる人材が良く、年齢などはあまり考慮されない。

関連項目

●織田信長の台頭→No.086
●戦国大名と忍者→No.113

No.043

城にはどんな種類があったのか？

戦国大名の拠点となる重要な施設である城。当初、戦の際の砦にすぎなかったこの建物は、やがて行政の中心へと発展していく。

●ニーズに合わせて変化していった城の構造

城は戦国大名にとって重要な軍事的拠点である。そのため、戦国時代初期には防御面を優先したものが多かった。その代表といえるのが山城《やまじろ》である。山城は山頂付近に建てられた城で、険しい自然が天然の要害として機能するため、直接的な攻撃に対しては滅法強かった。反面、利用できる土地が狭く、交通や水の便に優れていないため居住には向かない。そのため山城はあくまで合戦時に使われるものと割り切られ、大名やその家臣たちの住居は山の麓に建てられていた。また、戦場が広範囲になるにつれ、交通の便の悪い山城からの出兵は大きな負担になっていく。

こうした欠点を解消するため、戦国時代中期以降数多く築城されるようになったのが平山城《ひらやまじろ》である。平山城は川沿いの小高い丘や台地の端などに造られた城で、山城に比べて交通や水の便が良かった。また、城の面積も広くとれるため、大名や家臣の屋敷を城内に作ることができた。さらに周辺に城下町を築くことで経済の中心地として機能させることもできたのである。こうした平山城が広まったのには、ほかにも理由があった。**築城技術**の発展である。築城技術の発展により、平山城でも山城にも負けない防御力を得ることができたのだ。ほかにも**鉄砲**の登場による戦術の変化も平山城の普及を助けたといわれている。

さらに時代が下り、戦国末期に近づくと平地に平城《ひらじろ》と呼ばれる城が多く築城されるようになる。元々、平城は武士の屋敷の周辺に防御用の柵《さく》や堀《ほり》を作る程度にすぎなかった。しかし、築城技術の発展により巨大かつ多くの**防衛施設**を備えた難攻不落の要塞を作ることが可能になったのである。とはいえ、平城の多くは防御施設というよりは政治の中心地としての意味合いが強かった。天下の趨勢が定まり、城もその役割を変えたのである。

戦国時代の城の種類

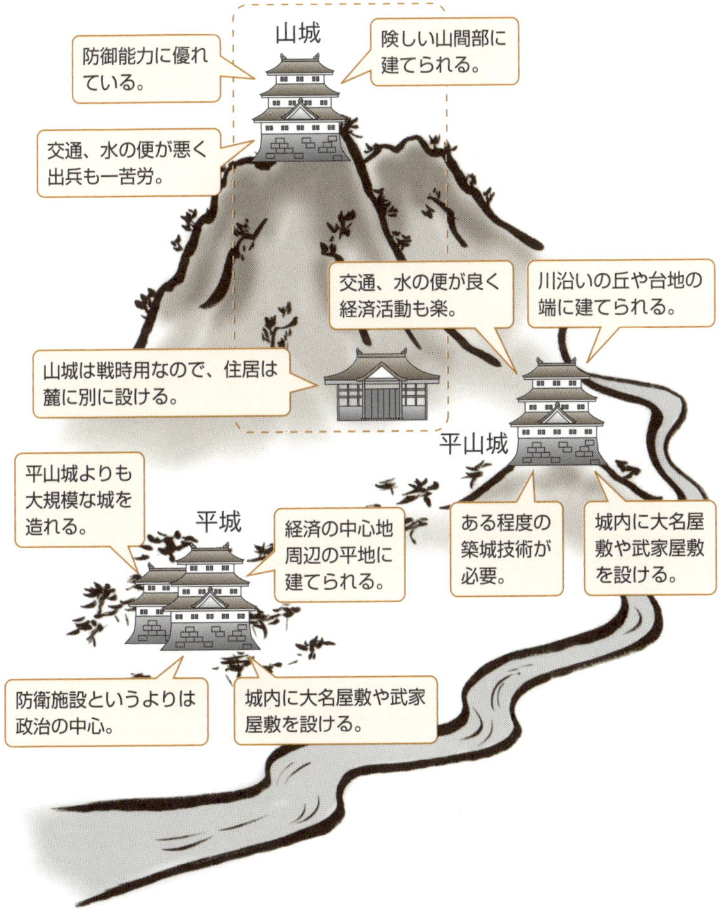
山城
防御能力に優れている。
険しい山間部に建てられる。
交通、水の便が悪く出兵も一苦労。
山城は戦時用なので、住居は麓に別に設ける。
交通、水の便が良く経済活動も楽。
川沿いの丘や台地の端に建てられる。
平山城
ある程度の築城技術が必要。
城内に大名屋敷や武家屋敷を設ける。
平山城よりも大規模な城を造れる。
平城
経済の中心地周辺の平地に建てられる。
防衛施設というよりは政治の中心。
城内に大名屋敷や武家屋敷を設ける。

関連項目

●戦国武将はどんな所に住んでいたのか？→No.018
●城はどうやって建てたのか→No.044
●城はどうやって守ったのか？→No.046
●鉄砲は合戦を変えた？→No.056

No.044

城はどうやって建てたのか

各地に威容を誇る巨大な城。その設営には莫大な人員と多くの手順、そして長い時間が必要とされた。

●堅固な城ができるまで

当時の建築技術の粋を集めた戦国時代の城。築城の指揮を執ったのは、戦国大名自身かその家臣の武将だった。彼らはそれぞれの経験や知識、人脈を総動員して堅固な城を築いたのである。

築城の手順は大きく分けて、地取《ちど》り、縄張《なわばり》、普請《ふしん》、作事《さくじ》の4段階に分けられる。地取りは城の建設予定地を選ぶことで、**城の使用目的**によって選ぶ土地が違っていた。防衛拠点としての城であれば防御に優れた自然の険しい場所。政治、経済の拠点としての城であれば、領地である領国の中心地や交通の便のいい場所といった具合である。

次に縄張であるが、これは城の設計のこと。ごく初期の築城において、城の設計は紙の上で行うのではなく、縄を張ることでおおよそのプランを決めていた。このことから、城の設計を縄張りというのである。本丸《ほんまる》や二《に》の丸《まる》などの曲輪《くるわ》と呼ばれる区画、堀《ほり》、塁《るい》（土を盛り上げたもの）、石垣《いしがき》、城壁《じょうへき》、櫓《やぐら》などの**防御施設**、天守や屋敷などの建物の位置はここで決まる。城の防御力はこの縄張にかかっているといっても過言ではなく、築城を任された武将の腕の見せ所だった。

大方の設計が済むと、普請が行われる。普請は簡単にいえば土木工事で、曲輪や堀、塁、石垣はここで整えられた。また、井戸などの生活に必要な部分もこの時点で作られる。ここでしっかりと工事をしていないと完成後の城が傾くなど様々な不都合があった。

作事は要するに建築作業で、普請と平行して行われる。戦国時代初期には城自体が比較的簡素だったため、作事もそれほど手間をとらなかった。しかし、戦国時代中期以降は築城技術も複雑化し、防御施設も多くなったため、完成までには数十年単位の莫大な時間を要したという。

城ができるまでの手順

地取り

城の建築場所を探す作業。城の使用目的によって城を建てるのに適した場所は異なっている。

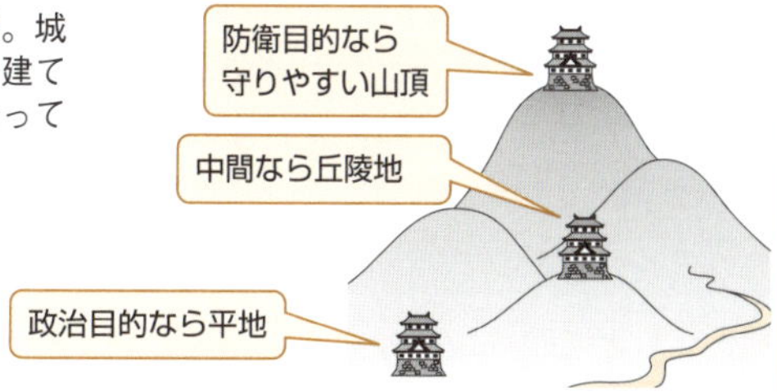
防衛目的なら守りやすい山頂
中間なら丘陵地
政治目的なら平地

↓

縄張

城の設計作業。城の防御力の決まる大事な作業。

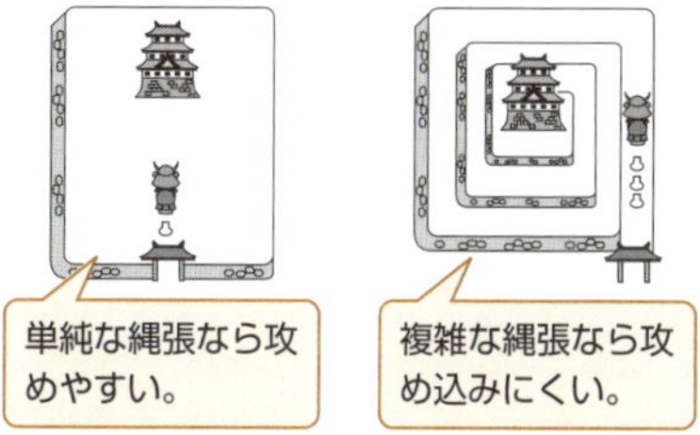
単純な縄張なら攻めやすい。
複雑な縄張なら攻め込みにくい。

↓

作事

天守や櫓などの建物の建築作業。

普請

石垣、井戸などの土木工事。

関連項目
●城にはどんな種類があったのか？→No.043
●城はどうやって守ったのか？→No.046

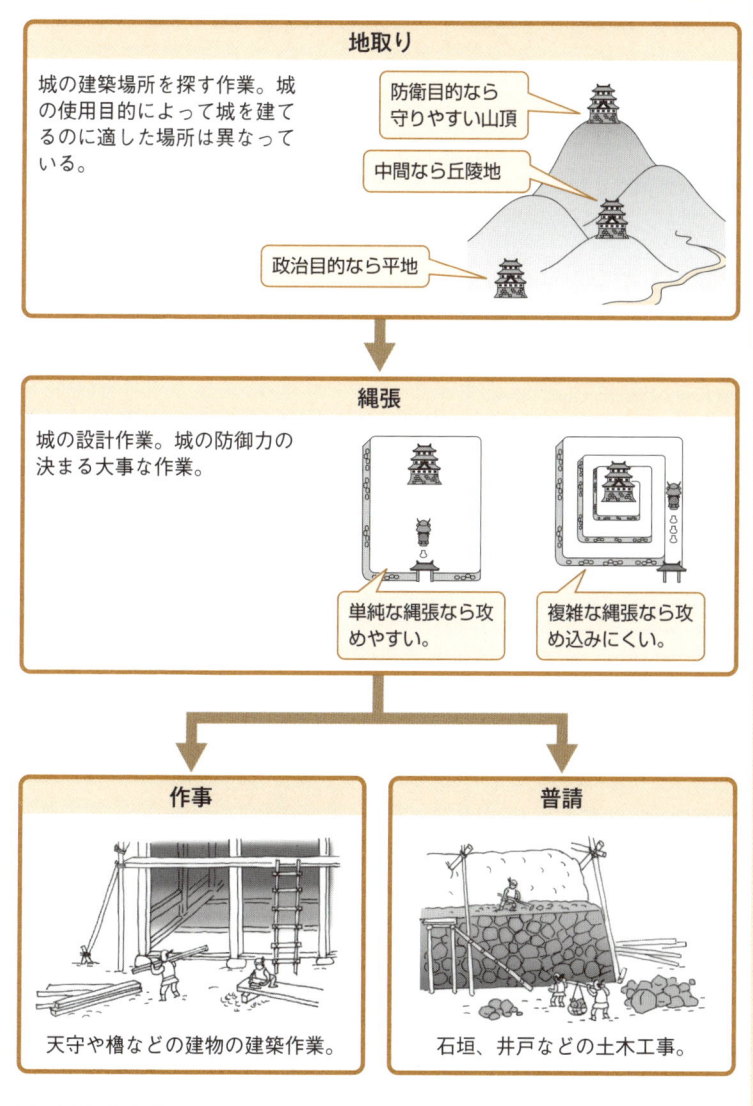

No.045

城はどうやって攻めたのか？

攻めるには数倍の兵力を必要とするといわれる城。戦国武将たちはその城を落とすために様々な工夫を凝らしていた。

●難攻不落の城を攻略せよ

合戦において、兵力の消耗の多い城攻めは鬼門である。優秀な戦国武将ほど城攻めを避けたともいわれている。しかし、支配の中心である城を攻めることは避けて通れないことだった。そのため、城攻めのための様々な戦法が考案されている。

正攻法は武力で敵兵を倒して敵城を攻略する方法である。通常、城にこもる兵の3倍から10倍の兵力が必要とされ、非常に効率が悪い。城や周辺地域に火を放つ焼き討ちなども同時に行われるが、城の防備が固い場合はどうしても長期戦となる。事実、「**大坂冬の陣**」では徳川《とくがわ》方が豊臣《とよとみ》方を攻めあぐね、最終的には一時休戦することとなった。

長囲《ちょうい》は敵の補給を絶って自滅を待つ持久戦である。籠城《ろうじょう》側は飲むもの、食べるものが尽き、悲惨な状態になることが多かった。事前に食料の補給を断ち、敵城を大兵力で囲む兵糧攻め、河川を堰き止めて敵城を水没させる水攻め、逆に水源を断つ干殺しなどがこれで、豊臣秀吉《とよとみひでよし》が城攻めを行う際には好んで用いたことで有名である。もっとも事前に抜かりない準備が必要な戦法で、水攻めに失敗し、自軍が水に流された武将もいる。

奇襲は敵の意表を突いて城内を混乱させ、攻め込むというもので正攻法と組み合わせて用いられることが多い。城内に味方を作ったり、**忍者**を送り込むなどして城門を開けさせたり、もぐら攻めといって地下を掘り進む戦法がこれである。関東地方の戦国大名**北条早雲**《ほうじょうそううん》は狩りに失敗した間抜けを装って城門を空けさせ、難攻不落の小田原城を陥落させたのだという。

調略《ちょうりゃく》は敵城主や敵将を懐柔し、城を明け渡すように説得する方法である。もっとも、敵城の城主や敵将を懐柔するためには相応の時間と金銭、もしくは相当な兵力差が必要となるためあまり行われなかった。

城攻めの手段

城攻めは高リスク。
しかし、避けては通れない……。

そこで様々な城攻めの
方法が考案された！

正攻法

- 単純な武力で敵を征圧する方法。
- 特別な準備が必要ない。
- 敵の数倍の兵力が必要。被害も大きい。

長囲

- 兵糧攻め、水攻めなど敵の消耗を待つ方法。
- 味方兵力の被害が少なくてすむ。
- 綿密な準備と莫大な費用が必要。

奇襲

- 敵軍の意表を突き、敵城に侵入する方法。
- 正攻法と組み合わせ高い効果が得られる。
- 事前の準備や総大将のひらめきが必要。

調略

- 交渉によって城を明け渡させる方法。
- 味方兵力の被害が少なくてすむ。
- 敵将の説得に時間や費用、兵力が必要。

関連項目

●攻城兵器とは？→No.047
●戦国時代初期の関東地方→No.076
●本能寺の変→No.089
●大坂冬の陣、夏の陣→No.097
●戦国大名と忍者→No.113

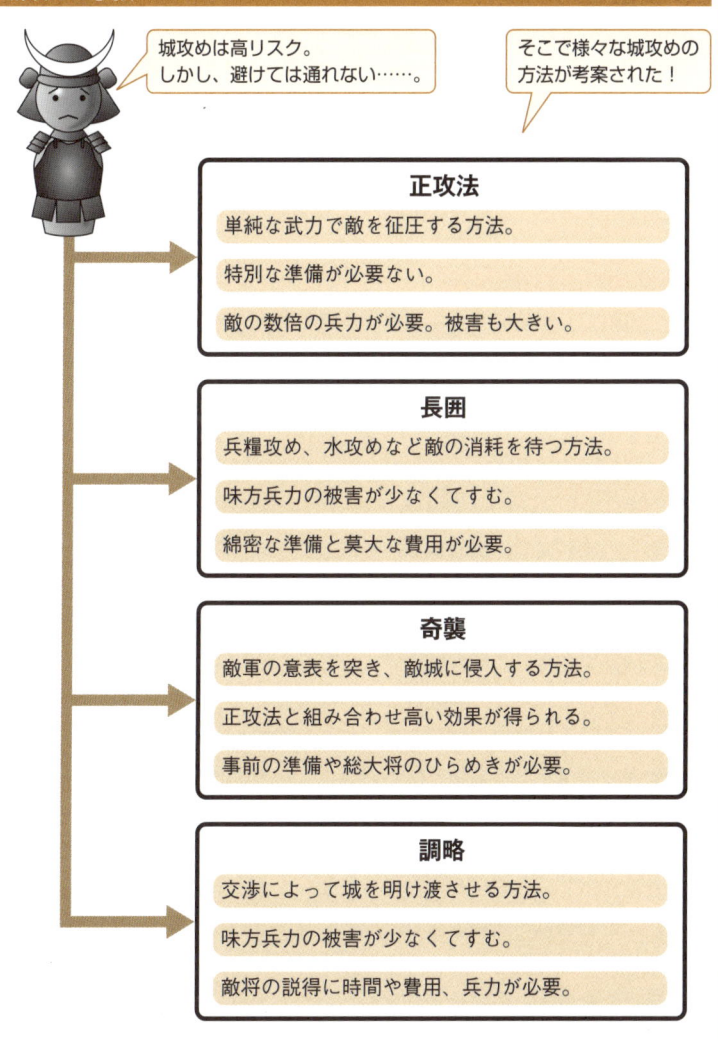

No.046

城はどうやって守ったのか？

戦の最終段階となることが多い籠城戦。守備側の大名はできるだけの手段を講じてその身を守ろうとした。

●籠城の準備は日頃から

合戦の中でも難易度が高いとされる**城攻め**。しかし、籠城《ろうじょう》する側にとっても決して楽なものではなかった。味方の援軍の到着か敵の根負けを期待しながら、長期間戦い続けなければならなかったからである。

籠城を支えたのは日頃からの準備であった。まずは兵装である。籠城戦では通常、兵士たちに兵装が貸し与えられた。そのため城主は必要な分の兵装を購入し、いつでも使えるよう管理しておかなければならなかったのである。次に食料。食料は城内の兵士が6ヶ月以上暮らせる分を備蓄し、合戦が近くなると約1年半暮らせるだけの分買い足した。また、城内には食料にできる樹木を植え、非常食になる畳などを用意していざという時に備えている。さらに、城の破損箇所の修繕や管理も欠かさなかった。

いざ合戦が始まると、籠城側は城の防御施設を利用して敵兵を迎え撃つ。主な防衛施設としては、敵兵の侵入を阻む城壁や石垣、堀、虎口《こぐち》（城門）、敵兵の進行を遅らせる曲輪《くるわ》、防御の拠点となる天守、櫓《やぐら》などがある。城壁には矢《や》狭間《はざま》と呼ばれる外からは狙いづらく中からは狙いやすい特殊な窓が設けられており、そこから弓や鉄砲で攻撃した。櫓からは石や刃物を植え付けた釣りびし板と呼ばれる板を落とす。たかが石といってもなめられないもので、剣豪宮本《みやもと》武蔵《むさし》も天草でのキリシタン一揆《いっき》の際、城に立てこもった農民の落とした石で大怪我をさせられている。さらに城の便所に溜められた排泄物を敵兵に浴びせることもあったという。

籠城側は城にこもりきりでなはく、機会を見ては城から繰り出して敵兵と戦った。また、隙を見て食糧の補給や、情報収集も行っている。さらに、伝令役の兵士を味方の城へ派遣し、援軍を呼ぶことも忘れない。このようにありとあらゆる手段をとって籠城する側は戦ったのである。

城を守るための準備

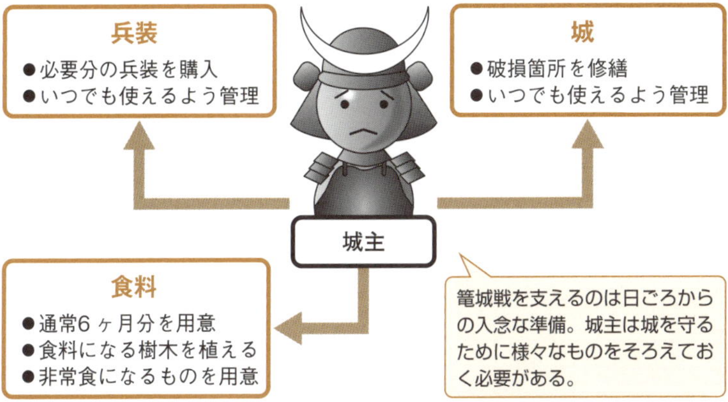
兵装
●必要分の兵装を購入
●いつでも使えるよう管理
城
●破損箇所を修繕
●いつでも使えるよう管理
城主
食料
●通常6ヶ月分を用意
●食料になる樹木を植える
●非常食になるものを用意
籠城戦を支えるのは日ごろからの入念な準備。城主は城を守るために様々なものをそろえておく必要がある。

どうやって城を守っていたのか

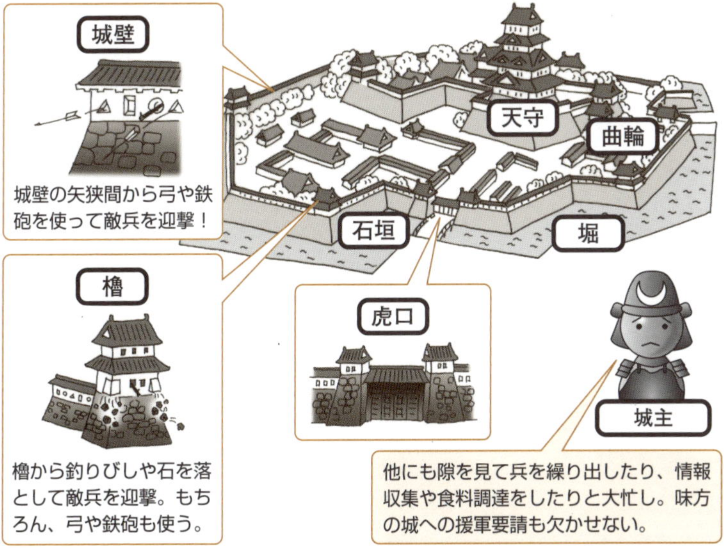
城壁
城壁の矢狭間から弓や鉄砲を使って敵兵を迎撃！
天守
曲輪
石垣
堀
櫓
櫓から釣りびしや石を落として敵兵を迎撃。もちろん、弓や鉄砲も使う。
虎口
城主
他にも隙を見て兵を繰り出したり、情報収集や食料調達をしたりと大忙し。味方の城への援軍要請も欠かせない。

関連項目

●領民も戦にかり出された？→No.014
●戦争には手順があった？→No.041
●城はどうやって建てたのか→No.044
●城はどうやって攻めたのか？→No.045
●合戦中、領民たちはどうしていたのか→No.051

No.047

攻城兵器とは？

堅牢な城郭を攻めるために使われた攻城兵器の数々。そこには、西欧の大型兵器に負けない様々な創意工夫が凝らされていた。

●城攻めの強い味方

合戦が続き、**築城技術**が向上してくると、城攻めは非常に困難なものとなっていった。特に、計略をもって城を落とすのではない**正攻法**の場合、それは顕著なものとなる。そこで用いられたのが様々な工夫が凝らされた攻城兵器の数々だった。

攻城兵器は、その目的によっていくつかのタイプに分けることができる。まず、味方の被害を減らしつつ敵城に近づくためのもの。最も手軽なのは竹を束ねて盾にした竹束《たけたば》である。作りこそ単純であるが**鉄砲**の弾や**矢**を防ぐには十分だった。もう少し凝ったものになると、台車に鉄板や鉄鋲《びょう》で補強した盾を取り付けた持備《もちぞなえ》がある。盾には弓や鉄砲を使うための穴が開けられており、攻撃しながら敵城に近づくことができた。このほか台車に可動式の盾をつけた木《もく》まんや、亀の甲羅状に盾を取り付けた亀甲車《きっこうしゃ》というものも存在している。

次は敵城の城壁を突破し、城内に突入するためのもの。代表的なものとしては、塔天車《とうてんしゃ》と攻城車《こうじょうしゃ》が挙げられる。どちらも城壁を越えるための巨大な折りたたみ式梯子に台車をつけたもので、兵士たちが台車を押して移動させた。塔天車は台車が剥き出しなのに対し、攻城車は台車部分が覆われている点が異なっている。

敵城の情報を得るためには井楼《せいろう》という櫓が用いられた。台車付きで移動可能な櫓から、足場を上下できる釣井楼まで、その種類は様々である。なお、井楼は高い位置から城内を攻撃するためにも用いられていた。

さらに、戦国時代後期になると西洋から輸入した青銅製の大砲仏郎機《ふらんき》や、木製の大砲の木砲も登場する。その破壊力もさることながら、発射時の轟音が敵城の士気を砕いたという。

攻城兵器とは？

敵城に近づくための攻城兵器

- 竹束
- 持備
- 木まん
- 亀甲車

城壁を越えるための攻城兵器

- 塔天車
- 攻城車

安全に敵城に近づきたい！

城壁を突破したい！

攻城兵器とは築城技術が向上し、攻めにくくなった城を落とすために使われた兵器のこと。

敵の情報が知りたい！

敵を圧倒したい！

偵察のための攻城兵器

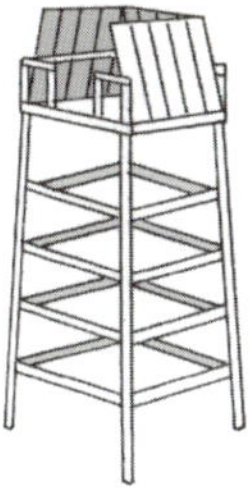

- 井楼
- 釣井楼

新兵器

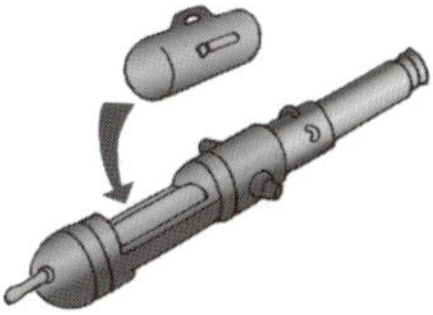

- 仏郎機
- 木砲

関連項目
●城はどうやって攻めたのか？→No.045
●城はどうやって守ったのか？→No.046
●武士の象徴は弓矢だった？→No.055
●鉄砲は合戦を変えた？→No.056

No.048

海上ではどのように戦っていたのか？

日本をぐるりと取り囲む海。この天然の要害もまた、戦国大名たちの戦場であった。

●海上の支配者

海に隣接する領地を持つ戦国大名たちにとって、海上での戦いは避けて通ることのできないものであった。そのため戦国大名たちは水軍と呼ばれる海上戦力を組織していた。もっとも、こうした水軍は忠誠心こそ高いものの、組織するまでには莫大な資金と時間がかかる。そこで大名が目をつけたのが独立勢力の水軍だった。東海地方の九《く》鬼《き》水軍や、中国地方の村上《むらかみ》水軍などがこれにあたる。彼らは普段、自らの縄張りを通過する船舶に通行料を要求し、拒否されれば略奪を行う**海賊**同然の存在だった。その歴史は古く、既に平安時代には各地の海を荒らしまわっていたという。歴史が長い分操船技術にも優れており、海上戦もお手の物だった。そのため、多くの大名たちは彼らを手なずけ、自らの配下として利用したのである。

●海上戦の変化

それでは彼らの戦いはどのようなものだったのだろうか。戦国時代初期の海上戦は、船足の速い小型船舶を用いたゲリラ戦が主流だった。まず鉄砲や火矢などで攻撃を行い、敵の船に接舷すると乗り移って白兵戦を行うのである。陸上での戦闘とは異なり、敵の首を取ることよりも敵の船員を海に突き落とすことや、敵船にいち早く乗り移ることが重視されていた。

こうした海上戦に変化が訪れたのは戦国時代も中期を過ぎたころからである。造船技術の発達により、火力、防御力ともに優れた大型の戦艦**安《あ》宅《たけ》船《ぶね》**が登場し、砲撃戦を主体とした戦闘が多くなったのだ。さらに、指揮官が海戦に慣れない武士に変わったことも海上での戦闘に大きな変化をもたらした。これにより海上での戦闘は激しい武力衝突ではなく、海上封鎖を目的とした物へと変化していったのである。

水軍とは？

大名の水軍

- 戦国大名が海上での戦闘に対応するために組織した水軍。
- 訓練や造船など、組織するまでに莫大な時間や費用が必要。

独立水軍

- 水運に従事する人々。縄張りを持ち、そこを通る人々から通行料を徴収。海賊行為に及ぶことも。
- 海上を生活の場とするため船を所持しており、操船や海上での戦闘はお手のもの。

全国の主な水軍

安宅水軍
村上水軍
北条水軍
今川水軍
松浦水軍
九鬼水軍
里見水軍
熊野水軍
大名の水軍
独立水軍

海上での戦闘方法の変化

戦国時代初期

小型船舶によるゲリラ戦が中心。

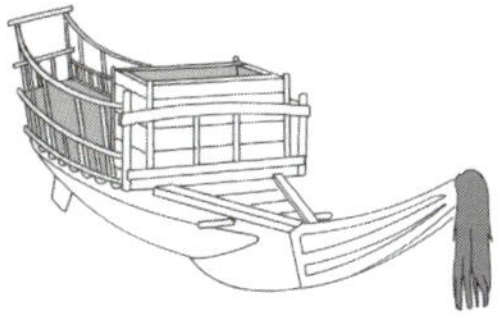

造船技術の発展による安宅船の登場！

指揮官が海戦に不慣れな武士階級に。

戦国時代後期

大型船舶による砲撃戦、海上封鎖が中心。

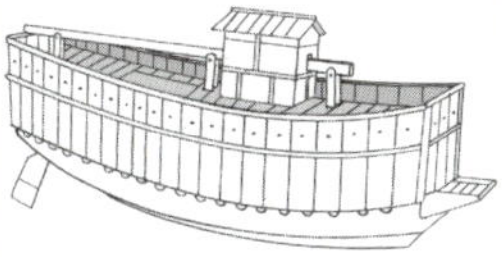

関連項目
●水軍の船はどのようなものだったのか？→No.060　●戦国大名と犯罪者→No.114

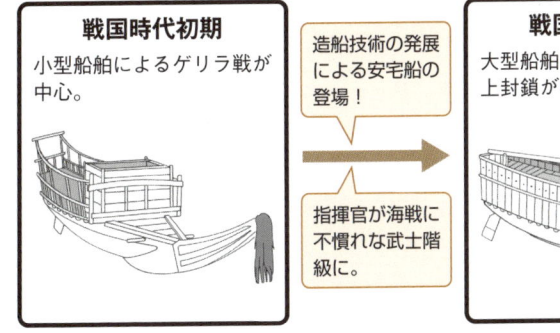

No.049

陣中ではどう過ごしていたのか？

出兵した先に構築された臨時拠点である陣。その中での生活は意外なほど穏やかなものだった。

●意外に平穏な陣中での生活

陣とはその地点を中心に軍を運営する軍事拠点である。戦国時代の合戦は規模が拡大したために長期化することが多かった。そのため、出陣した武将や兵士たちは陣に逗留し、そこでの生活を強いられることになった。合戦が長期化する場合、陣には簡単な防衛設備や宿泊施設が設けられた。生活の場となった陣には**商人**なども出入りし、さながら小さな町のように機能したという。

生活の場となってしまえば、戦場とはいえ**娯楽**が必要となる。娯楽として一番に挙げられるのは食事であろう。当時は3日分の食事は持参する必要があったが、それ以降は兵糧として数回に分けて米や味噌などが支給された。小分けにするのには訳があって、兵士が支給された米から酒を作ることがあったからである。といっても陣中での飲酒が禁じられていたわけではなく、武将たちは作戦会議から酒宴になだれ込むことも多かった。あくまで兵糧を無駄遣いするのを避けるためである。

武将たちの間では、娯楽として相撲や狩りが盛んに行われた。軍事訓練としての意味合いもあるが、多くはストレス発散のためである。また、書籍を持ち込んで読破する武将や、能、狂言などに熱中する武将もいた。

このほか武将から兵士たちまで熱中したのが飲む、打つ、買う、つまり酒、ギャンブル、女である。戦場には商人や娼婦が出入りしており、こうした娯楽には事欠かなかったのだ。特にギャンブルの人気は高く、支給された食料はおろか武器、甲冑まで根こそぎ巻き上げられ上司に泣きついた武将もいたという。そのため、ギャンブルは軍法や軍規で禁止されることが多かった。もっとも、これから命を落とすかもしれない戦場において、こうした息抜きは必要不可欠だったのである。

陣中のストレス解消法

主に武将たちのストレス発散手段。相撲や狩りは軍事訓練の意味も。

- 相撲
- 狩り
- 能、狂言
- 読書

主に兵士たちのストレス発散手段。でも、せっかく支給された米でお酒を作ってしまうものも。

- 食事

健全にすごしたい！

陣とは？

合戦時の軍事拠点。
合戦が長期化した場合、各種設備も整い商人なども出入りするのでさながら小さな街のように。

不健全でも楽しみたい！

武将も兵士も楽しんだ娯楽。軍法、軍規で禁止されることもあったが、息抜きとして好まれていた。

- 飲酒
- ギャンブル
- 買春

関連項目
●戦国武将はどんな娯楽を楽しんだのか？→No.021 ●戦国大名と商人→No.109
●合戦にはどんなものを持って行ったのか？→No.052

No.050

合戦中、城の女性たちはどうしていたのか？

国を攻められれば否応なく合戦に巻き込まれた女性たち。しかし、彼女たちは城の奥で震えているだけの存在ではなかった。

●女性だからと言って甘えてはいられない

攻め手の国の女性は直接戦場に関係ないため、合戦中もほぼ普段通りの生活をしていた。しかし、守り手のほうの国の女性はそうはいかない。否応なく戦闘に巻き込まれることとなった。それでは、彼女たちは合戦中どのように過ごしていたのだろうか。

まだ城があまり発達していない戦国時代初期、女性たちは城から離れた場所に避難していた。とはいえそこも砦のようになっており、女性たちを人質に取ろうと攻め込んだ軍勢が返り討ちにあった例もある。**城**が発達して以降は、女性たちも城にこもって生活するようになった。もっとも、城の奥で安穏と生活していたわけではなく、様々な雑用に駆り出されている。例えば、守り手側の武将が取った首を**首実検**《くびじっけん》のためにきれいに化粧するのは女性の役割であった。時には首をたくさん積みあげた部屋で一夜を過ごすようなこともあったという。また、将兵の食事を用意するのも彼女たちの役割であった。時には鉄砲の弾の作成や、堀の修繕などの土木工事に駆り出されることもあったという。

さらに一段進んで合戦に参加した女性や、城主として指揮を執った女性もいた。東北地方の戦国大名**伊達**《だて》**氏**には女性によって構成された女人鉄砲隊が存在しており、敵将を撃ち殺したという記録が残されている。また、織田信長《おだのぶなが》の伯母は武田信玄《たけだしんげん》の軍との戦いで戦死した夫に代わって女城主となり、後に降伏したものの勇敢に武田軍と戦った。九州地方の戦国武将立《たち》花道雪《ばなどうせつ》の娘誾千代《ぎんちよ》姫などの場合、たった6歳で父の跡を継いで女城主となっている。これほどではないにしろ、勇敢な女性であれば夫や父を助けるために武装し、気弱になる将兵を叱咤激励することも多かった。戦国時代の女性はいろいろな意味で強かったのである。

合戦中の女性たちの行動

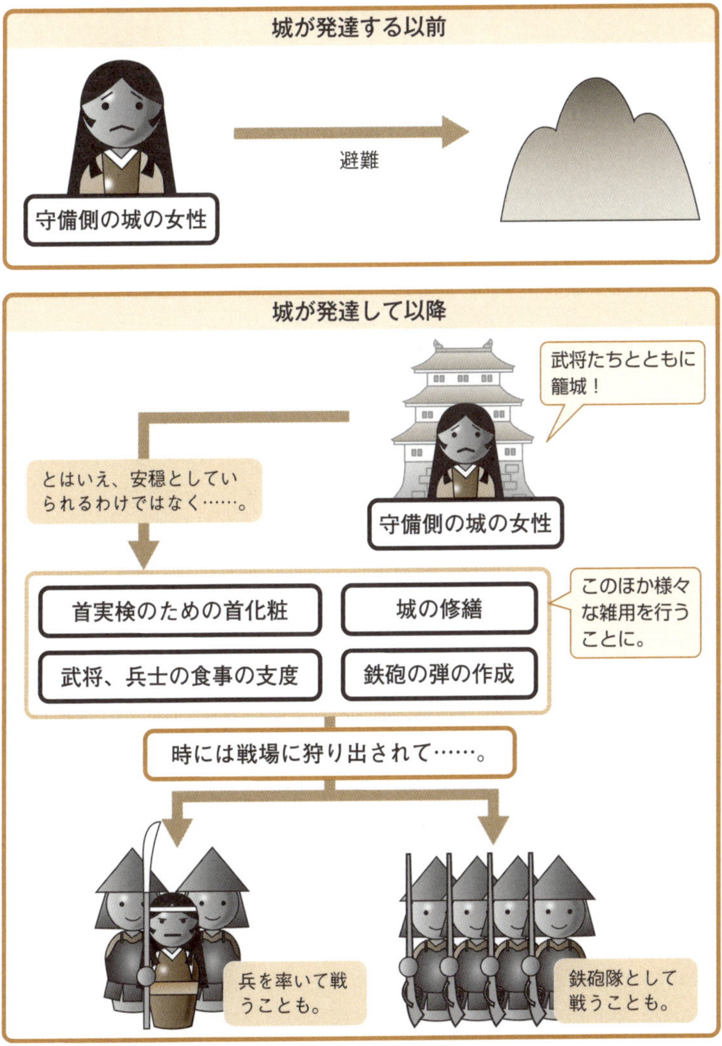
城が発達する以前
守備側の城の女性
避難
城が発達して以降
武将たちとともに籠城！
守備側の城の女性
とはいえ、安穏としていられるわけではなく……。
首実検のための首化粧
城の修繕
武将、兵士の食事の支度
鉄砲の弾の作成
このほか様々な雑用を行うことに。
時には戦場に狩り出されて……。
兵を率いて戦うことも。
鉄砲隊として戦うことも。

関連項目

●城はどうやって建てたのか→No.044
●合戦終了後にはどんなことをしたのか？→No.061
●戦国時代初期の東北地方→No.075

No.051

合戦中、領民たちはどうしていたのか？

大名たちの領地争いには直接の関係がない領民たち。彼らは合戦の最中どのように過ごしていたのだろうか。

●戦火を逃れて

戦国時代初期から中期にかけての合戦では**略奪**は日常茶飯事。合戦が始まると、領民や戦場周辺の住民たちは様々な方法で自己防衛を行っていた。

最も一般的なのは町や村を棄てての避難である。略奪の対象がいなければ、いくら悪辣な兵士たちとはいえ略奪のしようがないし、戦火に巻き込まれて死ぬこともない。主な避難場所となったのは近隣の城、寺社、山である。その際、財産などは家の床下などに穴を掘って隠したのだという。

多くの場合、城では逃げ込んでくる領民たちを歓迎した。領民たちの持ち込む物資や、その労働力は**籠城《ろうじょう》**に欠かせないものだったのである。さらに、城に囲い込むことで彼らが別の国に逃げ去ってしまうのを防ぐという目的もあった。領民が逃げ去れば国力の低下は免れないからだ。

一方、寺社の多くは聖域として逃げ込む人々を守っていた。といっても寺社には城ほどの防御能力はない。そこで礼銭を支払うことで、禁制と呼ばれる略奪禁止の約束を取り付けた。戦国大名のほうも寺社に攻め込むことは少なく、寺社には優先的に禁制を約束したという。

こうした施設が周辺にない領民たちは、山に逃げ込んだ。これを「小屋がけ」という。山といってもただの山ではなく、避難施設や山城《やましろ》などが用意されていることが多い。当時の戦場の様子を伝える資料には、兵士たちが住民による手痛い反撃にあって退却した例もある。さらに、合戦終了後には戦時中の憂さを晴らすかの如く落ち武者狩りを行うこともあった。

このほか寺社と同じように町や村で集めた金品を支払い、禁制を両軍の指揮官に願い出ることもある。もっとも寺社に比べて莫大な費用が必要となるため、裕福な地域以外ではあまり行われていない。

領民たちの防御手段

領民

合戦に巻き込まれると……
略奪行為の対象となってしまう。
下手をすれば殺されてしまうかもしれない。

近くの城に籠城

城主が持ち込まれる物資や労働力を期待し、領民の避難を誘導。

領民が他国に逃げ去ることによる国力低下を避ける意味合いも。

近くの寺社に避難

聖域として逃げ込む人々を守る。

礼銭の支払いにより、略奪を禁止する禁制の約束を取り付ける。

山に逃げ込む

周辺に逃げ込む施設がない場合に領民が独自に避難施設を用意。

時には兵士たちを追い返すことも。合戦後は落ち武者狩りを行う。

禁制を願い出る

堺などのような、資産のある町や村が行う。

聖域である寺社とは違い、莫大な礼銭が必要となる。

No.052

合戦にはどんなものを持って行ったのか？

当時の戦場において、装備品は個人携帯が常であった。そのため、武将といえども様々な物品を持ち歩いていた。

●戦場に向かう際の荷造り

戦国時代の戦場では、個人で使うものは個人で持ち歩かなければならなかった。戦国時代中期以降は小荷駄《こにだ》と呼ばれる**輸送部隊**も充実してくるが、武装も食料も支給された後は自分で管理しなければならなかったのだ。それでは具体的には戦場にはどのようなものを持っていったのであろうか。

荷物は大抵の場合、打違袋《うちがいぶくろ》と呼ばれる細長い袋や腰籠と呼ばれる籠に入れ、腰に結びつけて持ち運んだ。武将の場合は馬に載せることも多い。当時の足軽たちの生活を描いた『雑兵物語《ぞうひょうものがたり》』によれば、食料、こまごまとしたものを書き付ける紙、薬、消毒用の胡椒粒、小銭、鋏、筆、防寒用唐辛子などが主な荷物である。このほか水筒や火薬など濡らしてはまずいものを包む防水処理をした紙、鼻紙、鋸、鎌なども持ち歩いていた。

食料は焼いて味噌や塩をまぶしたお握りや、一度焚いた後に乾かした乾《ほ》し飯《いい》、梅干し、黒砂糖、鰹節、兵糧丸と呼ばれる非常食などが一般的である。これらを打違袋に入れて腰に縛りつければ腰兵糧《こしひょうろう》、一食分を一玉に捩じってタスキ状に肩からかければ兵糧袋《ひょうろうぶくろ》と呼ばれた。

これに加えて個人の武装を持ち運ぶ。**足軽**の武装は基本的にレンタルで、武将に比べて軽装だった。冑もなく、鉄製で鍋にも使える陣笠《じんがさ》が貸し出される。その他目印となる合印、**指物《さしもの》**なども身につけた。武器は所属する隊ごとに違うため、長柄《ながえ》隊であれば槍を、弓隊であれば弓と矢を、鉄砲隊であれば鉄砲と弾薬などを持ち運んだ。武将の場合は携帯を義務付けられた槍や、馬と馬具、そのほか刀剣類、甲冑などが必要となる。甲冑は戦場までは一部のみ身につけ、残りは鎧櫃《よろいびつ》と呼ばれる箱に収めていた。なお、この鎧櫃の中には、縁起物として春画が忍ばせる武将もいたという。また、縁起物として冑に小さな仏像兜仏《かぶとぼとけ》を入れているものもいた。

合戦には何を持っていったのか？

日用雑貨

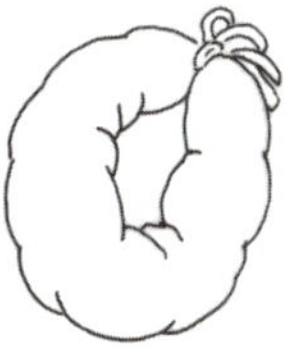

打違袋

腰籠

- メモ用の紙
- 薬
- 消毒用の胡椒
- 小銭
- 鋏
- 防寒用唐辛子
- 水筒
- 防水紙
- 鼻紙
- 鎌
- 鋸

食料品

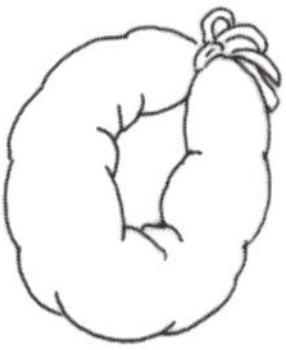

腰兵糧

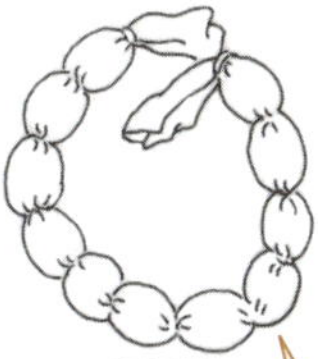

兵糧袋

- お握り
- 鰹節
- 乾し飯
- 兵糧丸
- 梅干
- 黒砂糖

その他

鎧櫃

- 足軽用貸し出し装備
- 各自の装備品
- 兜仏
- 春画

関連項目

●戦場にはどんな役職があった？→No.008
●戦国武将はどんなものを食べていたのか？→No.020
●足軽とはどのような存在だったのか？→No.036
●戦国武将の甲冑はどんなもの？→No.057
●馬印、指物とは？→No.058
●馬は武将のステータスだった？→No.059

No.053
刀は武士の魂？

武士の魂とうたわれる刀。しかし、戦国時代の戦場では、その役割は限られていたようである。

●戦国時代の刀剣類

一説によれば、戦国時代の戦場において太刀《たち》や打刀《うちがたな》といった刀剣類は補助的武器の扱いだった。**合戦の方法**が集団戦に変わったことにより、個人戦で用いられていた刀剣類の出番が減っていったのである。もっとも、当時の戦場の様子を伝える資料には太刀で戦い敵将を打ち取ったとする記述も少なくない。また、戦国時代は個人戦闘における剣術が発達した時代であり、多くの剣豪が登場している。戦国武将の中には剣豪の下で修業し、剣術を極めた将軍足利義輝《あしかがよしてる》や細川藤孝《ほそかわふじたか》、北畠具教《きたばたけとものり》、今川氏真《いまがわうじざね》のような武将もいた。しかし、こうした剣術とは違い、戦場での刀剣類の扱いは粗雑そのものだったという。ひたすら叩きつけるか、鎧の隙間を狙って突き刺したのである。そのため戦場での刀剣類には頑丈なものが求められた。

この時代の刀剣類は太刀、打刀、腰刀《こしがたな》がある。太刀は約80cmが基本で、150cmほどの長大なものも存在した。基本的に刃を下向きにして腰につるし、外装である拵《こしらえ》は多くの金具で補強されている。打刀、腰刀は刃を上向きにして腰帯に差し込むもので、腰刀は鍔《つば》のないものを指す。拵は、太刀に比べると金具が少なく簡素である。長さは約40cm以上から80cm程度までと様々で、打刀の短いものは脇差《わきざし》と呼ぶ。片手で抜いてとっさに使えるほか、敵の首を落とす時などに便利に使われた。太刀も打刀も戦国時代のものは無骨で分厚く、先端にかけて反りが強くなるのが特徴である。

なお、戦国時代の成人男性は武士も庶民も問わず腰に刃物を差していた。一部の戦国大名は腰に刀を差しているかどうかを**徴兵**《ちょうへい》の基準にしたという。また、戦国時代に作られた刀剣類には名刀は少ないといわれている。海外への輸出品としてや、戦場での需要を満たすために武器の大量生産が行われたため、刀剣類の品質が低下したのである。

刀剣類の各部の名称

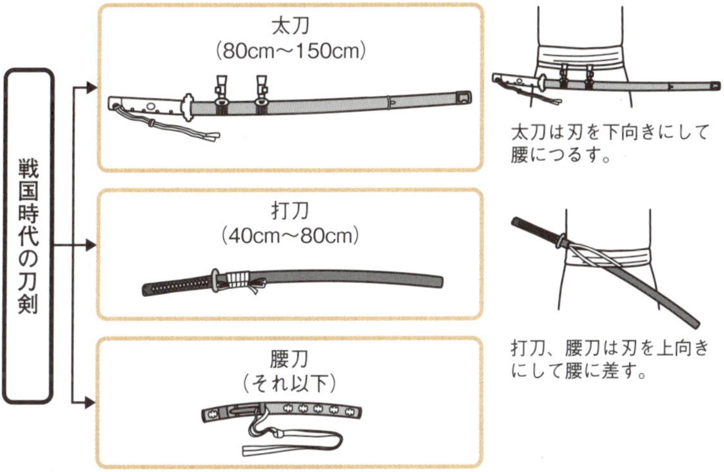
戦国時代の刀剣
太刀
(80cm～150cm)
打刀
(40cm～80cm)
腰刀
(それ以下)
太刀は刃を下向きにして
腰につるす。
打刀、腰刀は刃を上向き
にして腰に差す。

刀身の名称

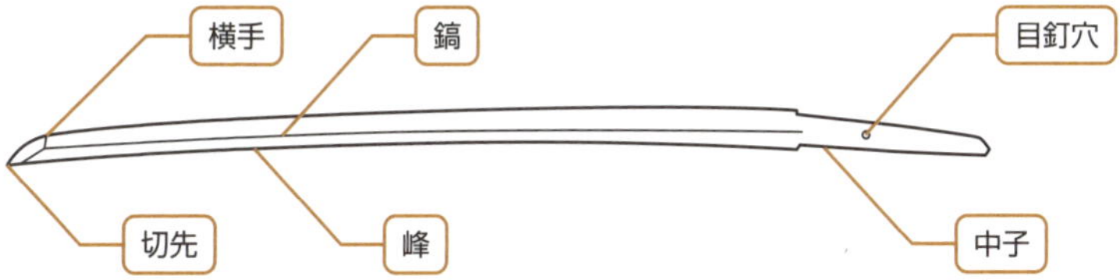
横手
鎬
目釘穴
切先
峰
中子

刀の使い方

叩きつける
隙間を狙う
首をとる

関連項目
●兵士はどうやって集めたのか？→No.035
●戦争には手順があった？→No.041
●合戦にはどんなものを持って行ったのか？→No.052

No.054

槍は戦場の主役？

戦国時代から戦場で用いられるようになった槍。槍はその実用性から次第に戦場の主役となっていく。

●戦場の主役となった武器

槍は鎌倉時代に登場し、戦国時代に急速に普及するようになった武器である。特に戦国時代には武士に必須の武器の一つと考えられており、武士と認められたものは必ず槍を持つことを義務付けられた。さらに、槍は簡単な訓練を受けただけでも使うことができたため、農民などから集められた**足軽**の武器としても使われている。織田《おだ》信長《のぶなが》によって柄の長い槍が使われるようになると、各地の大名たちもこれを真似して大流行したという。

槍はその構造から、大きく分けて手槍《てやり》と長柄《ながえ》の2種類に分けることができる。手槍は約2mから3m、長柄は約3mから5.5mまでと非常に長い。柄の材質は木や竹が多く、木の場合は肥前国《ひぜんのくに》天草産の赤樫が最高とされた。竹は小片を丸く束ねたものや木を芯にしたものなど様々だが、木のみで作ったものより軽いため、長柄に使われることが多い。穂先には様々な形状があり、穂先の形状によって短い両刃の素槍《すやり》、剣のように長い大身槍《おおみやり》、横に伸びる枝分かれした刃を持つ鎌槍《かまやり》といった具合に呼び名が変わる。槍の柄の作りによっても区別があり、身分によって使い分けられたという。

槍の戦い方の基本は、本来素早く相手の急所を突くことである。そのため、長すぎる穂先は嫌われ、約9cmの長さが一番使いやすいとされた。もっとも戦場ではそのような余裕はなく叩き、払いのほうが重要視されている。乱戦ともなれば、ひたすら叩きあいになったという。長柄の槍は、振り下ろすだけで十分な致命傷を与えることができたのだ。

このほか槍と似た武器に長刀《なぎなた》がある。刀よりやや大ぶりで反りの強い片刃の刃物に長い柄をつけたもので、鎌倉時代から戦場で活躍していた。しかし、戦国時代に入るころには下火となり、次第に僧兵や女性の武器となっていく。長さは最大で約2.8mから最小1mまでと様々だった。

槍の各部の名称

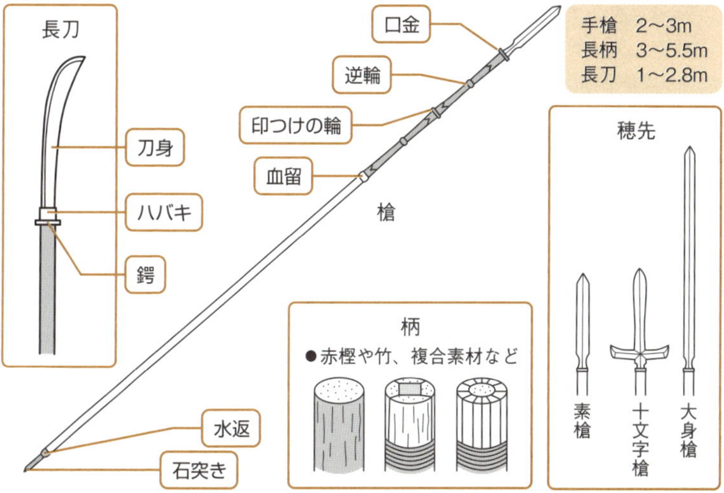
長刀
刀身
ハバキ
鍔
口金
逆輪
印つけの輪
血留
槍
水返
石突き
手槍　2～3m
長柄　3～5.5m
長刀　1～2.8m
穂先
素槍
十文字槍
大身槍
柄
●赤樫や竹、複合素材など

戦場での槍の用法

叩く、振り回す

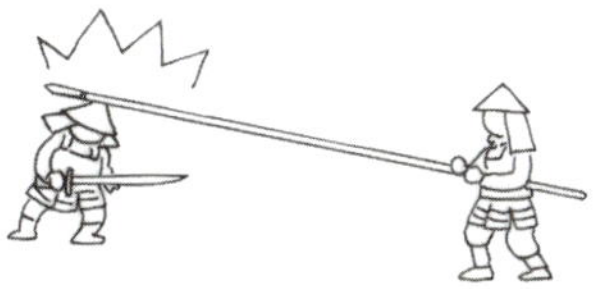

槍は本来突くのが基本。しかし、戦場では叩いたり振り回したりする方が効果的だった。

槍衾

長柄足軽たちは突撃してくる敵相手に密集し、槍衾（やりぶすま）を作って迎え討った。

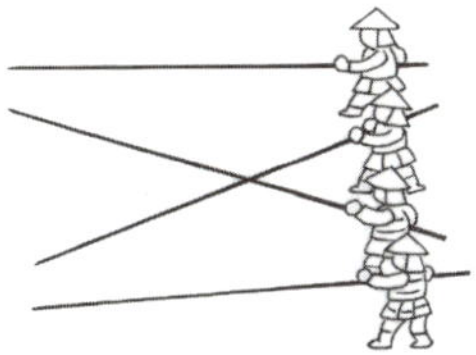

関連項目

●足軽とはどのような存在だったのか？→No.036
●合戦にはどんなものを持って行ったのか？→No.052
●戦争には手順があった？→No.041

No.055

武士の象徴は弓矢だった？

武士の象徴として長く用いられてきた弓矢。では、弓矢にはどのような素材が用いられ、どのような種類があったのだろうか。

●武士の象徴

弓矢はその殺傷能力の高さから、平安時代以前の古い時代から武士の武器として重要視されてきた。武士の家のことを俗に「弓馬《きゅうば》の家」や「弓矢《ゆみや》の家」と言い換えるほどである。戦国時代中期以降、鉄砲にその地位を譲るものの、戦場では相変わらずの活躍を見せた。

弓の材料は、梓《あずさ》、檀《まゆみ》、槻《つき》、櫨《はぜ》など様々な木が用いられている。しかし、時代が下ってくると櫨を芯にして竹で補強する合成弓が多くなった。白い藤を巻いて飾り付けた重籐《しげとう》の弓、藤を巻いた後に漆で塗り固めた塗籠籐《ぬりごめとう》の弓など外見によって数種類あり、重籐の弓は大将用、塗籠籐の弓はそのほかの将兵用の弓とされている。弓弦は麻紐を水で湿らして硬く縮めた後に撚《よ》り合わせたもので、非常に丈夫だった。弓の長さは7尺5寸（約2.2m）が一般的とされている。しかし、実際には体に合わせた長さを使うため、手の人差し指と親指を開いた長さを5寸と定め、それで7尺5寸分を図った。

一方、矢は篠竹《しのだけ》の曲がりを火であぶって修正し、砂で磨いたもの（漆を塗って補強することも）に羽と矢尻をつけたものである。羽は鷲《わし》のものが最上で、他には鷹《たか》、鶴《つる》、白鳥《はくちょう》、鷺《さぎ》、烏《からす》などが用いられた。羽根の数は2枚～4枚だが、時代が下るにつれ3枚が多くなる。矢尻は左右対称に刃をつけたもののほか、二股に分かれたものや音の出る鏑矢《かぶらや》など用途により様々なものが使い分けられた。長さは通常握りこぶし12個分の12束で、最大では15束のものが用いられた。矢は戦場では矢箱《やばこ》や空穂《うつほ》と呼ばれる入れ物に入れて持ち運び、持ち主がわかるように矢印という目印がつけられていた。

戦場での射撃姿勢は、現在の弓道とは違い半身になって左膝をつき、右膝を立てるのが基本である。これに加え、遠くに射る時は立ち上がり、接近戦では伏せるなど状況に応じた姿勢がとられた。

弓と矢の各部の名称

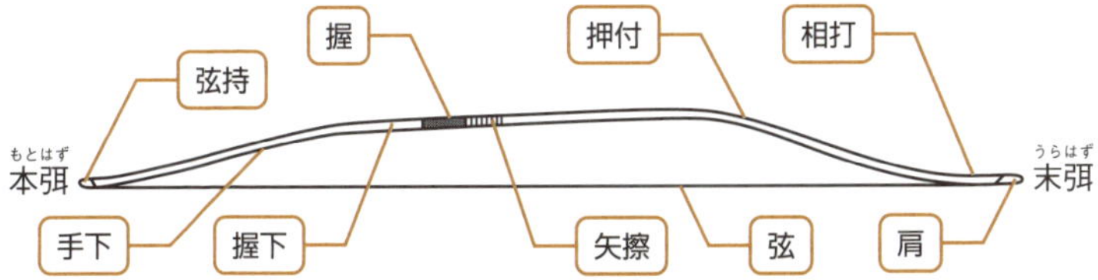
握
押付
相打
弦持
本弭《もとはず》
末弭《うらはず》
手下
握下
矢擦
弦
肩

弓の長さは7尺5寸（約2.2m）が基本。
身長にあわせて長さは変化する。本体は梓、檀、槻、櫨、櫨と竹の合成弓。弦は麻紐を用いる。

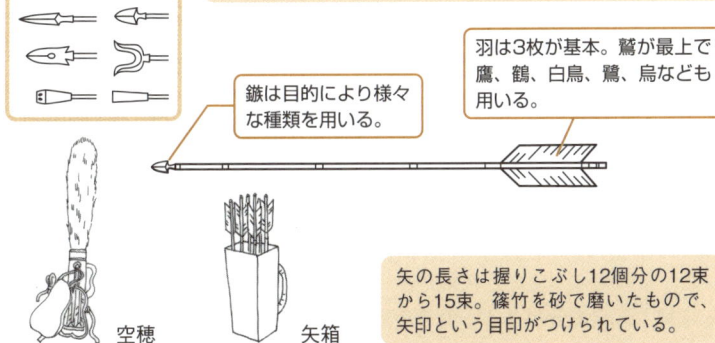

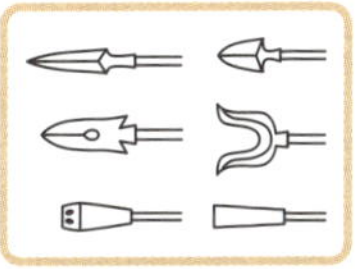

羽は3枚が基本。鷲が最上で鷹、鶴、白鳥、鷺、烏なども用いる。
鏃は目的により様々な種類を用いる。

空穂

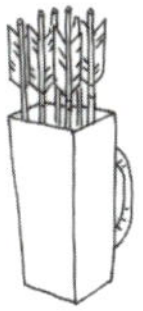
矢箱

矢の長さは握りこぶし12個分の12束から15束。篠竹を砂で磨いたもので、矢印という目印がつけられている。

戦場での射撃方法

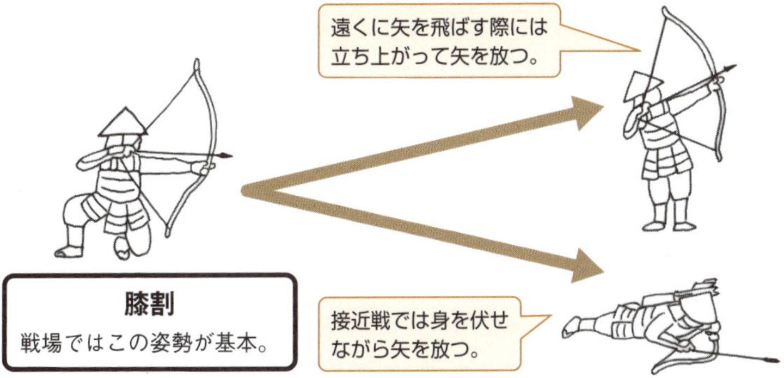
遠くに矢を飛ばす際には立ち上がって矢を放つ。
膝割
戦場ではこの姿勢が基本。
接近戦では身を伏せながら矢を放つ。

関連項目
●戦争には手順があった？→No.041
●合戦にはどんなものを持って行ったのか？→No.052

No.056

鉄砲は合戦を変えた?

ヨーロッパからもたらされ、合戦を一変させた鉄砲。その威力と引き換えに非常に使いづらいものだったようである。

●合戦を変えた脅威の威力

鉄砲は戦国時代に登場した武器である。その伝来経路や年代に関しては諸説あるが、一般的には1543年に種子島に漂着した**ポルトガル人**によって伝えられたものとされる。種子島の領主種子島《たねがしま》時尭《ときたか》はこの不思議な武器の威力に驚き、鍛冶師の八板《はちいた》金兵衛《きんべえ》に製造方法を学ばせたことから国産鉄砲の第一号が誕生する。その後、この鉄砲に堺《さかい》の商人が目をつけ、製造方法を持ち帰ったことから鉄砲は全国に広まることとなった。鉄砲の主な産地は、種子島《たねがしま》、堺、国友《くにとも》、根来《ねごろ》である。

当時の鉄砲は先端から火薬と弾を詰めて突き固め、火縄で火薬に点火して発射する火縄銃である。射程距離は280mが最大で、十分に威力を発揮するのは50mほど。30m以内であれば、ほぼ確実に敵兵の命を奪うことができたという。もっとも、火縄銃の発射準備にはかなりの時間が必要だった。また、5発ほど撃つと火薬に含まれていた硫黄が銃身にこびり付いて弾が込められなくなるため、銃身の掃除もこまめにしなければならない。そのため連射には向いていなかった。さらに、火縄を使った発砲方法は雨に弱いという弱点がある。火縄や火薬が濡れてしまうと発射できなくなってしまうのだ。こうした欠点は、早合《はやごう》と呼ばれる火薬と弾を一緒にした包みを使うことや火縄の改良によって補われるが、基本的に鉄砲は使いづらいものだった。それでも鉄砲が普及したのは、個人の資質にはあまり関係なく高い殺傷能力を持つ兵器だったからである。なお、兵器としての鉄砲の威力に関しては万人が認めるところであったが、鉄砲という兵器に対する戦国武将の評価は真っ二つに分かれていた。自ら修錬して鉄砲の名手となる武将もいれば、鉄砲を下賤の使うものとして嫌う武将もいたのだという。

鉄砲（火縄銃）の各部の名称

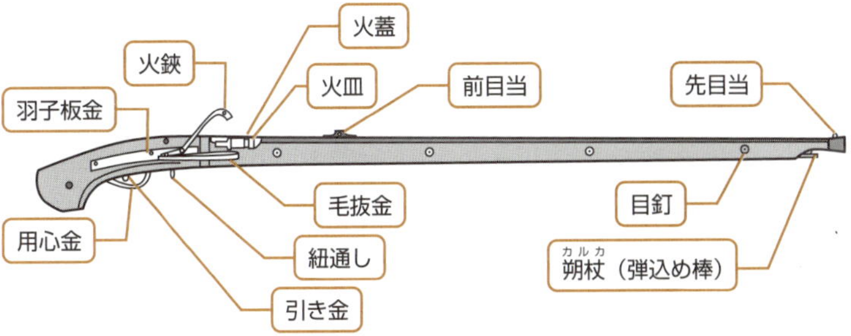
火蓋
火鋏
火皿
前目当
先目当
羽子板金
毛抜金
目釘
用心金
紐通し
朔杖《カルカ》（弾込め棒）
引き金

鉄砲を撃つために必要な道具

火打石入れ、火縄　　烏口、弾入れ　　早合

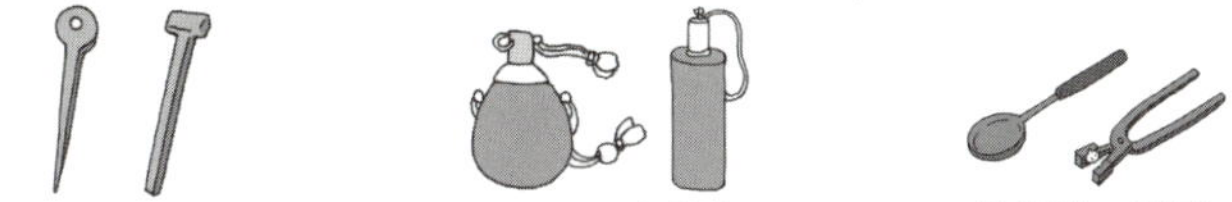

工具、その他　　口薬入れ、火薬入れ　　鉛柄杓、弾型

鉄砲を撃つまでの手順

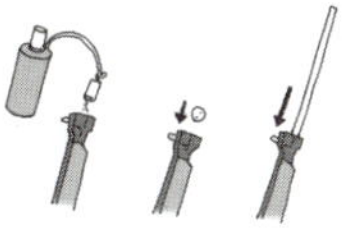

1. 火薬と弾を入れつき固める。

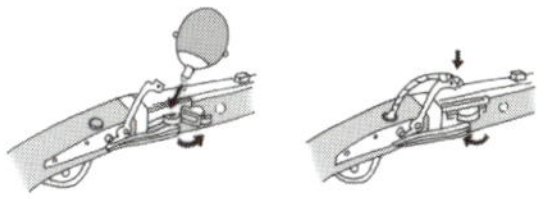

2. 火蓋を開いて火皿に口薬を入れ、火鋏に火縄をつける。

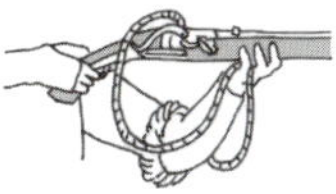

3. 狙いを定め引き金を引く。有効射程は30〜50mほど。

鉄砲の主な産地

- 種子島
- 国友
- 堺
- 根来

関連項目

●戦争には手順があった？→No.041
●合戦にはどんなものを持って行ったのか？→No.052
●戦国大名と南蛮人→No.111

No.057

戦国武将の甲冑はどんなもの？

日々の合戦の中で実用本位となっていった戦国時代の甲冑。しかし、戦国武将たちは様々な工夫でオシャレをしたようである。

●戦場のファッション

戦国武将が身につけていた甲冑には様々な種類があったが、大まかに分けると胴丸《どうまる》、腹巻《はらまき》、当世具足《とうせいぐそく》の3種類に分けることができる。胴丸はその名の通り胴体に巻きつけるようにして身につけた鎧で、右脇で合わせて固定した。草摺《くさずり》と呼ばれる腰から下を守る板が5枚から7枚つるされている。腹巻は胴丸をより簡略化した鎧で、合わせ目を背中に持っていくことで身につけやすくした。両者は元々胴体だけの鎧で、身分の低いものが身につけるものだった。しかし、動きやすく身につけやすいため、次第に身分の高い武将にも用いられるようになる。それにつれて兜や籠手《こて》、脛当《すねあて》てなどが追加されるようになった。

戦国時代中期に入ると、**鉄砲**の脅威に対抗するために胴丸、腹巻に改良を加えた当世具足が登場する。当世具足は冑、袖、胴、籠手、太ももを守る佩楯《はいだて》、脛当、顔を守る面頬《めんぼう》の七つの部分から構成されている。胴の部分は初期のうち革や鉄の小片を糸で固定していたが、鉄砲の弾を反らすために鉄板が使われるようになった。さらに西洋の鎧を部分的に組み込んで作った南蛮胴《なんばんどう》と呼ばれる甲冑も存在する。　戦国時代の甲冑は防御力を重視したため、それ以前の時代の甲冑よりも地味であった。そのため戦国武将たちは冑のデザインに凝るようになる。また、甲冑の表面に毛を植え付けるなど変わったことも行われた。このほか、陣羽織《じんばおり》や、マントを甲冑の上から身につけることも行われている。

と、ここまではあくまで戦国武将の身につけた甲冑の話。基本的にはレンタルであった**足軽**たちの甲冑はより簡素なものだった。標準的な装備は陣笠と呼ばれる鉄製の笠を冑とし、胴丸や腹巻に籠手、脛当てをつけただけである。

戦国武将の甲冑の変遷

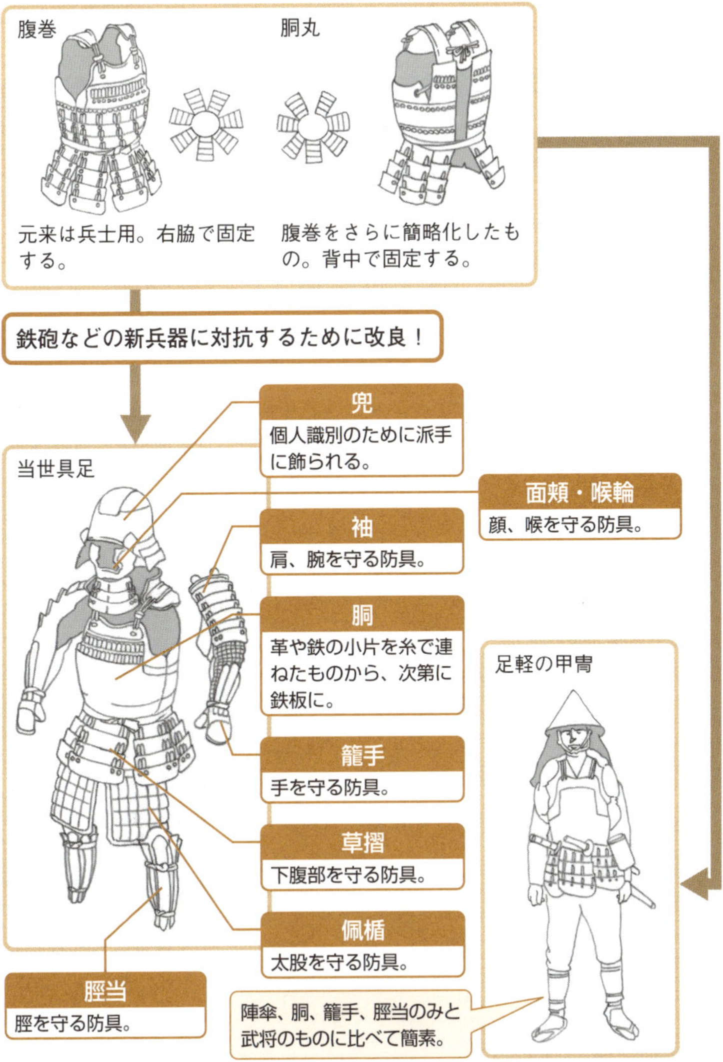
腹巻
元来は兵士用。右脇で固定する。
胴丸
腹巻をさらに簡略化したもの。背中で固定する。
鉄砲などの新兵器に対抗するために改良！
当世具足
兜
個人識別のために派手に飾られる。
面頬・喉輪
顔、喉を守る防具。
袖
肩、腕を守る防具。
胴
革や鉄の小片を糸で連ねたものから、次第に鉄板に。
籠手
手を守る防具。
草摺
下腹部を守る防具。
佩楯
太股を守る防具。
脛当
脛を守る防具。
足軽の甲冑
陣傘、胴、籠手、脛当のみと武将のものに比べて簡素。

関連項目

●足軽とはどのような存在だったのか？→No.036　●鉄砲は合戦を変えた？→No.056

No.058

馬印《うまじるし》、指物《さしもの》とは？

戦場において己の存在を示す馬印と指物。それは武勇を示すディスプレイとしても、部隊運営のうえでも欠かせないものだった。

●戦場に必要不可欠な目印

　槍や鉄砲といった武器のほかに、戦国武将たちは馬印《うまじるし》や指物《さしもの》と呼ばれる標識を戦場に持ち込んでいた。

　馬印は、戦場で指揮官の場所を知らせるための竿の先に旗や飾りをつけた目印で、彼らの乗る馬のそばに立てられていた。大きさは2mから10m近いものまで様々である。遠くから見ても目立つよう、派手なものが多い。元々は単に大きな旗を立てた旗印が主流であったが、戦国時代後期ごろから様々な形状のものが登場するようになった。それを旗印と区別して、馬印と呼ぶようになったのである。指揮官たちは各々決まった馬印を使っており、馬印の位置を確認すれば各部隊の位置を知り、どの部隊が生き残っているかを把握することができた。**通信手段**が現在のように整っていない戦国時代の戦場において、馬印は必要不可欠なものだったのである。馬印を持つことは一軍の指揮官の証明であり、馬印を持つことを許可されることは武将たちにとって一種のステータスだったという。

　一方、指物は個人の目印である。甲冑の背中につけるもので、大きさは1mから2m程度。旗の形状をした旗印《はたじるし》、何かを象った形象印《なりじるし》に二分され、**馬廻衆《うままわりしゅう》**などが背中につけた母衣《ほろ》と呼ばれる風船のような指物は旗印に分類される。指物は主に戦場で活躍したことを示すためや、連絡役である**使《つかい》****番《ばん》**、大将の親衛隊である馬廻衆であることを示すための目印として用いられた。武将から兵士まで身につけたが、階級や所属する部隊を示すために兵士は好きな指物をつけることはできない。一方、武将は自分や自分の率いる部隊が目立つように様々な意匠を凝らしたデザインの指物を用いた。指物は個人の目印であるため、基本的には自らの鎧の背中に差す。しかし、行軍中は配下に持たせることもあった。

馬印とは？

馬印

- 指揮官の位置を示す目印。長さは2〜10m程度。
- 指揮官の位置を把握し、その部隊が生き残っているかどうかを知るための目印として用いられた。

馬印の種類

旗印

もともとはこの形が一般的。馬印登場以降も用いられた。

馬印

物品を象ったもの。戦国時代後期ごろから登場。

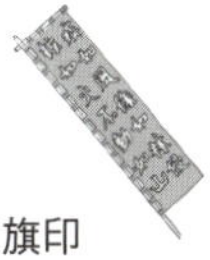

旗印

傘

懸扇

指物とは？

指物

- 個人用の目印。長さは1〜2m程度。
- 武将は自由に選ぶことができるが、兵士は部隊ごとに定められたものを用いた。

指物の種類

旗印

旗の形をした指物。母衣などもここに含まれる。

形象印

物品を象った指物。目立つように個性的なものが多い。

母衣

駒

釣鐘

関連項目

●戦場にはどんな役職があった？→No.008
●兵士はどうやって集めたのか？→No.035
●戦争には手順があった？→No.041

No.059

馬は武将のステータスだった？

戦国武将たちは金に糸目をつけずに名馬を求めた。それは馬が彼らにとってステータスシンボルだったからである。

●名のある武将であることの証明

戦国時代、馬は戦場には欠かせないものだった。指揮官やある程度の身分のある武将は、馬に乗ることが義務付けられていたからである。馬に乗ることはステータスであり経済的指標だったのだ。そのため、戦国武将たちは金に糸目をつけずに名馬を求めた。当時の名馬の産地とされていたのは甲斐国《かいのくに》、信濃国《しなののくに》、上野国《こうづけのくに》、武蔵国《むさしのくに》など中部地方から関東にかけてと、東北地方、九州地方である。

ステータスということを無視しても、馬には様々な利点があった。まず、馬に乗ることで移動距離や移動速度を稼ぐことができた。合戦に敗れて**敗走**する際、馬の有無が生死を分けた例も数多い。また、馬上は見通しが良いため偵察にも重宝された。さらに、馬上での戦いが戦場で有利だったというのもある。現在、馬上での戦いを疑問視する説もあるため一概にはいえないが、馬に乗っている武将は徒歩の武将よりも重武装ができたという。また、馬上からの攻撃は徒歩の相手には避けにくい嫌な攻撃だった。

戦国時代の馬は現在イメージされるサラブレッドなどと違って非常に小さく、気の荒い生き物だったという。サラブレッドの体高が約160cmなのに対して、約133cm程度の大きさだった。気性の荒さに関しては折り紙つきで、当時の宣教師は日本の馬を「馬に似た気性の荒い生き物」と書き残している。そのため、馬を乗りこなすにはそれなりの技量が必要だった。武将たちは手綱を使わずに馬を乗りこなすことが求められ、すぐに転がり落ちるようであれば転がる桃にたとえて桃尻《ももじり》と馬鹿にされたという。

馬を乗りこなすためには馬具が必要であった。馬具も馬同様にステータスで、身分によって色など様々な取り決めがある。また、武将の経済的指標ともなっていたため、武将たちは許された範囲で意匠を凝らしていた。

馬具の名称と馬の特徴

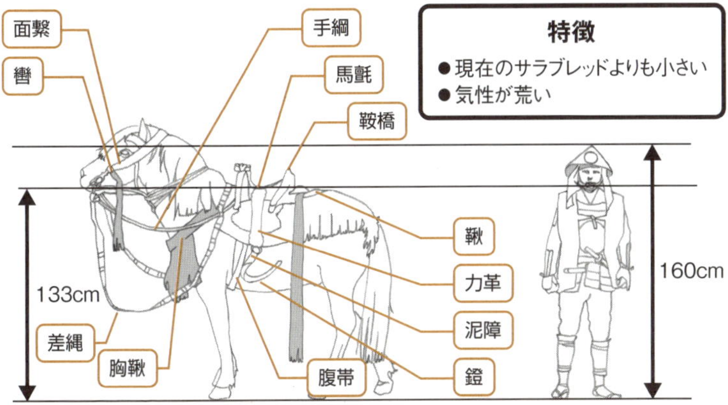
面繋
轡
手綱
馬氈
鞍橋
特徴
●現在のサラブレッドよりも小さい
●気性が荒い
160cm
133cm
鞦
力革
泥障
鐙
差縄
胸鞦
腹帯

名馬の産地

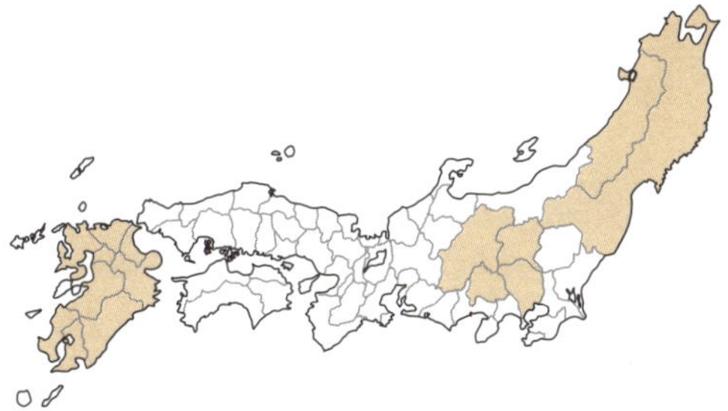

戦国武将が馬に乗る訳

武将クラスは馬の所持が義務付けられている。

鉄砲などの戦術が発展した後は突撃前に馬を降りるのが基本となった。

●戦場での移動速度の向上。
●目線の高さから来る偵察能力。
●頭上から攻撃できるので戦闘時に有利(否定する説も)。

関連項目

●合戦にはどんなものを持って行ったのか？→No.052 ●どんなことをすると手柄と認められたのか？→No.063

No.060

水軍の船はどのようなものだったのか?

水上戦力のかなめとなる水軍の船。そこには西欧諸国の軍船には見られない独自の創意工夫が施されていた。

●海上の城

戦国時代は多くの技術が発達した時代であった。そうした技術の中には、造船技術も含まれている。これにより、多くの軍船が生み出された。これらは、帆も用いるものの、いわゆるガレー船と同じく主に櫓《ろ》を漕ぐことで進む。そのため、船の大きさは櫓数、もしくは積載量を示す石数で表された。

戦国時代の水軍の船として最も有名なものが安宅船《あたけぶね》である。安宅船は四角いシルエットを持つ大型船で、櫓の数は30～40、多いものでは100を超えた。船上には船首から船尾まで総矢倉《そうやぐら》と呼ばれる四角い小屋が作られ、弓や鉄砲を撃てるように矢狭間《やはざま》という穴が開けられた分厚い盾板に覆われている。さらに、箱形の舳先には大砲があり、正面に捉えた敵に向けて砲撃することができた。攻守ともに非常に優れた船で、多くの軍書で「海上の城」と評されている。織田信長《おだのぶなが》が**九鬼《くき》水軍**に命じて作らせたという鉄甲船は、一説にはこの安宅船を鉄板で補強を施したものといわれている。

この安宅船に比べて速度を優先したのが関船《せきぶね》である。関船は早舟《はやぶね》とも呼ばれ安宅船に比べて細長いシルエットを持ち、水の抵抗を減らすため舳先も細長くとがっている。安宅船と同様に盾板で覆われた総矢倉が設けられていたが、盾板は薄い板や竹を使うことで軽量化が図られていた。

関船よりもさらに船足が速かったのが小早《こはや》と呼ばれる船である。小早は小型の早舟（関船）というところからその名がとられている。その名の通りほぼ関船と同じシルエットであるが、総矢倉はなく、代わりに半垣《はんがき》と呼ばれる低い塀が設けられていた。当然、船足は最も早く、伝令や偵察などに用いられることが多い。

なお、このほかに盲船《もうせん》と呼ばれる謎の船が存在したとする書物もある。これは一種の潜水艦だが、その存在については諸説ありはっきりとしない。

安宅船の各部の名称と特徴

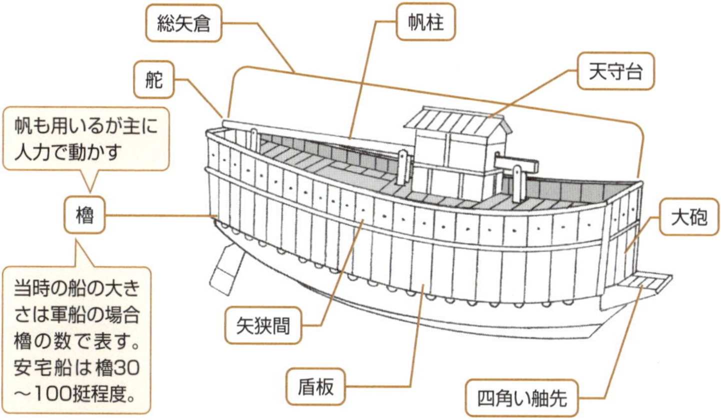
総矢倉
帆柱
天守台
舵
帆も用いるが主に人力で動かす
櫓
当時の船の大きさは軍船の場合櫓の数で表す。安宅船は櫓30～100挺程度。
大砲
矢狭間
盾板
四角い舳先

関船、小早の特徴

関船

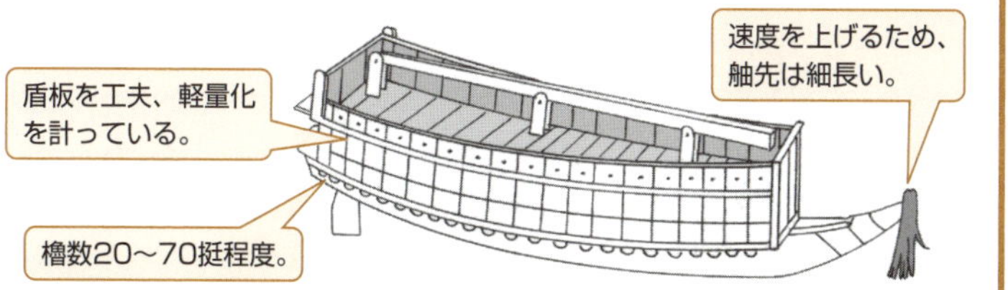
盾板を工夫、軽量化を計っている。
速度を上げるため、舳先は細長い。
櫓数20～70挺程度。

小早

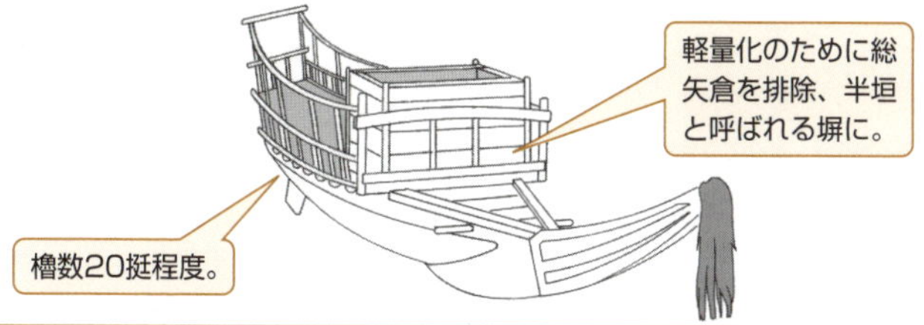
軽量化のために総矢倉を排除、半垣と呼ばれる塀に。
櫓数20挺程度。

関連項目

●海上ではどのように戦っていたのか？→No.048

No.061

合戦終了後にはどんなことをしたのか？

戦はスポーツとは違う命をかけた勝負である。勝敗が決した後も、武将たちは自分や配下の命をつなぐために最善を尽くさねばならなかった。

●合戦終了後も行われる命がけの攻防

合戦の終了には勝利、降伏、滅亡、和議、撤退などいくつかの種類がある。総大将たちは、こうした結果の中で己の所属する勢力に最大限の恩恵をもたらすべく、最後の攻防に全力を尽くした。**籠城《ろうじょう》戦**の末の降伏の場合、総大将以下主要な家臣たちの切腹や、剃髪《ていはつ》して僧となる事実上の引退と引き換えにそれ以外の武将や兵士、立てこもった領民の命を救うための交渉が行われた。交渉のための使者となったのは優秀な武将か、**陣僧《じんそう》**と呼ばれる僧侶たちである。もっとも、交渉が決裂した場合、籠城側の人々には悲惨な運命が待っていた。皆殺しにされてしまうのである。

ここまで戦況が酷くなる前に降伏した場合は、もう少しましな交渉ができる。人質を差し出し攻め手の家臣となるのである。降伏が認められれば、大抵の場合は今まで治めていた土地の所有が認められた。降伏した側はそのまま家臣としての立身出世をつきつめてもいいし、いずれ裏切る時に備えて力を蓄えてもいい。国が滅ぼされた場合もこれに近く、生き残った優秀な人材は攻め手の国の家臣となるか野に下って浪人となった。和議を求めた場合は、敵が占領した土地の所有権を認めるか、和睦のための莫大な金を支払う。撤退となると交渉抜きで味方の城へと逃げ込むことになる。当然、守ろうとした土地は奪われた。

勝ったほうも勝利に浸っている暇はない。やらなければならないことは山ほどあった。まず、自軍が勝利したことを周囲に表明しなければならない。城攻めのような明確な勝利条件のない合戦の場合、合戦の勝敗は宣伝の上手さにかかっていた。また、勝鬨《かちどき》や首実検《くびじっけん》、敗軍の将の供養などの呪術的な処理、戦場の後片付けも勝利者の仕事である。さらに部下に対しては戦功をたたえる**論功行賞《ろんこうこうしょう》**も行わなければならなかった。

合戦後に行われたこと

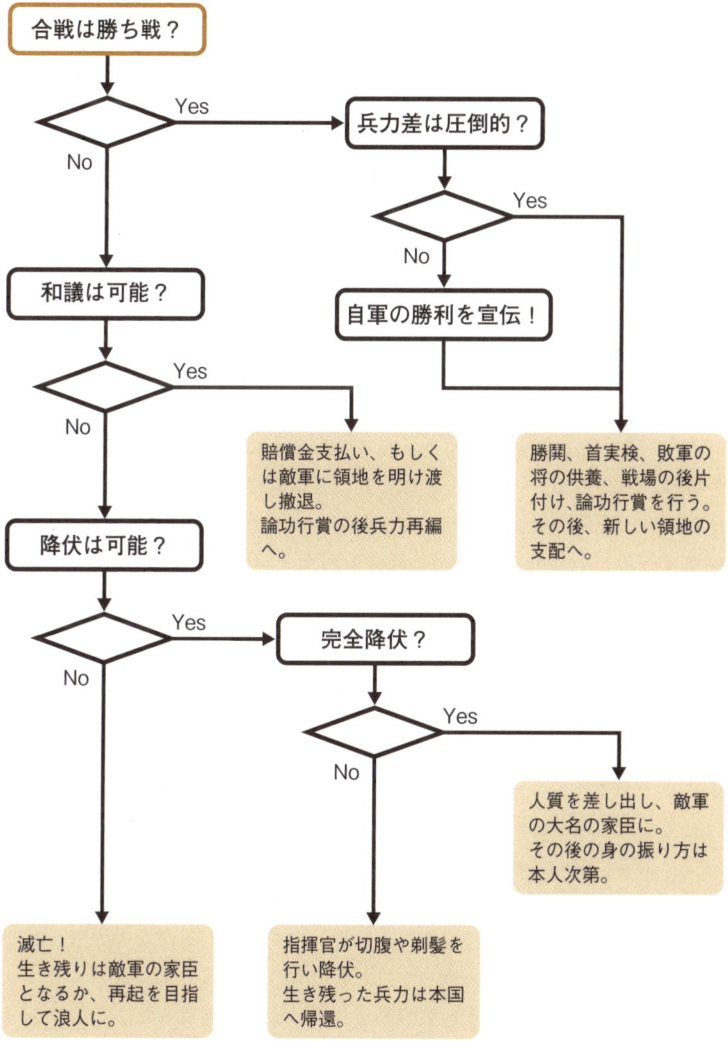
合戦は勝ち戦？
Yes
No
兵力差は圧倒的？
Yes
No
自軍の勝利を宣伝！
和議は可能？
Yes
No
賠償金支払い、もしくは敵軍に領地を明け渡し撤退。
論功行賞の後兵力再編へ。
勝鬨、首実検、敗軍の将の供養、戦場の後片付け、論功行賞を行う。
その後、新しい領地の支配へ。
降伏は可能？
Yes
No
完全降伏？
Yes
No
人質を差し出し、敵軍の大名の家臣に。
その後の身の振り方は本人次第。
滅亡！
生き残りは敵軍の家臣となるか、再起を目指して浪人に。
指揮官が切腹や剃髪を行い降伏。
生き残った兵力は本国へ帰還。

関連項目

●軍師はどのような仕事をしていたのか？→No.037
●城はどうやって守ったのか？→No.046
●論功行賞とは？→No.064
●戦国大名と仏教界→No.105

No.062

戦場では略奪行為が行われたのか？

現在は蛮行と忌み嫌われる略奪行為。しかし、戦国時代の兵士たちからすれば、ごくありふれた収入源であった。

●日常化する略奪行為

戦国時代において兵士たちによる戦地での略奪行為は、ごく当然のことだった。兵士たちの臨時収入であったほか、補給システムが整っていない当時は戦地での略奪物を補給に充てていたのである。さらに、人的資源や農作物を奪うことで敵国にダメージを与える戦術的な意味もあった。

もっとも、略奪に夢中になり、兵士が思うように動かないこともあったという。そのため、合戦中の略奪行為は基本的に**軍法**や軍令で禁止されていた。しかし、合戦後の略奪行為は容認されていたようだ。むしろ戦勝国が略奪行為を行わないほうがまれであったという。1562年、織田《おだ》信長《のぶなが》が**上洛**した際、信長は京周辺での略奪行為を禁止していた。当時の公家の日記には、この行為を称賛するとともに非常に驚いたという旨が書かれている。それほど合戦後の略奪行為は普通のことだったのである。

略奪行為の対象となったのは、およそ持ち運ぶことができる全てのものだった。戦場であれば、武将や兵士たちの持ち物である。落馬した武将を敵の兵士が連れ去って持ち物を奪おうとするのを、味方の兵士が阻止しようとして引っ張り合いになるという笑い話のような話も残されているぐらいで、戦場に裸の死体がごろごろと転がっているなどということも日常茶飯事だった。落城した城からの脱出なども命がけである。特に、女性ともなれば味方の兵士すら信用できなかった。身を守るために途中で出会った山賊に金を渡し、ボディーガードにしたという話も残っている。

戦場付近に住む人々にとっても略奪行為は頭痛の種だった。金目のものは言うに及ばず女子供まで強奪の対象となったからである。特に金持ちや寺社はその対象となった。そのため、彼らは莫大な礼銭を支払い、禁制《きんせい》と呼ばれる略奪禁止令を大名たちから発行してもらっていたのだという。

戦場での略奪行為

戦場での略奪行為の意味

- 兵士たちの臨時収入。
- 略奪品を補給物資に充てる。
- 敵国へのダメージを与えるための戦術。

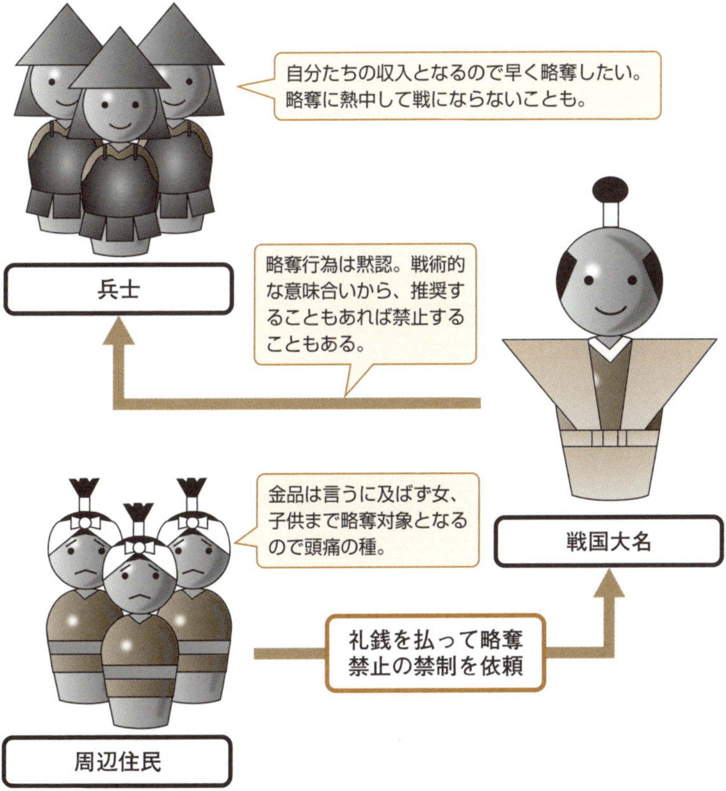
自分たちの収入となるので早く略奪したい。略奪に熱中して戦にならないことも。
兵士
略奪行為は黙認。戦術的な意味合いから、推奨することもあれば禁止することもある。
金品は言うに及ばず女、子供まで略奪対象となるので頭痛の種。
戦国大名
礼銭を払って略奪禁止の禁制を依頼
周辺住民

関連項目
●戦国大名たちはなぜ上洛をめざしたのか？→No.017
●軍師はどのような仕事をしていたのか？→No.037
●合戦中、領民たちはどうしていたのか？→No.051
●織田信長の台頭→No.086

No.063

どんなことをすると手柄と認められたのか？

戦場で命をかけた戦いを繰り広げる戦国武将たち。戦国大名たちは、彼らのどのような行動に価値を見出したのだろうか？

●功名の基準

合戦中の武将の働きは、主に自己申告である。その内容は軍忠状《ぐんちゅうじょう》と呼ばれる証明証に記載され、大名に提出された。では、当時の合戦ではどのような働きが評価の対象となったのであろうか。

当時の合戦において特に評価されていたのが、一番槍《いちばんやり》もしくは一番乗《いちばんの》りである。野戦で一番に敵武将と槍を交わすことを一番槍、**攻城戦**で敵城に一番に突入することを一番乗りという。この際、武将をサポートする家臣たちも、槍下の功名と言われ評価の対象となる。刀を使うものが最も良く、ついで弓、鉄砲が評価された。一番槍に続くのが二番槍、三番槍などで、それ以降になると順番をつけることは少ない。

それ以外の評価方法としては、持ち帰った首の数がある。首にはそれぞれ価値が決められており、敵大将の首、一番初めに戦場で取られた一番首、2番目の二番首、采配《さいはい》を添えた首（采配を持っている武将は身分が高いと考えられた）、三番首と続く。同じ首でも雑兵のものは価値が低い。なお、首を取る余裕のない場合には、証人を立てて耳や鼻のみを持ち帰ることや、目印をつけることなども行われていた。

と、ここまでは自軍が比較的有利な場合である。自軍が不利になった場合は、また別の行動が評価の対象となった。一番槍に匹敵するのは殿《しんがり》といい、敗走する自軍の最後尾で敵軍を食い止めることである。また、大将を守り、自らの馬を与えて逃走を助けることも評価が高かった。逃走時に落とした物品を取りに戻ることなども評価の対象となっているが、これに関しては命を粗末にする行為として批判していた武将も多い。

なお、当時は武運つたなく討ち死にすることも非常に高く評価されていた。討ち死にした武将の身内の扱いもよく、**再就職**にも困らなかったという。

戦場での評価のポイント

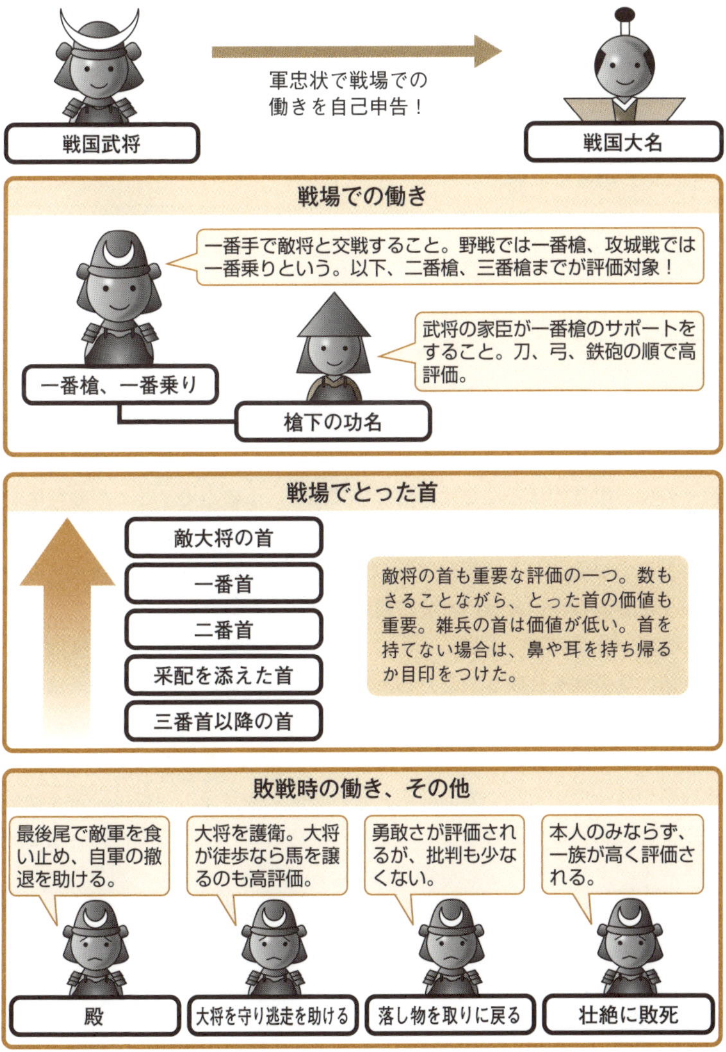
戦国武将
軍忠状で戦場での
働きを自己申告！
戦国大名
戦場での働き
一番手で敵将と交戦すること。野戦では一番槍、攻城戦では一番乗りという。以下、二番槍、三番槍までが評価対象！
一番槍、一番乗り
武将の家臣が一番槍のサポートをすること。刀、弓、鉄砲の順で高評価。
槍下の功名
戦場でとった首
敵大将の首
一番首
二番首
采配を添えた首
三番首以降の首
敵将の首も重要な評価の一つ。数もさることながら、とった首の価値も重要。雑兵の首は価値が低い。首を持てない場合は、鼻や耳を持ち帰るか目印をつけた。
敗戦時の働き、その他
最後尾で敵軍を食い止め、自軍の撤退を助ける。
殿
大将を護衛。大将が徒歩なら馬を譲るのも高評価。
大将を守り逃走を助ける
勇敢さが評価されるが、批判も少なくない。
落し物を取りに戻る
本人のみならず、一族が高く評価される。
壮絶に敗死

関連項目
●家臣の採用方法とは？→No.009
●城はどうやって攻めたのか→No.045
●論功行賞とは？→No.064

No.064

論功行賞《ろんこうこうしょう》とは？

戦場での活躍には当然褒美が用意されている。武将たちが受け取る褒美にはどのようなものがあったのだろうか。

●命をかけた戦いの代償

論功行賞《ろんこうこうしょう》とは、合戦での働きを査定し、戦国武将たちに褒美を与えることである。武将たちからすれば合戦後における最大の楽しみであり、不満が出ないように評価することは、戦国大名たちの大切な仕事の一つだった。

褒美として最も重要だったのが領地である**知行地**《ちぎょうち》の加増である。知行地からの税の徴収は、武将たちの収入に直結していた。当時の合戦は、武装その他の出費のほとんどは武将もちである。そのため、ここで知行地が加増されなければ、折角の奮戦も骨折り損となりかねない。

知行地の加増とともに行われたのが金銭の授与である。これは大名の領地が少ない場合や、武将の身分が低い時などに行われた。

このほか物品の授与も褒美となっている。もっとも、物品の場合は受け取る側の価値観も反映されるため、武将にとって良いのか悪いのかは判断が難しい。徳川家康《とくがわいえやす》の息子である松平忠吉《まつひらただよし》の場合、知行地の加増を約束された戦の褒美が茶器と短刀であったことに激怒し、茶器を叩き割ったという逸話が残っている。一方、織田信長《おだのぶなが》の家臣である滝川一益《たきがわかずます》は、常々欲しがっていた茶器が褒美としてもらえると期待していたところ、知行地を加増されガックリと肩を落としたという。

このような実利的なものとは別に、名誉的な褒美も存在する。感状《かんじょう》は、武将の戦場での働きを評価した表彰状のようなもので、その枚数は武将自身の価値を高め、他国に仕官する時などに有利に働いた。もっとも上杉謙《うえすぎけん》信《しん》のように感状を連発する大名の場合、配下の武将たちは合戦の出費を補うことができず、財政的に逼迫していくこととなる。さらに、大名の名の一部を与える**偏諱**《へんき》も褒美として機能した。しかし、他の武将たちの嫉妬を買うこともあり、うかつには与えることができなかったようである。

論功行賞とは？

論功行賞とは？
合戦での働きを査定し、戦国武将たちに褒美を与えること。

戦国大名

実利的な褒美

知行加増
支配する土地が増え税収がアップ！

金銭授与
直接的な収入。合戦での出費はまかなえるかも。

物品授与
刀や馬、茶碗など品物を授けられる。

欲しいものなら知行加増よりもうれしいが……。

名誉的な褒美

感状
戦場での働きを評価した表彰状のようなもの。

名誉なことだが、乱発されれば出費は賄えない……。

偏諱
大名の名を一字もらって改名すること。

名誉なことだが、ほかの武将の嫉妬を買うかも……。

関連項目
●家臣の採用方法とは？→No.009
●戦国大名の収入源とは？→No.012
●戦国武将の名前の決まりとは？→No.023
●どんなことをすると手柄と認められたのか？→No.063

戦国大名と茶の湯

戦国時代は史上空前の茶の湯ブームの時代であった。茶の湯が成立したのは室町時代後期、村田珠光《むらたじゅこう》の手によってだという。この珠光の茶を豪商、武野紹鷗《たけのじょうおう》が受け継ぎ、千利休《せんのりきゅう》が完成させたのが現在の茶道の原型である。

茶の湯は早い時代から趣味人の戦国大名たちによって嗜まれていたが、本格的に流行するようになったのは織田信長《おだのぶなが》が茶の湯の政治的利用を考えたころからであった。信長政権内では茶会を開くには許可が必要で、その許可をもらえることは名誉なことだったのである。さらに、信長が行った名器狩《めいきが》りは、茶の湯の道具である茶器の価値を飛躍的に高める結果となった。元々名物茶器と呼ばれるものには相当の価値があったのだが、信長が家臣への褒美の一つとして利用するようになってから名物茶器に美術的価値に加え武将としてのステータスの意味が加わるようになったのである。そのため、茶器を巡る武将たちの悲喜こもごもが彼らの逸話として数多く残されている。最も代表的なのが本文でも触れた信長の家臣の滝川一益《たきがわかずます》で、彼には武田氏討伐の褒美として与えられた上野国《こうずけのくに》と関東管領《かんとうかんれい》の地位よりも一つの小茄子《こなすび》と呼ばれる名物茶器を手に入れたかったと嘆いたという逸話が残されている。また、信長の家臣の森長可《もりながよし》も相当なもので、遺言の書き出しにはまず自分が所有していた名物茶器の配分が書かれていたという。

このように家臣たちを茶の湯マニアに仕立て上げた信長であったが、信長本人が茶の湯や茶器を政治の道具としか考えていなかったかといえばそうではない。信長本人も純粋に茶の湯や茶器を愛していたようである。例えば、将軍暗殺や大仏殿放火、主家への裏切りで梟雄《きょうゆう》と名高い松永久秀《まつながひさひで》が降伏した際、信長は彼の差し出した茶器九十九髪茄子《つくもがみなす》と引き換えに彼の命を助けている。さらに久秀が裏切った際にも彼秘蔵の平蜘蛛茶釜《ひらぐもちゃがま》を差し出せば命を助けるとまでいっているのだ。信長主催の茶会も数多く行われており、信長が茶の湯を愛していたことをうかがわせている。

豊臣秀吉《とよとみひでよし》もまた茶の湯を愛した一人だった。かつて信長に茶会を許された秀吉は涙を流して喜んだという。そんな秀吉だけに天下人となった後は千利休のパトロンとなり盛んに茶会を開催、本人も茶の湯に傾倒している。もっとも、秀吉と利休の蜜月はあまり長く続かず、利休は秀吉に切腹を命じられ命を落とした。その後、秀吉は利休の詫び茶とは決別し、派手な茶の湯の作法を好んだという。

なお、徳川家康も茶の湯を好んでいたが、信長、秀吉に比べて派手な逸話は少ない。ごく個人的に楽しむ趣味としていたようである。

第3章
戦国時代の基礎知識

No.065

戦国時代の暦と時間

月と太陽と共に生活していた戦国時代。時間や暦の数え方も、西欧化されたものとはかけ離れていた。

●現在とは大きく異なっていた時間の概念

戦国時代の時刻と暦は現在のものとは違い、複雑なものであった。

まず時刻であるが、当時は日の出、日の入りを基準とした不定時法と呼ばれる方式で時刻を表していた。季節によって時間の長さが違っていたのである。また時間の呼び方が一定ではなく、真夜中を「子《ね》の刻《こく》」として1日を12等分して十二支で呼ぶ場合や、真夜中を「九《ここの》つ」とし、「八つ半」、「八《や》つ」と数を減らし、「四《よ》つ」で一区切りして「九つ」に戻る呼び方もあった。前者の場合は日の出が「卯《う》の刻」、日の入りが「酉《とり》の刻」、後者の場合は日の出が「明《あ》け六《む》つ」、日の入りが「暮《く》れ六《む》つ」となる。

当時は**南蛮《なんばん》人**の持ち込んだ時計に頼るほかは、寺の鐘などの時報以外に時刻を知る方法がなかった。そのため、時刻を知るために猫の目を用いることがあったという。猫の目は周囲の明るさによって瞳孔の形が変化する。その形を参考に現在の時刻を知ろうとしたのだ。九州地方の戦国大名**島津《しまづ》氏**では戦場に7匹の猫を従軍させたという記録が残っている。

一方、暦は中国から持ち込まれた太陰暦に基づくものが使われていた。太陰暦は月の満ち欠けに基づいて日付を決める方法で、1ヶ月30日の大の月、29日の小の月がある。太陽暦とは違い、実際の1年とのズレが大きいため2～3年ごとに閏月《うるうづき》を設けて調整した。暦は農作業の基本となるため、地方ごとに修正が加えられることも多い。そのため、地方ごとに日付が違うこともあった。なお、こうした暦は暦売りなどから購入していたという。

月名に関しても、現在のように数字が用いられることはなく、それぞれの季節になぞらえたものが用いられていた。1月であれば睦月《むつき》、年初月、初春といった具合である。中国風の呼び名も多数存在しているが、この方はあまり用いられていない。

戦国時代の時間

時間を知る方法

時計（南蛮製を改良）。
寺の鐘などの時報。
猫の目の変化。

当時の時間の決まり

日の出から日の入りまでを基準に、それぞれ12等分する不定時法。

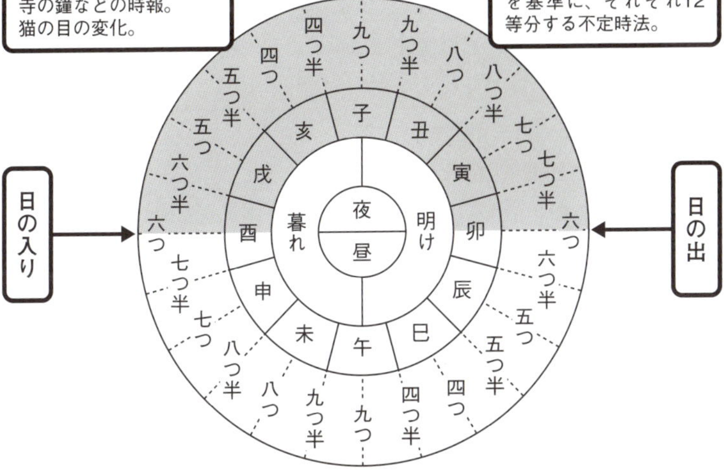

戦国時代の暦

暦を知る方法

暦売りなどから購入。
農作業には必須なもので、地方によって異なる。

農民

当時の暦の決まり

月の満ち欠けを基準とした太陰暦。微妙にずれるため。2〜3ヶ月ごとに閏月を設けて調整。

一月	二月	三月	四月	五月	六月
睦月、初春、他	如月、初花月、他	弥生、花月、他	卯月、夏初月、他	皐月、梅月、他	水無月、松風月、他

七月	八月	九月	十月	十一月	十二月
文月、七夜月、他	葉月、秋風月、他	長月、紅葉月、他	神無月、初霜月、他	霜月、雪見月、他	師走、春待月、他

関連項目

●戦国時代初期の九州地方→No.083
●戦国大名と南蛮人→No.111

No.066

戦国時代のものの単位

現代でも聞く機会のある戦国時代の単位。それを知ることで、戦国時代への理解はより深いものになる。

●複雑だった戦国時代の単位

各地に戦国大名が割拠し、数多くの彼らの支配する領国が存在した戦国時代、ものの計測単位は統一されていなかった。領国によって同じ単位の名称でもその数値が一定していなかったのである。こうしたものの単位が統一されるようになったのは、豊臣秀吉《とよとみひでよし》によって天下が統一されて以降のことだった。しかし、そうした領国ごとの単位を扱うと煩雑になるので、ここでは最も一般的な数値を紹介しよう。

まず、長さであるが最小単位は1寸《すん》、現在の数値で約3.03cmである。10寸で単位が変わり、1尺《しゃく》（約30.3cm）と数えられた。このまま10倍ごとに進めば覚えやすいのだが、尺の次の単位の間《けん》は1間が6尺（約1.81m）である。さらに次の単位の町《ちょう》は1町が60間（約109.09m）と大きく数値が飛ぶ。長さの単位でもっとも大きいのが里《り》で、1里が36町（約3.92km）だった。ちなみに有名な戦国武将の身長は、織田信長《おだのぶなが》が5尺5寸（約167cm）、徳川家《とくがわいえ》康《やす》が5尺1寸（約154cm）、上杉謙信《うえすぎけんしん》も5尺2寸（約158cm）とされている。当時の男性の平均身長は、およそ5尺4寸程度（約164cm）だったので、彼らは平均からやや小柄な部類といえるだろう。身長の高かった武将としては豊臣秀吉の家臣加藤清正《かとうきよまさ》がおり、6尺3寸（約191cm）とかなり大柄である。

次に体積であるが、こちらは長さに比べてごく単純。最小単位は升《しょう》で、1升が約1.8039ℓ、10倍ごとに1斗《と》（18.039ℓ）、1石《こく》（180.39ℓ）となる。

面積は長さと同じように少々複雑で、1坪《つぼ》もしくは1歩《ぶ》が3.30532㎡。次の1反《たん》は300坪（9.9174アール）である。最大単位の町《ちょう》は、1町が10反（0.99174ヘクタール）となる。

最後に重さの単位であるが、これは最小単位の匁《もんめ》、約3.75gを基本として、160匁を1斤《きん》（約600g）、1000匁を1貫《かん》（約3.75kg）とした。

戦国時代の単位

長さの単位

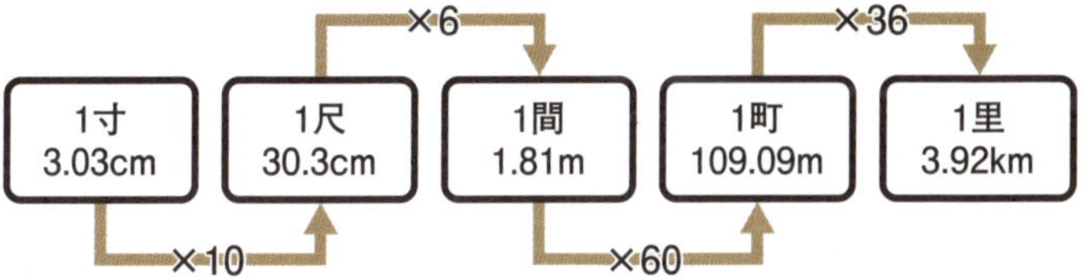
1寸
3.03cm
×10
1尺
30.3cm
×6
1間
1.81m
×60
1町
109.09m
×36
1里
3.92km

体積の単位

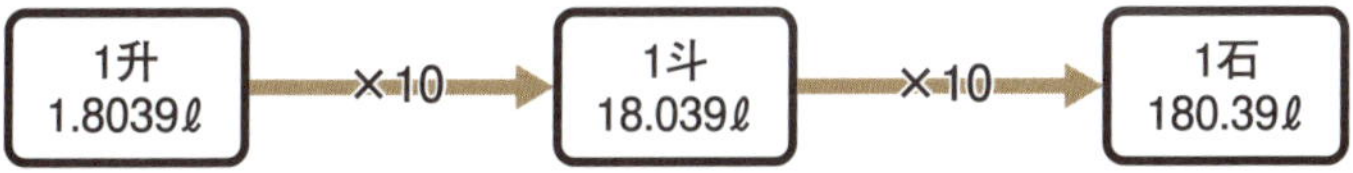
1升
1.8039ℓ
×10
1斗
18.039ℓ
×10
1石
180.39ℓ

面積の単位

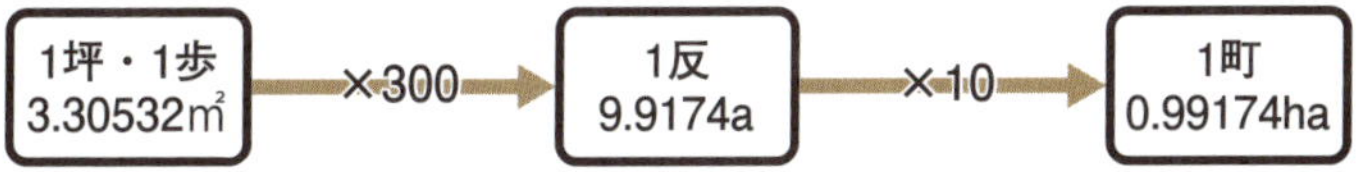
1坪・1歩
3.30532㎡
×300
1反
9.9174a
×10
1町
0.99174ha

重さの単位

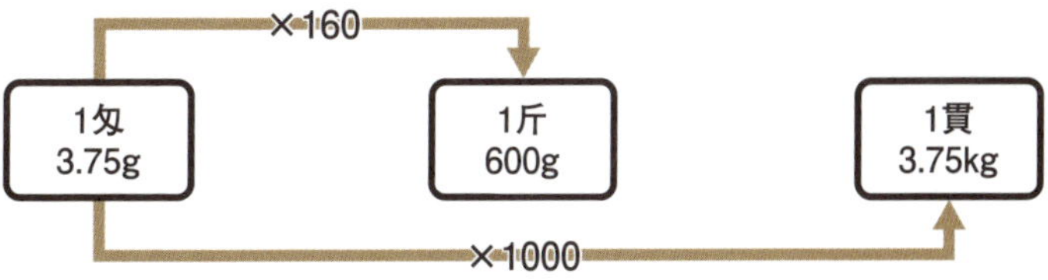
1匁
3.75g
×160
1斤
600g
×1000
1貫
3.75kg

No.067

戦国時代のお金の単位

急速に貨幣経済が発達した戦国時代。では戦国時代の貨幣とはどのようなものだったのだろうか。

●重さから転じた貨幣の単位

戦国時代の通貨の最低単位は文《もん》もしくは銭《せん》である。これは**重さ**の単位と共通の呼び名で、元々は銅貨1枚の重さを文もしくは銭と呼んでいた。これが転じて貨幣の単位として用いられるようになったのである。重さの単位と同様にある程度まとまると単位が変わり、10文で1疋《ひき》、100文で1結《ゆい》、1,000文で1貫《かん》（貫文《かんもん》）もしくは1連《れん》と呼んだ。当時の貨幣は中央に穴が開いており、まとめる時にはその穴に紐《ひも》を通すことが多かった。結、連という単位はこうした貨幣のまとめ方に由来している。

戦国時代の貨幣の多くは日本で生産されたものではなかった。中国などから輸入したものを長きにわたって使用していたのだ。そのため品質はバラバラ、贋金まで横行していた。当時の貨幣の価値は貨幣の質と直結している。そのため**商人**たちは品質の悪い貨幣を「鐚銭《びたせん》」と呼んで嫌い、鐚銭4枚につき貨幣1枚という具合に換算する選銭《えりぜに》を行って安定を図っていた。

さらに戦国大名たちが独自に貨幣を鋳造することもある。この場合、金や銀などの貴金属を用い、重さが直接価値を保証するように工夫されていた。おおむね金1両《りょう》で4,000文、銀1両で400文程度に換算される。

当時の**足軽**の年収は1貫500文程度、下級武士は50貫、上級武士になると100貫から500貫程度が相場。一説によれば当時の1貫が現在のお金で15万円程度とのことなので、足軽は年収20万円程度、上級武士となれば年収1,500万円以上を稼いでいたことになる。もっとも、当時は半分自給自足のような生活をしていたので、足軽程度の年収でも生活はできた。また、上級武士も質素倹約を旨としており収入のほとんどは軍備に消えていったという。といっても例外もあり、戦には関係ない茶器一つに5,000貫をつぎ込んだ戦国大名も存在している。

戦国時代のお金の単位

銅貨の単位

銀貨、金貨の単位

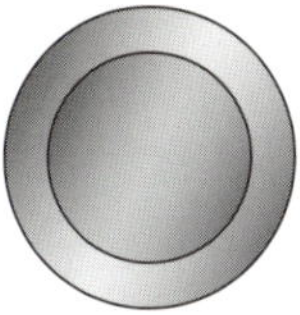

銀1両＝400文

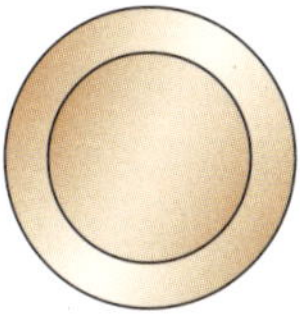

金1両＝4,000文

戦国武将たちの給料

足軽

年収1貫500文
（現代で約20万円程度）

武将

年収50〜500貫
（現代で約750万〜7,500万円）

関連項目
●足軽とはどのような存在だったのか？→No.036　●戦国大名と商人→No.109
●戦国時代のものの単位→No.066

No.068

戦国時代に栄えた大都市

時に戦国大名の資金源となり、時に独自の勢力として権勢を誇った大都市。その発展の理由は様々なものがあった。

●各地で栄える大都市

戦国時代は戦乱に明け暮れた時代だが、その分活気にあふれていたともいえる。日本各地に大都市が生まれ、そこには独自の文化が育まれていた。

戦国時代の大都市には京、堺《さかい》、奈良などの当時の都会、戦国大名の庇護下にあった城下町、港町である津《つ》、有名寺社の門前町《もんぜんまち》などがある。京は**応《おう》仁《にん》の乱**により一時は荒廃したものの、商業都市として新たな発展を果たしていた。人口や都市の規模も他の追随を許さないものとなっている。堺は元々単なる漁港にすぎなかったが、軍事的、商業的に重要な位置にあったため次第に力をつけた都市である。奈良は京や堺より繁栄はしていなかったが、伝統宗教の中心地として未だに根強い力を持っていた。

城下町は家臣やその家族を住まわせる目的の都市だが、商人や職人なども集められ地方の中核都市として発展した都市である。特に中部地方の戦国大名である**大内《おおうち》氏**の治めた山口や、北陸地方の**朝倉《あさくら》氏**の治めた一乗谷《いちじょうだに》などは小京都とも呼ばれ、地方文化の中心地となっている。その成り立ちから、城を中心に、家臣たちの屋敷があり、石垣や堀を隔てて町人の住む区画があった。町人の区画は交通の便を考え碁盤の目のように道が走っていたが、ところどころに袋小路などを設け、敵襲に備えている。

津は貿易で発展した港町で、独立した都市も多い。元々流通の中心地として発展していたが、前述の堺のように**南蛮《なんばん》貿易**によって驚異的な発展を遂げた。町衆と呼ばれる**商人**たちの勢力が強いのが特徴である。

門前町は寺社の支配のもと発展を遂げた都市で、元々は信徒を中心としたものだった。しかし、参拝客に提供する宿や生活必需品、土産物などを扱うなど商業都市として発展していく。戦国時代にはそうした商業としての門前町が各地に存在していた。

戦国時代の大都市とその特徴

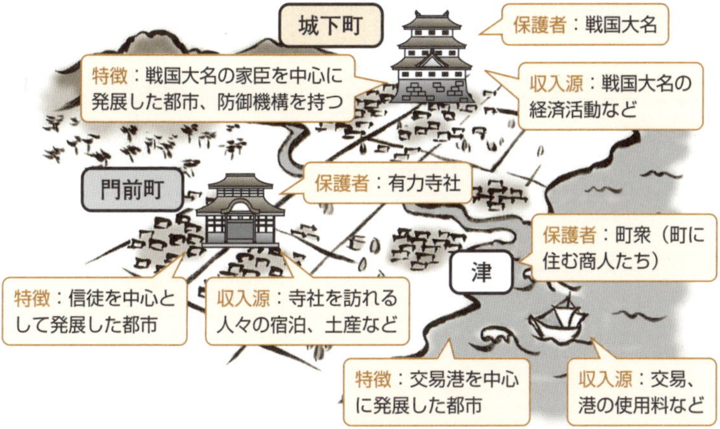
城下町
保護者：戦国大名
特徴：戦国大名の家臣を中心に発展した都市、防御機構を持つ
収入源：戦国大名の経済活動など
門前町
保護者：有力寺社
特徴：信徒を中心として発展した都市
収入源：寺社を訪れる人々の宿泊、土産など
津
保護者：町衆（町に住む商人たち）
特徴：交易港を中心に発展した都市
収入源：交易、港の使用料など

戦国時代の主な大都市

尾道
山口
大宰府
博多
平戸
府内
鹿児島
坊津
吉崎
一乗谷
敦賀
大坂
兵庫
堺
京
奈良
安土
十三湊
酒田
春日山
岐阜
桑名
宇治山田
大湊
善光寺
甲府
江戸
小田原
府中
清州
城下町
門前町
津

関連項目
●応仁の乱とその終結→No.073
●戦国時代初期の北陸地方→No.077
●戦国時代初期の中部地方→No.078
●戦国大名と商人→No.109
●戦国大名と職人→No.110
●戦国大名と南蛮人→No.111

No.069

戦国時代の情報伝達手段

現在のように便利な情報伝達手段のなかった戦国時代。戦国武将たちはどのようにして情報のやり取りをしていたのだろうか。

●工夫を凝らした情報伝達

電話やテレビ、インターネットなどのなかった戦国時代。戦国武将たちの情報の伝達手段はごく限られたものだった。

特定の相手に正確な情報を伝えたい場合、一般的に用いられたのが書状（手紙）を送ることである。領国内であれば**伝馬**《てんま》と呼ばれる馬による交通機関を用いたが、他国や遠隔地に送る場合は特別に使者を仕立てて運ばせた。現在のように設備されていない道を人手で運ぶので、当然その速度も遅い。時には人々の噂に遅れて書状が到着することもあったという。さらに使者の問題もある。通常、使者には大名の代理として届け先で交渉ができるぐらいに優秀な人材が選ばれた。しかし、それでは優秀な人材が長期間不在になる。また、旅先での危険も少なくない。そこで、専門の飛脚や旅慣れた行商人、裏道を知る山伏などを使者に仕立てる大名も多かった。

書状のやり取りよりも手軽な手段としては、信号用の特殊な煙をあげる狼煙《のろし》がある。自らの支配する領国の各地に狼煙台を設置し、リレー形式で情報を伝えるのだ。しかし、煙の色やあがり方での判別しかできないため、複雑な内容を伝えるには適しておらず、あくまで事前に想定された内容を素早く相手に伝えることを目的としていた。だが、情報伝達の早さが重要な緊急時には特に有用な手段として活用されていた。

さらに、太鼓や法螺貝《ほらがい》、鐘《かね》、拍子木《ひょうしぎ》などを用いた音響も情報の伝達手段として利用されている。これは合戦前の陣触《じんぶん》などの**非常召集**や合戦中に使われていたもので、指揮官のとっさの判断を戦場の兵士たちに伝えることができた。もっとも、狼煙同様に事前の取り決めや訓練が必要で、情報を伝えられる範囲も限られるという欠点がある。ちなみに、どのような楽器を使うかは大名家によって好みが分かれていたという。

戦国時代の情報伝達手段

戦国時代には現在のような便利な情報伝達手段はない。

戦国大名

では、どのように情報のやり取りをしていたかというと……

書状（伝馬、使者）

重要なやり取りに！

利点：正確な情報のやり取りが可能。

欠点：情報伝達に時間がかかる。使者に危険が伴う。

狼煙

非常時の連絡に！

利点：情報伝達が早い。遠隔地にも情報が伝えられる。

欠点：細かい情報が伝わらない。特殊な施設と事前の取り決め、訓練が必要。

太鼓、鐘、拍子木

召集や戦場などで

利点：情報伝達が早い。とっさの判断を伝えられる。

欠点：細かい情報が伝わらない。情報伝達の範囲が限られる。

関連項目
●領民も戦にかり出された？→No.014
●兵士はどうやって集めたのか？→No.035
●陣形、陣法とは？→No.040
●戦国時代の交通手段→No.070

No.070

戦国時代の交通手段

商業活動や軍事において、軽視できないのが交通網。戦国大名たちにとっても交通網の充実は重要な課題の一つだった。

●戦国大名のインフラ整備

戦国時代の交通手段は、大きく分けて陸上と水上の2種類がある。戦国時代初期、これらの交通手段は非常に乱れていた。室町幕府の混乱に乗じた**野盗**の類の横行や、交通路の荒廃がその原因である。しかし、戦国大名たちが台頭し、各地にある程度の秩序が生まれると次第に交通手段が整備されるようになった。これは大名自身の利益が優先されたためである。整備された交通手段は、商人たちを呼び込んで国を商業的に富ませるのと同時に、戦時にはスムーズな行軍や情報収集を可能としたのだ。

陸上交通において特に大名たちに重要視されたのが伝馬《てんま》だった。これは現在の電車やバスのような交通システムで、宿場に宿駅と呼ばれる駅を設け、馬でその間をつなぐというものである。多くの大名たちは伝馬のために街道を整備し、兵士や兵糧、様々な物資を流通させていた。

もっとも、伝馬はあくまで大名のためのもの。庶民の足はもっぱら徒歩である。荷物は馬借《ばしゃく》、車借《しゃしゃく》と呼ばれる人々によって輸送されていた。馬借は馬、車借は牛に車を引かせる民間業者である。

水上交通は関西から九州地方にかけて古くから発達してきた交通手段である。船を使っての水上交通は徒歩による移動よりも移動速度が速く、大量の荷物を輸送できた。戦国時代は**造船技術**の発達した時代でもあり、水上交通の範囲も格段に広くなっている。日本国内はいうに及ばず、東南アジアにまで貿易船が出ていた。

なお、陸上交通、水上交通ともに国境や重要な地点には関所が設けられていた。本来は防衛のためのものだったが、次第に通行税を取るためのものへと変化していっている。戦国大名の中にはこうした関所を嫌って撤廃するものや、**商人**を免税するものなどが少なくなかったという。

交通手段を整える意味

戦国大名

軍事的な意味

- 行軍に便利。
- 必要な物資の輸送に便利。

商業な意味

- 商人の呼び込みが可能。
- 物資の流通がスムーズになる。

そこで……

室町幕府の混乱によって乱れた交通網を整備。商人に嫌われた関所を撤廃、もしくは免税。

戦国時代の主な交通手段

陸上の交通手段

- 伝馬（宿場間を馬でつなぐ交通手段。大名用）
- 徒歩
- 馬借（牛による物資輸送）
- 車借（牛による物資輸送）

海上の交通手段

- 船舶（陸上の交通手段に比べ、格段に早い）

関連項目

●領民も戦にかり出された？→No.014
●水軍の船はどのようなものだったのか？→No.060
●戦国時代の情報伝達手段→No.069
●戦国大名と商人→No.109
●戦国大名と犯罪者→No.114

No.071

戦国時代の葬儀、埋葬

死と隣り合わせの戦国時代。そこに生きる人々にとって最期の儀式となる葬儀は、どのような形で行われていたのであろうか。

●戦国時代の埋葬方法

「信長公はご葬儀に銭の施しをなされ、国中の僧衆も集まり来たっておごそかに弔い申した。（中略）信長公がご焼香にお立ちになる」（『信長公記（上）』太田牛一原著、榊山潤訳、教育社新書）以上は織田《おだ》信長《のぶなが》の父、信秀《のぶひで》の葬儀の様子である。戦国武将たちの葬儀の多くは、仏教式のものだった。武将たちは棺に収められ、たくさんの僧侶によって供養された後に葬られたのである。合戦中に討ち死にした場合でも、身分の高い武将であれば首は敵から送り返されることが多い。もし、遺骸が見つからない場合は、代用品を棺に収めた。遺体はそのまま土葬することもあれば、火葬してお骨を骨壺に収めることもある。

彼らの埋葬される墓の墓石にはいくつかの種類があるが、一般的だったのは五輪塔《ごりんとう》と呼ばれるタイプのものだった。五つの部分によって構成され、上から空、風、火、水、地を表す。このほか現在の墓のように方形のものや、卵型のもの、宝篋印塔《ほうきょういんとう》、多宝塔《たほうとう》と呼ばれる塔のような形をしたものなどもあった。

もっとも、こうした立派な葬儀や埋葬がなされたのは身分の高い武将の話である。それほど身分の高くない武将となると、非常に簡素な葬儀と埋葬がなされただけだった。討ち死にであれば葬儀の費用は、武将の上司が全額支払う。敗軍の将兵ともなると悲惨なもので、まとめて首塚を建てて供養されればいいほうだった。多くは野晒しにされるか、祟りを恐れた周辺住民によって粗末な供養塔を建てられるのがせいぜいだったという。

庶民の葬儀となるとより簡素である。共同墓地に埋葬することもあったが、特定の水辺に沈めたり、特定の場所に野晒しにしたりして、供養用の仏像を寺に奉納するというのが一般的だった。

戦国時代の埋葬

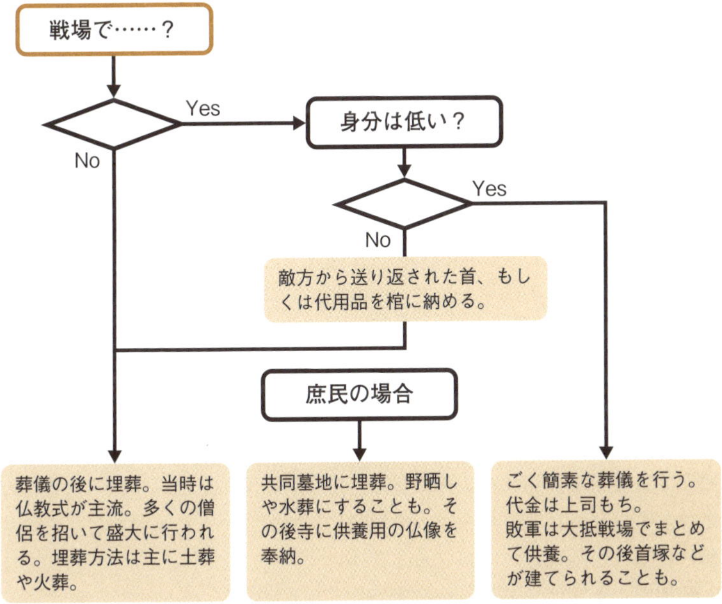
戦場で……？
Yes
No
身分は低い？
Yes
No
敵方から送り返された首、もしくは代用品を棺に納める。
庶民の場合
葬儀の後に埋葬。当時は仏教式が主流。多くの僧侶を招いて盛大に行われる。埋葬方法は主に土葬や火葬。
共同墓地に埋葬。野晒しや水葬にすることも。その後寺に供養用の仏像を奉納。
ごく簡素な葬儀を行う。代金は上司もち。
敗軍は大抵戦場でまとめて供養。その後首塚などが建てられることも。

戦国時代の主な墓石の形式

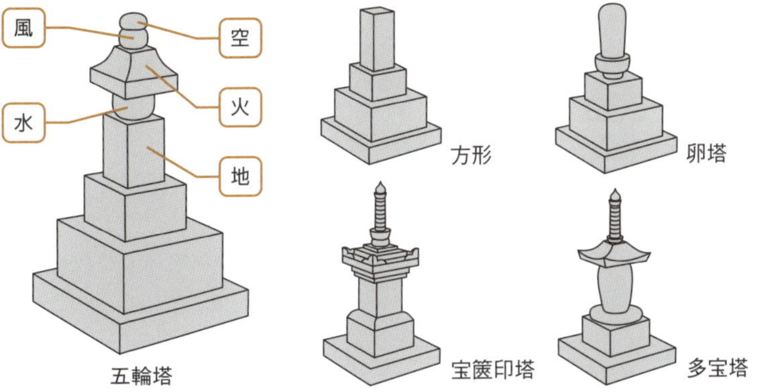
風
空
火
水
地
五輪塔
方形
卵塔
宝篋印塔
多宝塔

関連項目
●合戦終了後にはどんなことをしたのか？→No.061　●戦国時代初期の東海地方→No.079

No.072

戦国時代の大まかな流れ

あまたの群雄、英雄が割拠した戦国時代。その流れは次のようなものであった。

●群雄割拠から有力大名同士の大規模な合戦へ

戦国時代は、その状況から三つの時期に分けることができる。

戦国時代初期と呼べるのは、**応仁《おうにん》の乱**の起きた1467年から1560年頃までの約100年間。この時期はまさに群雄割拠の時代である。各地で大小様々な勢力が現れては消えるという、過酷な生存競争が繰り広げられていた。こうした状況の中、次第に周辺の勢力を吸収して、領国支配を確固たるものとする勢力が登場するようになる。これが戦国大名であり、戦国時代の主役ともいえる存在であった。戦国時代初期は、まさに戦国大名たちの基盤が作られた時期だったのである。

戦国時代中期は、そうした戦国大名たちの跡継ぎが勇躍する時期であった。1560年頃から**豊臣秀吉《とよとみひでよし》**が天下統一を果たした1590年頃までの約30年間がこれにあたる。この年代は、戦国時代の中でも特に大規模な合戦が頻発し、各地の勢力図が大きく動いた時代であった。特に尾張国《おわりのくに》を中心にその勢力を伸ばしていた**織田信長《おだのぶなが》**、そしてその後を継いだ豊臣秀吉はこの時期の主役といえる。戦国時代初期、そして戦国時代中期の戦国大名たちの多くは、領国の支配体制の確立と、その規模の拡大を目的として活動していた。しかし、信長、そして秀吉はその枠を超え、天下統一という目的のために活動していたからである。

1590年から1615年にかけての戦国時代後期は、後の平和な時代へとつながっていく最後の後始末の時期といえる。この時期、豊臣秀吉の太閤検《たいこうけん》地《ち》や刀狩りによって、全国的な支配システムは完成しつつあった。しかし、未だに各地には力を残した勢力がくすぶっているという状況だったのである。豊臣氏と徳川《とくがわ》氏の天下を分けた決戦を通し、こうした勢力は彼らの支配化に収まっていくこととなる。

戦国時代の大まかな流れ

戦国時代初期（1467～1560年ごろ）

応仁の乱の影響により、従来の権力構造が瓦解

▼

下剋上による権力構造の再編

▼

群雄割拠の時代へ

活躍した主な武将

長尾為景
北条早雲
朝倉孝景
斉藤道三
三好長慶
尼子経久
大内義興

▼

戦国時代中期（1560～1590年ごろ）

次世代の大名たちの台頭

▼

国内の安定により合戦が大規模化

▼

天下統一を目指す大名が登場

活躍した主な武将

北条氏康
上杉謙信
武田信玄
今川義元
織田信長
徳川家康
毛利元就
長宗我部元親

▼

戦国時代後期（1590～1615年ごろ）

織田信長や豊臣秀吉による天下統一事業

▼

統一政権による支配システムの確立

▼

豊臣氏、徳川氏による最終決戦へ

活躍した主な武将

豊臣秀吉
柴田勝家
島津義久
伊達政宗
毛利輝元
石田三成
豊臣秀頼
真田幸村

関連項目

●戦国時代はいつ始まったのか？→No.003
●応仁の乱とその終結→No.073
●織田信長の台頭→No.086
●秀吉の死→No.095
●関ヶ原の戦い→No.096

No.073

応仁《おうにん》の乱とその終結

戦国時代の幕開けとなる応仁の乱。果たしてこの合戦はどのような理由で始められ、歴史的にどのような意味を持っていたのだろうか。

●戦国時代の幕開けを告げる鐘

1467年、戦国時代の幕開けとなる合戦の火ぶたが切って落とされた。世にいう「応仁《おうにん》の乱」である。10年にわたって続いた戦乱は京の町を焼き払い、各地に戦乱の火種をもたらした。

戦乱のそもそもの原因は、当時の**将軍**である足利義政《あしかがよしまさ》の優柔不断さと政治への無関心にあったといえる。義政は自らが引退して趣味の世界に没頭するため、出家していた弟の義視《よしみ》を呼び戻し、嫌がる義視を無理に説得して後継ぎに据えた。しかし、実子義尚《よしなお》が生まれると、今度はこちらに将軍職を継がせようと考えたのである。有力**守護大名《しゅごだいみょう》**の細川勝元《ほそかわかつもと》と山名宗全《やまなそうぜん》は、こうした義政のぶれに付け込むと、それぞれ義視、義尚を擁立して牽制し合うようになった。さらに、この争いに当時の**管領《かんれい》**であった畠山《はたけやま》氏や、有力守護大名の斯波《しば》氏の家督争いが加わり、ついには全国を巻き込んで、細川率いる東軍、山名率いる西軍に分かれて合戦に至ったのである。

もっとも、この応仁の乱という合戦は非常にあいまいで、つかみどころのない合戦であった。まず、それぞれが担ぎあげたはずの将軍候補や管領が、翌年には入れ替わってしまったのだ。さらに1473年には両軍を率いていた細川勝元、山名宗全が相次いで死亡し、1477年にはうやむやのうちに応仁の乱は終結を迎えた。将軍義政が味方したことから、額面上の勝利者は東軍、将軍の後継ぎは義尚に決まった。しかし、西軍武将にも特にお咎めはなく、合戦に参加した多くの大名たちはその勢力と対立意識を保ったまま各地へ戻っていった。

一方、将軍家はその後も義政と義尚、そして義政の妻日野富子《ひのとみこ》の三者による対立によって、権威を失墜させていった。こうした幕府の権威の失墜と大名間の対立は、本格的な戦国時代の幕開けを引き起こす原因となった。

応仁の乱の経緯

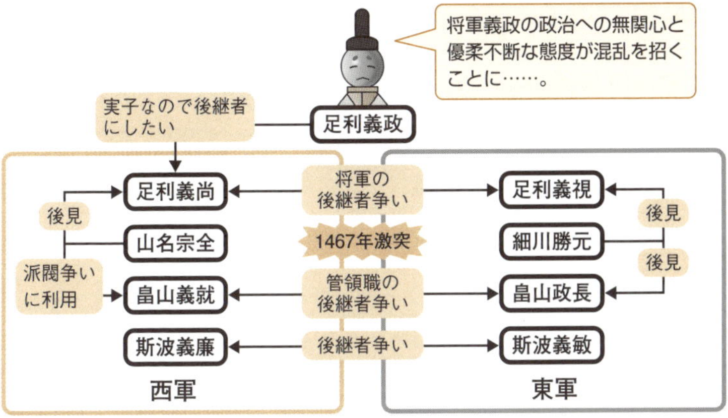
将軍義政の政治への無関心と優柔不断な態度が混乱を招くことに……。
足利義政
実子なので後継者にしたい
足利義尚
後見
山名宗全
派閥争いに利用
畠山義就
斯波義廉
西軍
将軍の後継者争い
1467年激突
管領職の後継者争い
後継者争い
足利義視
細川勝元
後見
後見
畠山政長
斯波義敏
東軍

応仁の乱とその流れ

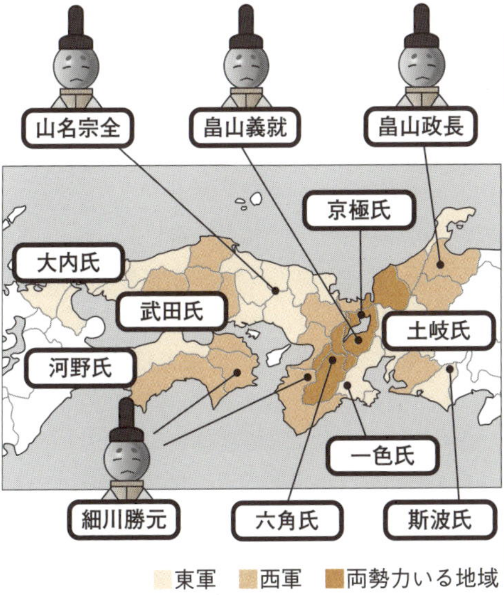
山名宗全
畠山義就
畠山政長
京極氏
大内氏
武田氏
土岐氏
河野氏
一色氏
細川勝元
六角氏
斯波氏
東軍
西軍
両勢力いる地域

1467年
上御霊社での畠山氏の激突をきっかけに開戦。

1468年
足利義政、義尚親子が東軍、義視が西軍に。

1473年
細川勝元、山名宗全が相次いで死去。

1477年
厭戦により応仁の乱が終結。義尚が将軍に。

関連項目
●戦国武将と室町幕府の官職→No.016
●戦国大名と将軍家→No.104
●戦国時代初期の将軍を巡る状況→No.074

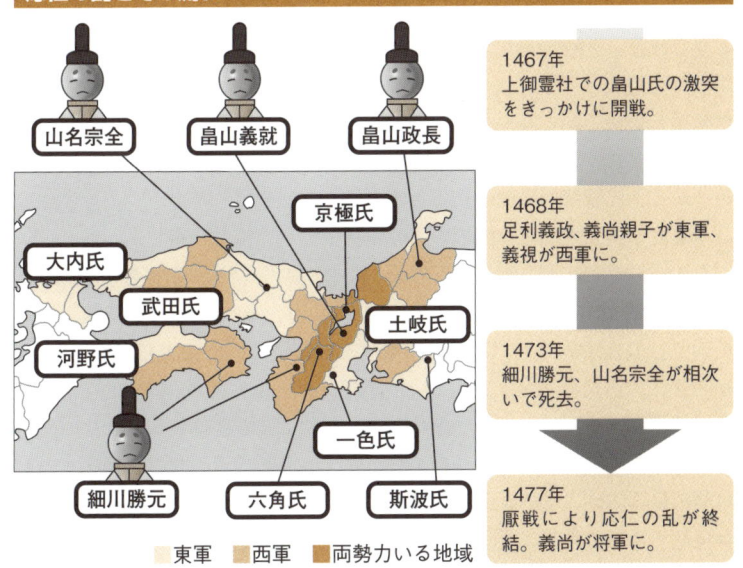

No.074

戦国時代初期の将軍を巡る状況

応仁の乱終結以降、平和が訪れるかに見えた京。しかし、幕府の権力を掌握しようとする人々の争いは、未だに続いていた。

●権力を巡る有力大名たちの争い

応仁《おうにん》の乱は一応の決着を見たものの、室町幕府の屋台骨を揺るがせるには十分な事件だった。以降、**将軍**とその周辺は泥沼の権力闘争に巻き込まれていくことになる。まず動いたのは将軍足利義尚《あしかがよしひさ》（義煕《よしひろ》）であった。1487年、義尚は南近江国《おうみのくに》の**守護大名**《しゅごだいみょう》六角《ろっかく》氏を討伐すべく出陣した。当時、六角氏は荘園や寺社領から税収の横領を行っており、幕府に対する不満の声が上がっていたのだ。しかし、戦いは長引き、義尚は陣中で死亡してしまう。急遽、跡継ぎとして指名されたのは、応仁の乱で義尚と将軍の座を争った足利義視《よしみ》の子、足利義材《よしき》であった。義材は義尚の路線を引き継ぎ、六角氏と対決。1493年には河内国《かわちのくに》の大名畠山《はたけやま》氏の内紛にまで首を突っ込んだ。しかし、将軍自らの出陣は隙につながる。義材は、彼を快く思っていなかった元**管領**《かんれい》細川政元《ほそかわまさもと》によって追放されてしまったのだ。新たに将軍足利義澄《よしずみ》が擁立されたものの、この政権は完全な傀儡《かいらい》政権であった。

しかし、この政権も長続きしなかった。1507年、政元の後継者候補3人を巡る問題がこじれ、政元が暗殺されたのだ。最終的にこの後継者争いを制したのは中国地方の大名**大内義興**《おおうちよしおき》を味方につけた細川高国《たかくに》であった。1509年、高国は義興が保護していた義材（改名して義尹《よしただ》、義稙《よしたね》）を再度将軍の地位に据え幕政を握る。もっとも、これは後継者争いに敗れた四国地方阿波国《あわのくに》出身の細川澄元《すみもと》とその子細川晴元《はるもと》、そしてその家臣**三好**《みよし》**氏**との長い闘いの幕開けにすぎなかった。1527年、この戦いは晴元の勝利によって幕を閉じる。この時、将軍は義澄の息子足利義晴《よしはる》となっていたが、義晴は高国とともに近江国に落ち延びた。将軍職は1546年、義晴の息子足利義《よし》輝《てる》に譲られ、1548年、義輝は晴元と和睦し京に戻るのだが、翌年には晴元が三好氏の裏切りにより失脚。義輝は再び近江に落ち延びることとなる。

戦国時代初期の将軍を巡る状況

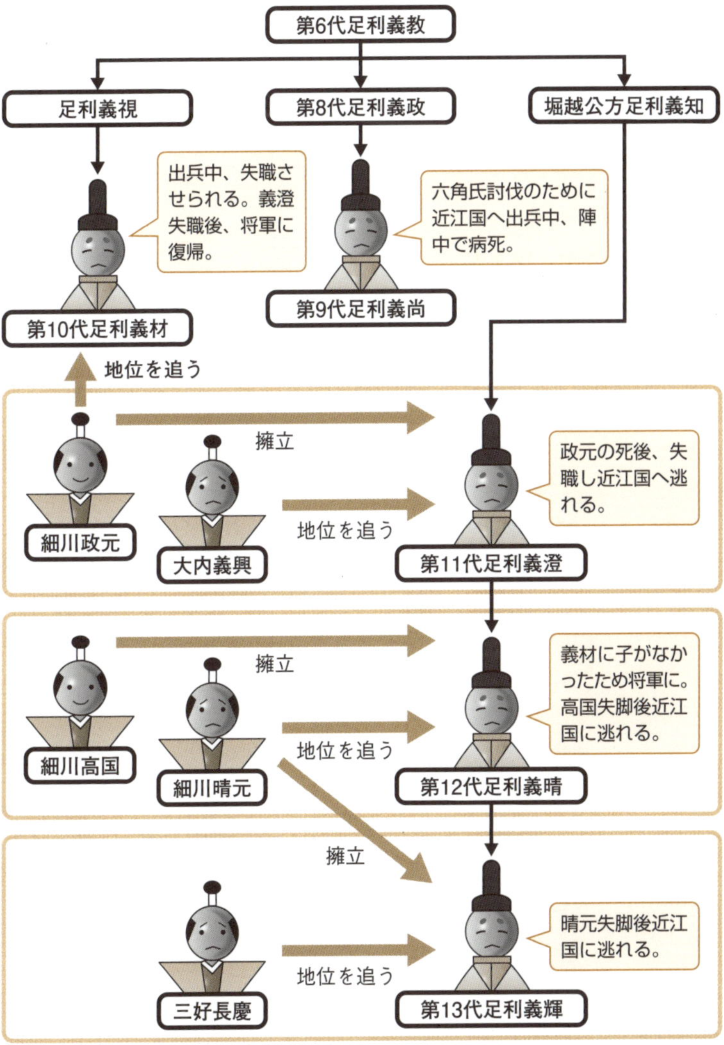
第6代足利義教
足利義視
第8代足利義政
堀越公方足利義知
出兵中、失職させられる。義澄失職後、将軍に復帰。
六角氏討伐のために近江国へ出兵中、陣中で病死。
第10代足利義材
第9代足利義尚
地位を追う
擁立
政元の死後、失職し近江国へ逃れる。
地位を追う
細川政元
大内義興
第11代足利義澄
擁立
義材に子がなかったため将軍に。高国失脚後近江国に逃れる。
地位を追う
細川高国
細川晴元
第12代足利義晴
擁立
晴元失脚後近江国に逃れる。
地位を追う
三好長慶
第13代足利義輝

関連項目

●応仁の乱とその終結→No.073
●戦国時代初期の中部地方→No.078
●戦国時代初期の四国地方→No.082
●戦国大名と将軍家→No.104

No.075

戦国時代初期の東北地方

応仁の乱の影響をほとんど受けなかった東北地方。しかし、衰えた室町幕府の影響を背景に、多くの勢力が力をつけ始めていた。

●東北初の守護、伊達氏

応仁《おうにん》の乱の直接的影響は、戦国時代初期の東北にはほとんどなかった。あまりにも戦場から遠すぎたためである。しかし、確実に弱まった室町幕府の影響の隙をつく形で勢力を伸ばした一族がいた。陸奥国《むつのくに》の伊達《だて》氏である。本来、陸奥国と出羽国《でわのくに》には幕府の支配のための機関として奥州探題《おうしゅうたんだい》が設置されていたため、**守護《しゅご》**というものが存在しなかった。しかし、幕府への莫大な献金により､1522年に伊達氏当主伊達稙宗《たねむね》（**伊達政宗《まさむね》**の曽祖父）が陸奥国初の守護の地位を手に入れた。これにより奥州探題は有名無実のものとなり、後には権威を求めた戦国武将たちの手で、奥州探題と羽州探題の二つに分割されることとなる。

ようやく念願の守護の地位を手に入れた伊達氏であったが、幕府との関係は急速に悪化していった。そこで伊達氏は幕府の支配を離れ、戦国大名として戦国の世の中に飛び出した。伊達氏の基本戦略は、**政略結婚**による周辺豪族の取り込みであった。この戦略は見事に成功し、伊達氏を東北一の勢力にまで押し上げた。しかし、それは周辺の勢力全てが親戚という状況を作り出してしまった。伊達氏は次第に彼らの思惑を反映した親子間の争いに悩まされるようになり、最終的には東北全体を巻き込む大規模な戦乱が引き起こされることとなった。

いち早く勢力を拡大した伊達氏であったが、東北地方に他の勢力が存在しなかったわけではない。陸奥国の南部《なんぶ》氏、芦名《あしな》氏、相馬《そうま》氏、大崎《おおさき》氏、葛《か》西《さい》氏などは、戦国時代終盤まで伊達氏と東北の覇権を争っていた。また、出羽国では安東《あんどう》氏、最上《もがみ》氏、戸沢《とざわ》氏、小野寺《おのでら》氏などが戦国時代末期までその勢力を保ち続けている。さらに蝦夷地《えぞち》（現在の北海道）は蠣崎《かきざき》氏が支配しており、その圧政を嫌うアイヌ民族との闘争を繰り広げていた。

東北地方初の守護伊達氏

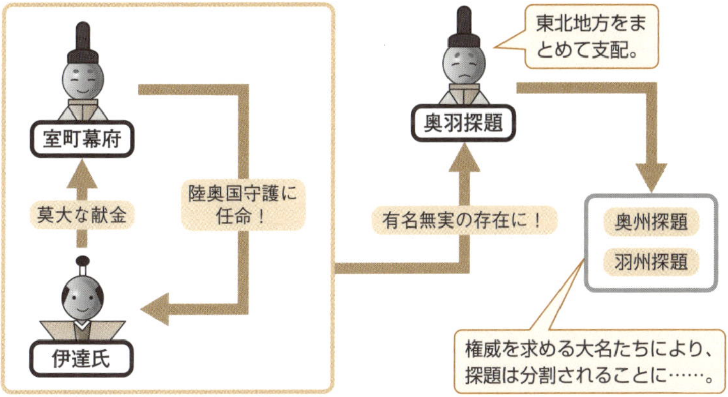
室町幕府
莫大な献金
伊達氏
陸奥国守護に
任命！
有名無実の存在に！
奥羽探題
東北地方をま
とめて支配。
奥州探題
羽州探題
権威を求める大名たちにより、
探題は分割されることに……。

戦国時代初期の東北地方の勢力

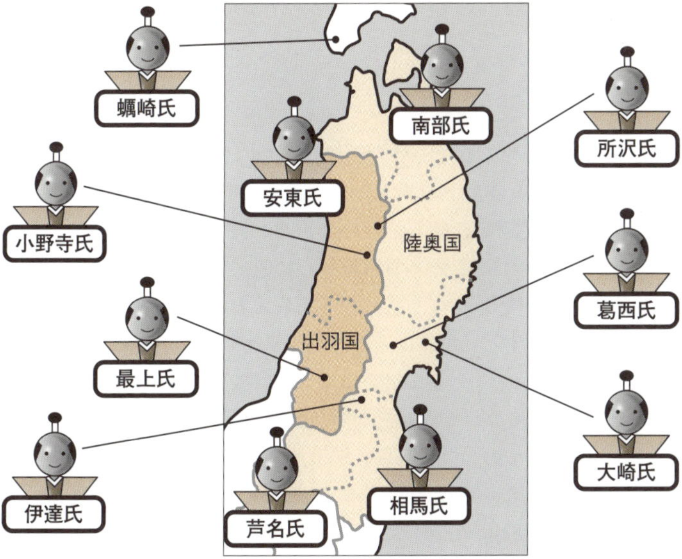
蠣崎氏
南部氏
所沢氏
安東氏
小野寺氏
陸奥国
葛西氏
最上氏
出羽国
大崎氏
伊達氏
相馬氏
芦名氏

関連項目
●戦国武将と室町幕府の官職→No.016
●応仁の乱とその終結→No.073
●戦国武将の結婚とは？→No.032
●伊達政宗登場→No.094

No.076

戦国時代初期の関東地方

都から遠く離れた関東の地。そこは応仁の乱以前からの戦乱の地であった。

●混迷する関東の支配

関東地方は、**応仁《おうにん》の乱**の10年以上前から内乱状態にあった。関東の支配者である**鎌倉府《かまくらふ》**と室町幕府のいがみ合いや、鎌倉府内部の権力闘争によって合戦が頻発していたのである。

戦国時代初期には、鎌倉府のトップ鎌倉公方《かまくらくぼう》は相模国《さがみのくに》の古河公方《こがくぼう》と伊豆《いずの》国《くに》の堀越公方《ほりこしくぼう》に分裂、その補佐官である**関東管領《かんとうかんれい》**上杉《うえすぎ》氏も山内上杉《やまのうちうえすぎ》氏と扇谷上杉《おうぎがやつうえすぎ》氏をはじめとする4家に分裂し、この6勢力が互いに牽制し合っているという状態だった。

●北条早雲の台頭

混乱する関東地方でいち早く勢力を伸ばしたのが、北条早雲《ほうじょうそううん》（当時は伊勢盛時《いせもりとき》）である。早雲は元々東海地方の戦国大名**今川《いまがわ》氏**に仕えていたが、甥の今川氏親《うじちか》の家督相続に協力した功績から、城を与えられ独立勢力となっていた。1493年、堀越公方《ほりこしくぼう》の相続争いに乗じて伊豆国《いずのくに》を攻め落とした早雲は、関東への足掛かりと己の国を手に入れた。1495年、相模国《さがみのくに》の小田原城を攻め落とすと、早雲は破竹の勢いで進軍し、息子北条氏綱《うじつな》が家督を継いだ1519年には、北条氏は完全に相模国を掌握。以降、戦国大名として武蔵国の覇権をかけて上杉氏と争うようになった。

早雲が関東へ進出するのと同時期、関東地方の守護《しゅご》や守護代《しゅごだい》、国人《こくじん》と呼ばれる小領主たちもその勢力を伸ばしていた。上総国《かずさのくに》の武田氏（後に真里《まり》谷《やつ》氏）、下総国《しもうさのくに》の結城《ゆうき》氏、安房国《あわのくに》の里見《さとみ》氏は周囲の勢力を併合し、早々に戦国大名としての名乗りを上げている。もっとも、この流れに立ち遅れた勢力もいた。下野国《しもつけのくに》の宇都宮《うつのみや》氏、常陸国《ひたちのくに》の佐竹《さたけ》氏は内乱の収拾に手間取り、16世紀半ばまで戦国大名化することはなかったのである。

混迷する関東の支配

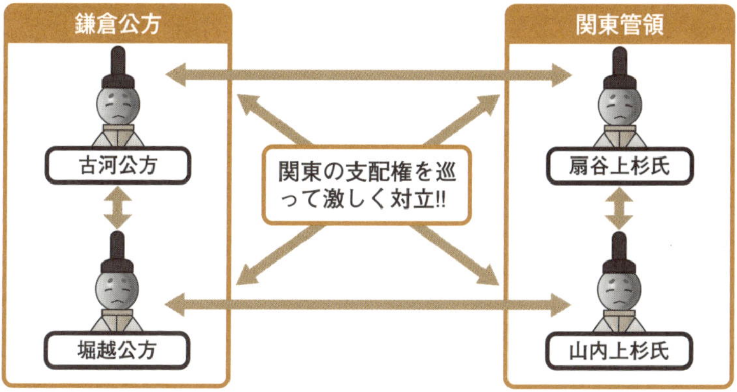
鎌倉公方
古河公方
堀越公方
関東管領
扇谷上杉氏
山内上杉氏
関東の支配権を巡って激しく対立!!

関東地方の政治的中枢、鎌倉府が混乱することで関東各地に戦国大名が登場することに……。

北条早雲の登場

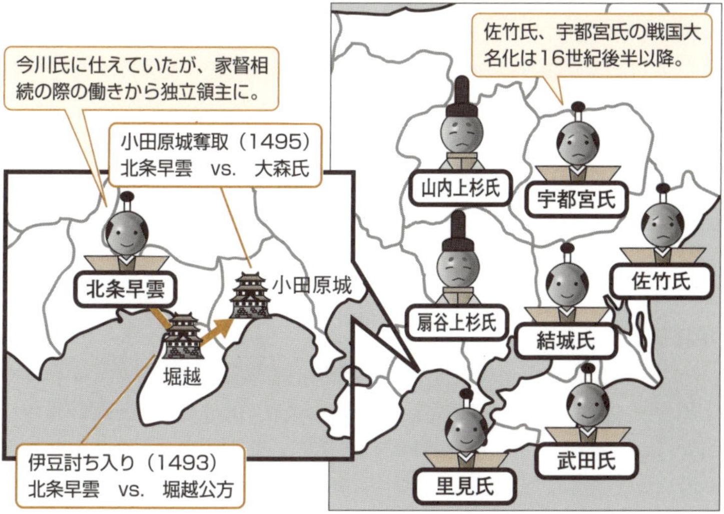
今川氏に仕えていたが、家督相続の際の働きから独立領主に。
小田原城奪取（1495）
北条早雲　vs.　大森氏
北条早雲
小田原城
堀越
伊豆討ち入り（1493）
北条早雲　vs.　堀越公方
佐竹氏、宇都宮氏の戦国大名化は16世紀後半以降。
山内上杉氏
宇都宮氏
佐竹氏
扇谷上杉氏
結城氏
武田氏
里見氏

関連項目
●戦国武将と室町幕府の官職→No.016
●戦国時代初期の東海地方→No.079
●応仁の乱とその終結→No.073
●北条氏と関東の覇権→No.085

No.077

戦国時代初期の北陸地方

応仁の乱を境に、急速に衰えていく守護たちの支配力。北陸地方では、そんな守護たちにとって代わろうとする勢力が登場し始める。

●反抗する守護代たち

関東地方が鎌倉公方《かまくらくぼう》と関東管領《かんとうかんれい》の争いにより混乱していたころ、北陸地方では**守護代《しゅごだい》**が**守護大名《しゅごだいみょう》**にとって代わる戦いが繰り広げられていた。

能登国《のとのくに》を治めていた畠山義就《はたけやまよしなり》は、守護代の遊佐《ゆさ》氏の反抗を受け、一時追放の憂き目にあっている。その後、勢力を取り戻すものの、他の戦国大名に遅れを取る形となった。若狭国《わかさのくに》を支配していた武田《たけだ》氏は、将軍家の依頼により京都へ出兵しているうちに国力が疲弊。16世紀半ばには、他国の圧力もあり有名無実の存在へと成り果てた。さらに越前国《えちぜんのくに》では、守護代の朝倉孝景《あさくらたかかげ》が下剋上の走りともいうべき反乱を起こしている。**応仁《おうにん》の乱**の最中の1475年、孝景は守護で西軍武将だった斯波《しば》氏を見限ると東軍へ鞍替え。早々に幕府と交渉し、正式に越前国の守護となってしまったのだ。時代は下るが越後国《えちごのくに》でも、守護代の長尾為景《ながおためかげ》（上杉謙信《うえすぎけんしん》の父）による下剋上が行われている。1507年、為景は越後国守護の上杉房能《うえすぎふさよし》を滅ぼし、傀《かい》儡《らい》政権を打ち立てた。しかし、その後は頻発する内乱の鎮圧に終始し、越後国を完全に掌握できたのは息子の代になってからのことであった。

●立ち上がる民衆

一方、畠山義就《はたけやまよしなり》が守護を務める越中国《えっちゅうのくに》、そして富樫政親《とがしまさちか》が守護を務める加賀国《かがのくに》では徳政《とくせい》（借金の帳消し）を求める民衆による**一向一揆《いっこういっき》**が行われている。特に加賀国の一向一揆は、1488年に政親が攻め殺されるという事態にまで発展した。以降、加賀国は織田信長《おだのぶなが》の軍勢によって攻め滅ぼされるまで、90年近くもの間「一揆持ちの国」と呼ばれるようになる。こうした一向一揆は北陸地方から東北地方、やがて全国で頻発し、各地の大名たちを苦しめることとなった。

戦国時代初期の北陸地方の状況

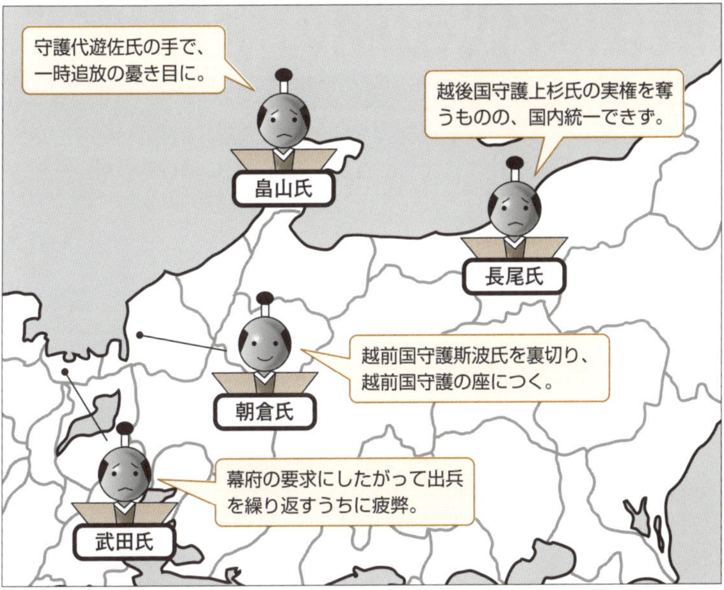
守護代遊佐氏の手で、
一時追放の憂き目に。
畠山氏
越後国守護上杉氏の実権を奪うものの、国内統一できず。
長尾氏
朝倉氏
越前国守護斯波氏を裏切り、
越前国守護の座につく。
武田氏
幕府の要求にしたがって出兵
を繰り返すうちに疲弊。

一向一揆と「一揆持ちの国」

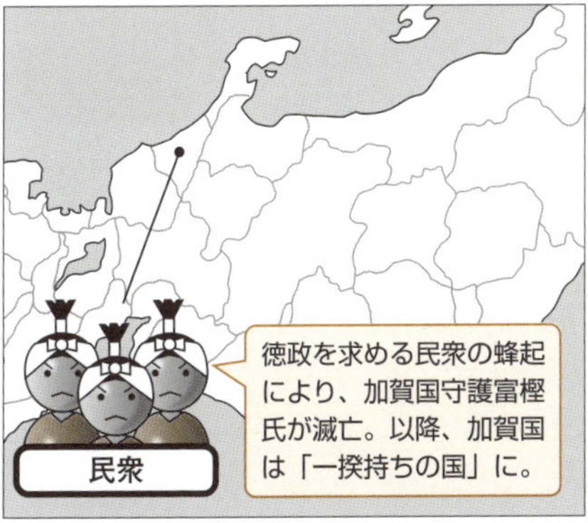
民衆
徳政を求める民衆の蜂起
により、加賀国守護富樫
氏が滅亡。以降、加賀国
は「一揆持ちの国」に。

加賀国、越中国などの北陸地方で一向一揆が頻発。

▼

東北地方の一向宗が蜂起、一向一揆は東北へと伝播。

▼

一向一揆が全国へ拡大。各地の大名が対処に苦慮することに！

関連項目
●戦国大名と家臣との関係は？ →No.006
●戦国武将と室町幕府の官職→No.016
●戦国時代初期の関東地方→No.076
●戦国大名と一向宗→No.106

No.078

戦国時代初期の中部地方

群雄割拠の状態であった戦国時代初期の中部地方。武田氏や斎藤氏といった戦国時代を代表する大名たちがその勢力を伸ばしていた。

●群雄割拠する中部地方

戦国時代初期の中部地方は、まさに群雄割拠の状態であった。各国には**守護大名**《しゅごだいみょう》の勢力すら凌ぐ国人《こくじん》と呼ばれる小領主たちが存在したのだ。

甲斐国《かいのくに》の守護大名武田《たけだ》氏も、こうした国人たちに長らく悩ませられ続けてきた。その状況を打破したのが武田信虎《たけだのぶとら》（武田信玄《たけだしんげん》の父親）である。彼は1507年に家督を継ぐと国内を統一し、戦国大名化を果たした。しかし、その強引な手法から家臣団の不興を買い、1541年、息子信玄（当時は晴《はる》信《のぶ》）を担いだ家臣団によって追放の憂き目にあった。その後、信玄は家臣団をまとめ、信濃国《しなののくに》や美濃国《みののくに》などへの侵攻を繰り返していった。

武田氏の侵攻の対象となった国の一つ信濃国は、守護である小笠原《おがさわら》氏を含む四つの勢力を中心として、いくつかに分裂した状態だった。特に諏訪《すわ》神社の神職から戦国大名化した諏訪氏、北信濃を治めた村上《むらかみ》氏、木曾谷《きそだに》を治める木曾《きそ》氏の勢力は強く、信濃の四大将と呼ばれた。

武田氏の侵攻の対象となったもう一方の国、美濃国では斉藤《さいとう》氏による下剋上が繰り広げられていた。美濃国の守護大名土岐《とき》氏に親子二代にわたって仕えた**斉藤道三**《さいとうどうさん》が、1542年、主君である土岐頼芸《よりあき》を追放、美濃国の実権を手中に収めたのである。もっとも、その支配はあまり長く続かず、1556年には息子斉藤義竜《よしたつ》（実は土岐氏の血筋ともいわれる）によって討ち取られ、その義竜も5年後には病死してしまうのである。

下剋上が行われたのは美濃国だけではない。お隣の飛騨国《ひだのくに》でも下剋上が行われている。室町時代、飛騨国は守護大名である京極《きょうごく》氏の治める国であった。しかし、戦国時代に入ると京極氏の親戚筋にあたる三木《みき》氏によって乗っ取られてしまう。三木氏の勢いはこれにとどまらず、長らく途絶えていた名家古河姉小路《こがあねこうじ》氏の名を手に入れ戦国大名化を果たすのである。

武田氏の甲斐国支配

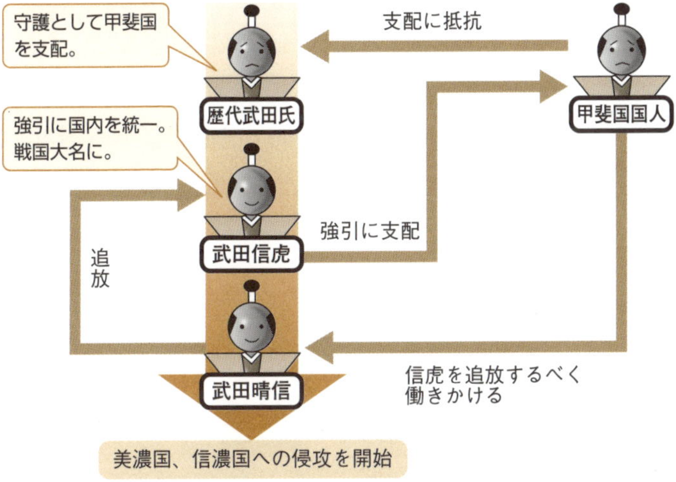
守護として甲斐国を支配。
歴代武田氏
強引に国内を統一。戦国大名に。
武田信虎
追放
武田晴信
支配に抵抗
甲斐国国人
強引に支配
信虎を追放するべく働きかける
美濃国、信濃国への侵攻を開始

戦国時代初期の中部地方の状況

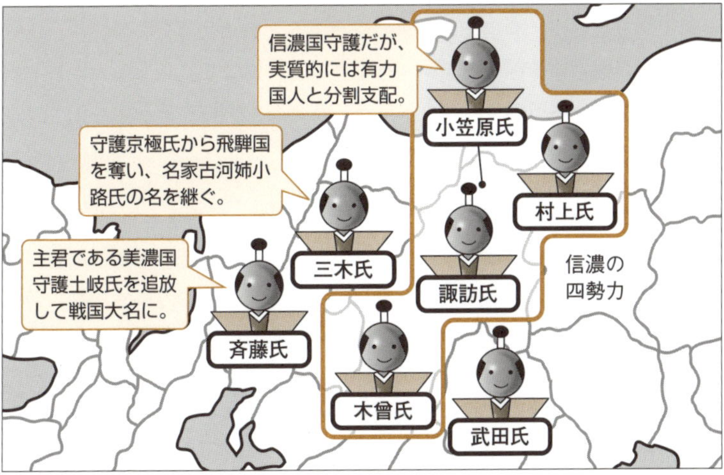
信濃国守護だが、実質的には有力国人と分割支配。
小笠原氏
村上氏
守護京極氏から飛騨国を奪い、名家古河姉小路氏の名を継ぐ。
三木氏
諏訪氏
信濃の四勢力
主君である美濃国守護土岐氏を追放して戦国大名に。
斉藤氏
木曽氏
武田氏

関連項目
●戦国武将と室町幕府の官職→No.016
●上杉謙信と武田信玄の戦い→No.084
●織田信長の台頭→No.086

No.079

戦国時代初期の東海地方

今川氏が勢力を広げ始めた東海地方。しかし、尾張では新しい勢力がその力を蓄えていた。

●今川氏による東海支配

戦国時代初期、東海地方で権勢を誇っていたのが駿河国《するがのくに》の**守護《しゅご》**を務める今川《いまがわ》氏と、遠江国《とおとうみのくに》、尾張国《おわりのくに》の守護を務める斯波《しば》氏である。両者は遠江国を巡って因縁があり、小競り合いが続いていた。

ところが1476年、今川氏は当主今川義忠《よしただ》の急死により家督争いが勃発。遠江国どころか駿河国すら維持できない状況に陥った。そんな今川氏を救ったのが、義忠の妻の兄**北条早雲《ほうじょうそううん》**（伊勢盛時《いせもりとき》）である。早雲は甥の竜王丸（今川氏親《うじちか》）を当主に据え、今川氏をまとめ上げることに成功した。その功績から城を与えられた早雲は伊豆国《いずのくに》を攻略、ついで関東へと進出し戦国大名となった。今川氏も早雲の協力のもと順調に勢力を伸ばし、1501年には因縁深い遠江国を占領。一時家督争いに悩まされるものの、息子今川義元《よしもと》の代には三河国《みかわのくに》を支配下に置き、東海一の戦国大名に成長する。

●織田信秀と尾張国

一方、駿河国《するがのくに》の隣国である尾張国《おわりのくに》の内情も大いに乱れていた。表面上、守護《しゅご》を務める斯波《しば》氏の権力を背景に守護代《しゅごだい》の織田《おだ》氏が権勢を誇る尾張国であったが、実際には岩倉《いわくら》織田氏と清州《きよす》織田氏の二つの勢力に分かれ、同族同士が権力闘争に明け暮れているという状態だったのである。さらに、**応《おう》仁《にん》の乱**以降は守護である斯波氏の支配力が弱まったこともあり、尾張国の情勢は予断を許さない状況となっていった。こうした中で頭角を現したのが清州織田氏の奉行、織田信秀《のぶひで》（**織田信長《のぶなが》**の父親）である。信秀は貿易港として栄えていた津島を掌握。その経済力を背景に尾張国の支配権争いに名乗りを上げ、三河国《みかわのくに》、美濃国《みののくに》へと侵攻を開始した。もっとも、急速な勢力拡大のツケは大きく、息子信長の代に大きな禍根を残すこととなった。

今川氏による東海支配

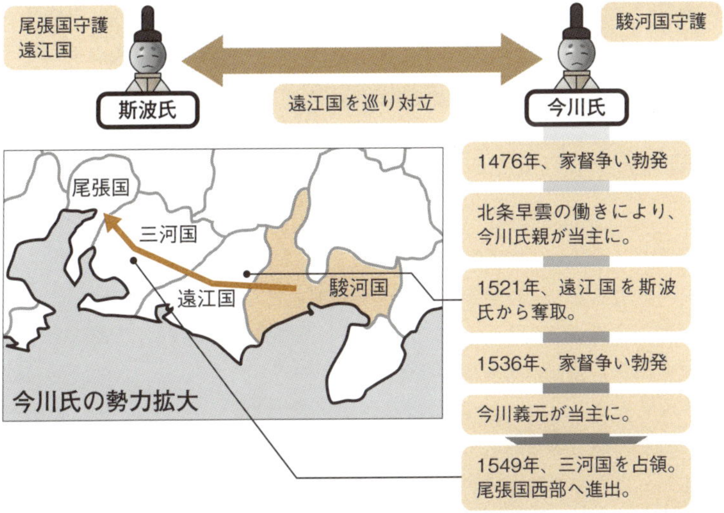
尾張国守護
遠江国
斯波氏
遠江国を巡り対立
駿河国守護
今川氏
尾張国
三河国
遠江国
駿河国
今川氏の勢力拡大
1476年、家督争い勃発
北条早雲の働きにより、今川氏親が当主に。
1521年、遠江国を斯波氏から奪取。
1536年、家督争い勃発
今川義元が当主に。
1549年、三河国を占領。尾張国西部へ進出。

織田信秀と尾張国

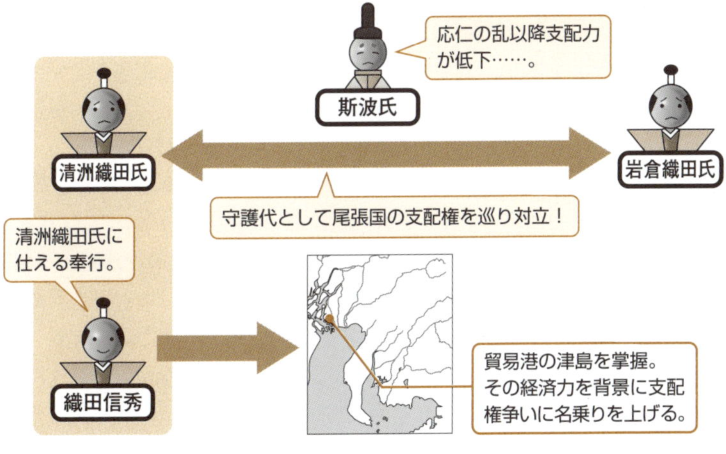
斯波氏
応仁の乱以降支配力が低下……。
清洲織田氏
岩倉織田氏
守護代として尾張国の支配権を巡り対立！
清洲織田氏に仕える奉行。
織田信秀
貿易港の津島を掌握。その経済力を背景に支配権争いに名乗りを上げる。

関連項目

●戦国武将と室町幕府の官職→No.016
●応仁の乱とその終結→No.073
●戦国時代初期の関東地方→No.076
●織田信長の台頭→No.086

No.080

戦国時代初期の近畿地方

京都を中心とした伝統の地である近畿。古き名家が瓦解していく中、その権力を握ったのは奸雄、三好長慶であった。

●力を失っていく守護大名

戦国時代初期の近畿地方の様子を一言で表すなら、没落していく有力**守《しゅ》護大名《ごだいみょう》**とするべきだろう。この地域は一部の地域を除いて三管領《さんかんれい》と呼ばれた細川《ほそかわ》氏、畠山《はたけやま》氏、斯波《しば》氏や、四職《ししき》と呼ばれた赤松《あかまつ》氏、京極《きょうごく》氏、一色《いっしき》氏、山名《やまな》氏といった有力守護大名たちが治めていた。しかし、**応仁《おうにん》の乱**や身内間での権力闘争の結果、その支配力は極端に低下してしまった。彼らに代わって力をつけたのが、国人《こくじん》と呼ばれる小領主や、**一向宗《いっこうしゅう》**、**法華宗《ほっけしゅう》**などの宗教勢力である。こうした勢力による一揆《いっき》が頻発する中、辛うじて領国を維持できたのは伊勢国《いせのくに》の北畠《きたばたけ》氏、丹後国《たんごのくに》の一色氏、播磨国《はりまのくに》の赤松氏などごく少数。山城国《やましろのくに》は目まぐるしく支配者が変わり、河内国《かわちのくに》の畠山氏は、実権を守護代《しゅごだい》の遊佐《ゆさ》氏に握られていた。また、丹波国《たんばのくに》では内藤《ないとう》氏や波多野《はたの》氏、近江国《おうみのくに》では浅井《あざい》氏、六角《ろっかく》氏などの戦国大名が登場して領国を支配。紀《き》伊国《いのくに》では僧兵集団の根来衆《ねごろしゅう》や傭兵集団の雑賀衆《さいがしゅう》が一向宗とともに、伊賀国《いがのくに》では国人たちが中心となって領国経営を行うという状況だった。

こうした中、近畿地方の新たな支配者として頭角を現したのが、**阿波《あわ》細川《ほそかわ》氏**の細川晴元《はるもと》とその家臣、三好元長《みよしもとなが》である。彼らは1526年に挙兵し、当時山城国を支配していた細川高国《たかくに》を追放することに成功。その後、和泉《いずみの》国《くに》や摂津国《せっつのくに》を押さえると、そこに暫定的な政権を立ち上げた。ところが晴元が元長を危険視し、自刃に追い込んだことからこの政権はあっさり瓦解。以後、晴元は高国の養子細川氏綱《うじつな》と近畿地方の支配をかけて争うこととなった。一方、元長の息子三好長慶《ちょうけい》は、父の遺領の相続問題から一時晴元と敵対したものの、その後は忠実な部下として仕えていた。しかし、1548年に氏綱に寝返ると晴元を追放。その後、氏綱を管領《かんれい》とした傀儡《かいらい》政権を打ち立て、近畿地方の支配者となった。

近畿地方の支配体制の変化

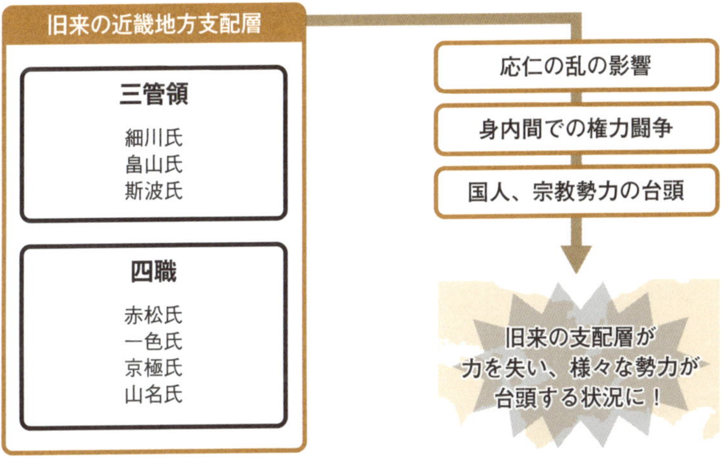
旧来の近畿地方支配層
三管領
細川氏
畠山氏
斯波氏
四職
赤松氏
一色氏
京極氏
山名氏
応仁の乱の影響
身内間での権力闘争
国人、宗教勢力の台頭
旧来の支配層が
力を失い、様々な勢力が
台頭する状況に！

三好氏の近畿地方支配

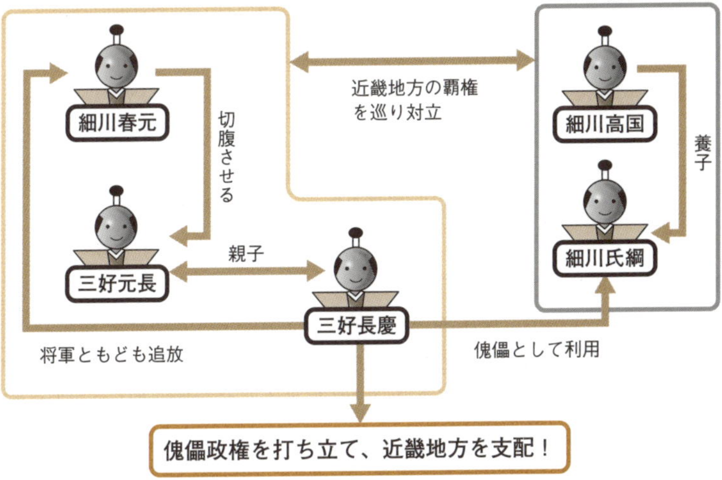
細川春元
切腹させる
三好元長
親子
三好長慶
将軍ともども追放
近畿地方の覇権
を巡り対立
細川高国
養子
細川氏綱
傀儡として利用
傀儡政権を打ち立て、近畿地方を支配！

関連項目
●守護大名と戦国大名はどう違う？→No.002
●戦国武将と室町幕府の官職→No.016
●戦国時代初期の将軍を巡る状況→No.074
●戦国時代初期の四国地方→No.082
●戦国大名と仏教界→No.105
●戦国大名と一向宗→No.106

No.081

戦国時代初期の中国地方

二大勢力によって分断された中国地方。しかし、その状況は一人の戦国大名の登場によって大きく変化していく。

●二大勢力によって分断された中国地方

戦国時代初期の中国地方は、二つの勢力によって西と東に分断されていた。西を治める大内義興《おおうちよしおき》は**応仁《おうにん》の乱**に西軍の武将として参加した有力**守護《しゅご》大名《だいみょう》**の一人である。周防国《すおうのくに》を中心にその勢力を広げ、北九州の一部や瀬戸内海までを支配して戦国大名化した。一方、東を治める尼子経久《あまごつねひさ》は元々出雲国《いずものくに》、隠岐国《おきのくに》を治める京極《きょうごく》氏の守護代《しゅごだい》である。しかし、1484年、出雲国を武力制圧して戦国大名化し、6ヶ国をその支配下においた。当初、両者は交戦状態にはなかったが、1508年に義興、経久が**将軍**足利義材《あしかがよしき》を奉じて**上洛**したころから関係が崩れ始めた。義興が在京して将軍を補佐している間に、経久が積極的に大内氏の領国へ軍事侵攻を始めたのである。

大内氏と尼子氏の争いに大きく翻弄されたのは、中国地方中央部を領地としていた国人《こくじん》と呼ばれる小領主たちだった。どちらかの勢力に属さない限り、生き残ることも難しかったからである。しかし、こうした状況の中、卓越した政治手腕でのし上がった国人もいた。安芸国《あきのくに》の毛利元就《もうりもとなり》である。1523年、毛利氏の家督を継いだ元就は、尼子氏の下で周囲の国人たちを併合。1525年には大内氏に鞍替えし、さらに勢力を拡大した。

元就の活躍もあり、中国地方の情勢は大内氏有利に傾くかと思われた。しかし、1550年、大内氏の内乱により状況は一変する。当時、大内氏の家督は義興の息子大内義隆《よしたか》が継いでいた。ところが、義隆と不仲になった大内氏の重鎮陶晴賢《すえはるたか》が突如反旗を翻したのである。晴賢は義隆を滅ぼすと、義隆の甥に家督を継がせ傀儡《かいらい》政権を打ち立てた。元就はしばらくの間晴賢に従っていたものの、1554年、ついに晴賢と対立。安芸国厳島《いつくしま》で晴賢を破ったのを皮切りに大内氏の勢力を併呑。ついに独立勢力として戦国大名化を果たしたのである。

二分された中国地方

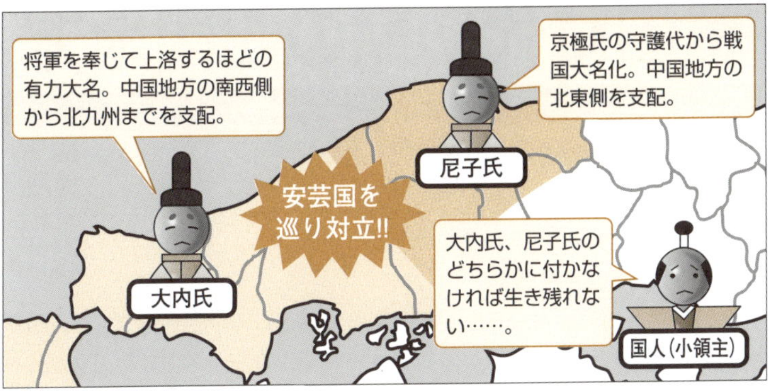
将軍を奉じて上洛するほどの有力大名。中国地方の南西側から北九州までを支配。
京極氏の守護代から戦国大名化。中国地方の北東側を支配。
尼子氏
安芸国を巡り対立!!
大内氏
大内氏、尼子氏のどちらかに付かなければ生き残れない……。
国人(小領主)

毛利元就の登場とその活躍

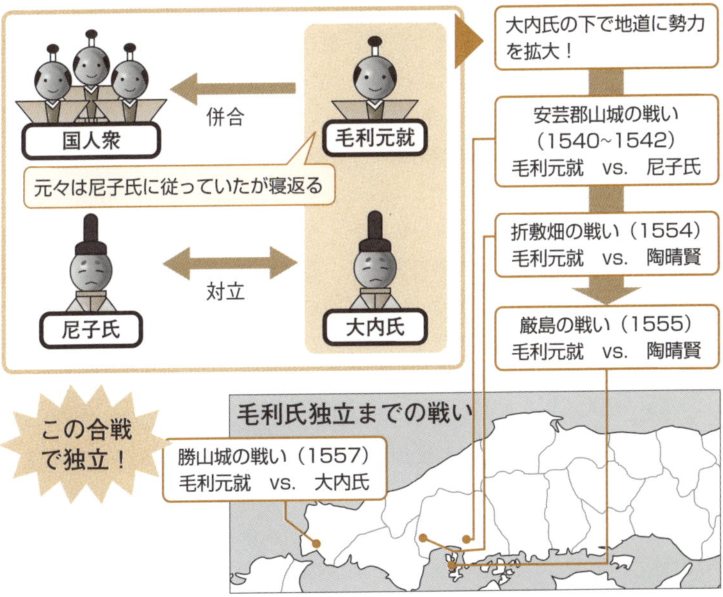
国人衆
併合
毛利元就
元々は尼子氏に従っていたが寝返る
尼子氏
対立
大内氏
大内氏の下で地道に勢力を拡大！
安芸郡山城の戦い（1540~1542）
毛利元就 vs. 尼子氏
折敷畑の戦い（1554）
毛利元就 vs. 陶晴賢
厳島の戦い（1555）
毛利元就 vs. 陶晴賢
この合戦で独立！
毛利氏独立までの戦い
勝山城の戦い（1557）
毛利元就 vs. 大内氏

関連項目
●守護大名と戦国大名はどう違う？→No.002
●応仁の乱とその終結→No.073
●戦国時代初期の将軍を巡る状況→No.074
●戦国時代初期の九州地方→No.083

No.082

戦国時代初期の四国地方

本州からは切り離された四国地方。そこには未だ四国を席巻するような大勢力は育っていなかった。

●小勢力がにらみ合う島

政治や経済の中心から遠く、周辺を海で囲まれていた四国地方は、戦国時代に突入した後も有力な勢力は育っていなかった。各国に勢力を持つ**守《しゅ》護《ご》**や地方豪族といった面々が、お互いに牽制しつつその領土を維持しているという状況が続いていたのである。

伊予国《いよのくに》の守護で伊予国の東部を支配していた河野《こうの》氏は身内での争いが頻発しており、その領土を維持するのも難しい状況にあった。また、伊予国西部を支配する西園寺《さいおんじ》氏や土佐国《とさのくに》の一条《いちじょう》氏との争いもあり、次第にその力を失っていった。

土佐国、讃岐国《さぬきのくに》は守護の細川氏の支配下にあったが、実質的には土佐七勇（一条氏、本山《もとやま》氏、吉良《きら》氏、安芸《あき》氏、津野《つの》氏、香宗我部《こうそうかべ》氏、長宗我部《ちょうそかべ》氏）と呼ばれる豪族たちが勢力争いを繰り広げているという状態だった。この中で長宗我部氏は細川氏の権力を背景に急速に勢力を伸ばしていた。しかし、後ろ盾の**管領《かんれい》**細川政元《ほそかわまさもと》が1507年に暗殺されると、翌年には周辺豪族たちに攻められ当主長宗我部兼序《かねつぐ》が討ち死に。兼序の息子長宗我部国親《くにちか》は、1547年まで土佐七勇の最大勢力、一条氏の下で力を蓄えることとなった。

こうした状況の中で唯一勢力を伸ばしたのが三好《みよし》氏である。三好氏は名家の血筋ではあったものの阿波国《あわのくに》守護の阿波細川氏に仕える一家臣にすぎなかった。しかし、政元の後継者候補の一人細川澄元《すみもと》に従って**近畿地方**に進出したのをきっかけに、近畿地方の一部を支配し、幕政に口をはさむまでの勢力に成長した。その一方で、阿波細川氏はその勢力を大きく削がれていた。三好氏と同じく近畿地方の政争に巻き込まれたものの、上手く立ち回れなかったのである。1553年には三好義賢《よしかた》が守護の細川持隆《もちたか》を殺害し、阿波国の実権は完全に三好氏のものとなった。

阿波細川氏と三好氏

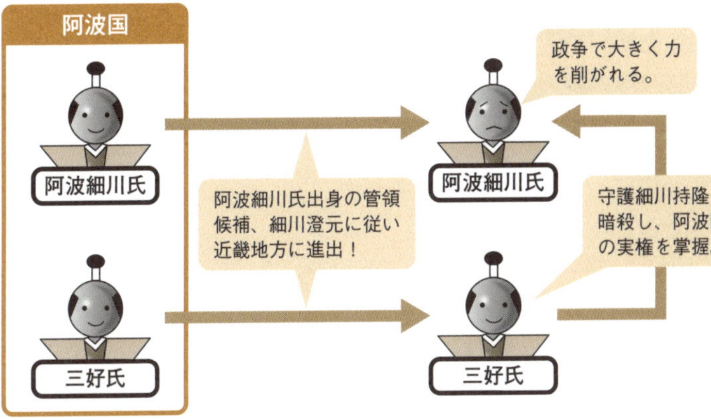
阿波国
阿波細川氏
三好氏
阿波細川氏出身の管領候補、細川澄元に従い近畿地方に進出！
政争で大きく力を削がれる。
阿波細川氏
守護細川持隆を暗殺し、阿波国の実権を掌握。
三好氏

戦国時代初期の四国地方の状況

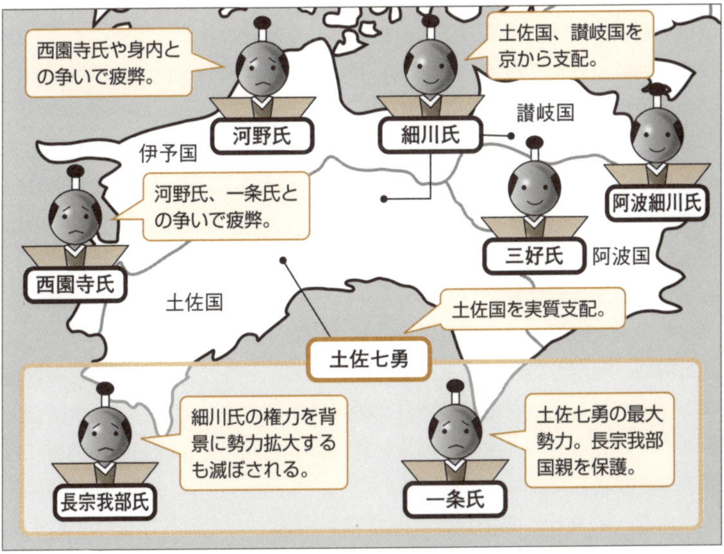
西園寺氏や身内との争いで疲弊。
河野氏
土佐国、讃岐国を京から支配。
細川氏
讃岐国
伊予国
阿波細川氏
河野氏、一条氏との争いで疲弊。
西園寺氏
三好氏
阿波国
土佐国
土佐国を実質支配。
土佐七勇
細川氏の権力を背景に勢力拡大するも滅ぼされる。
長宗我部氏
土佐七勇の最大勢力。長宗我部国親を保護。
一条氏

関連項目

●戦国武将と室町幕府の官職→No.016
●戦国時代初期の将軍を巡る状況→No.074
●戦国時代初期の近畿地方→No.080

No.083

戦国時代初期の九州地方

三つの大勢力によって治められてきた九州地方。しかし、戦国時代に入りその勢力図には変化が訪れる。

●九州の三大勢力

九州地方は鎌倉時代以来、豊前国《ぶぜんのくに》の大友《おおとも》氏、肥前国《ひぜんのくに》の小弐《しょうに》氏、薩摩国《さつまのくに》の島津《しまづ》氏という三つの大勢力を中心に支配されてきた。しかし、その勢力図は戦国時代に大きく変化する。

その原因となったのが中国地方の戦国大名、**大内《おおうち》氏**であった。室町幕府より小弐氏討伐の命を受けた大内氏は、1468年にこれを攻撃。戦国時代初期には小弐氏の領地のほとんどを掌握するに至っていた。滅亡寸前まで追い詰められた小弐氏であったが、配下の竜造寺《りゅうぞうじ》氏などの協力により一時的にその勢力を盛り返す。しかし、それも長くは続かなかった。最終的には、小弐氏を見限った竜造寺氏によって滅ぼされてしまったのである。

一方、大友氏、島津氏は大内氏と小弐氏との戦いには巻き込まれなかったものの、領国に大きな火種を抱えていた。大友氏を悩ませていたのは、領国内の国人《こくじん》と呼ばれる小領主たちである。婚姻政策によって国人のほとんどは大友氏と同族関係にあったが、一部は未だに大友氏と交戦状態にあった。大友氏が反対勢力を一掃し、大内氏の滅亡に乗じてその版図を広げるのは**大友宗麟《そうりん》**の登場する戦国時代中期以降のことである。島津氏も大友氏同様、国内での国人を支配下に収めきれていなかった。海外との貿易によりいち早く鉄砲を用い始めた島津氏は、その威力を背景に国内の統一を進めていくものの、国内が治まったのは大友氏同様に戦国時代中期、**島津貴久《たかひさ》**が登場したころであった。

大内氏、大友氏、島津氏、そして後に台頭する竜造寺氏を相手に、九州内の中小勢力は従属と離反を繰り返していた。特に、筑前国《ちくぜんのくに》の秋月《あきづき》氏、豊前国の高橋《たかはし》氏、肥前国の有馬《ありま》氏、肥後国《ひごのくに》の相良《さがら》氏、日向国《ひゅうがのくに》の肝付《きもつけ》氏、伊《い》東《とう》氏などは戦国時代中期以降も三大勢力を苦しめ続けることとなる。

戦国時代突入とともに混乱した九州地方

戦国時代以前

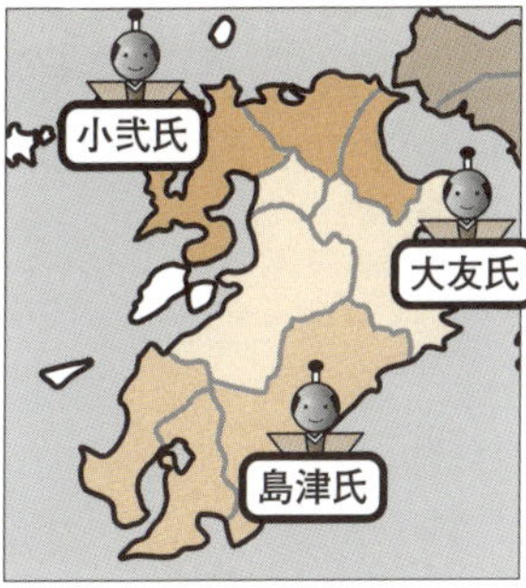
小弐氏
大友氏
島津氏

大友氏、小弐氏、島津氏の三大勢力によって支配される。

戦国時代初期

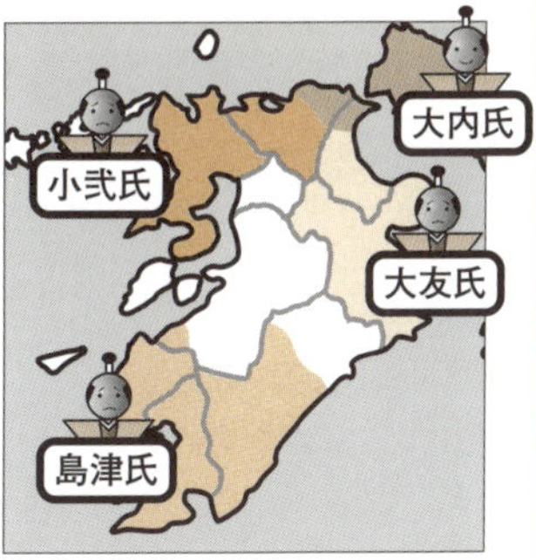
大内氏
小弐氏
大友氏
島津氏

中国地方の戦国大名大内氏の侵攻により各地が混乱！

戦国時代初期の九州地方の状況

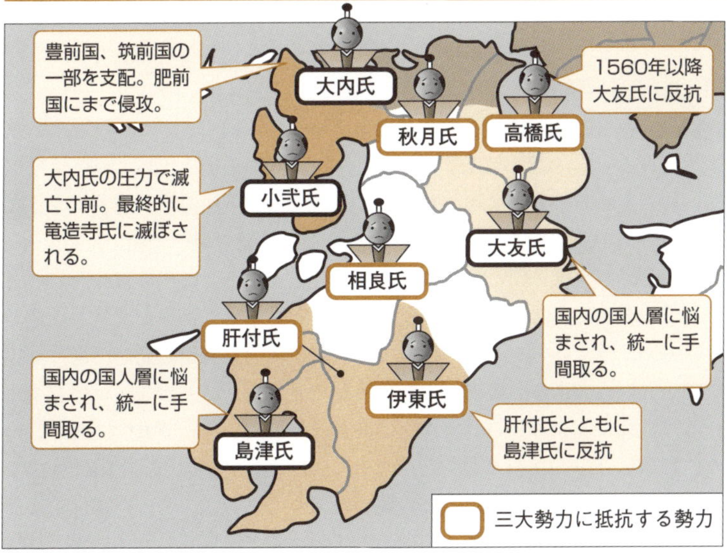
豊前国、筑前国の一部を支配。肥前国にまで侵攻。
大内氏
秋月氏
高橋氏
1560年以降大友氏に反抗
大内氏の圧力で滅亡寸前。最終的に竜造寺氏に滅ぼされる。
小弐氏
大友氏
相良氏
肝付氏
国内の国人層に悩まされ、統一に手間取る。
伊東氏
国内の国人層に悩まされ、統一に手間取る。
島津氏
肝付氏とともに島津氏に反抗
三大勢力に抵抗する勢力

関連項目

●戦国時代初期の中国地方→No.081
●九州征伐→No.092

No.084

上杉謙信《うえすぎけんしん》と武田信玄《たけだしんげん》の戦い

互いに龍虎と評され、ライバルとして名高い上杉謙信と武田信玄。彼らの戦いは謙信の理想主義から生じたものであった。

●ライバルたちの激闘

1541年、父親を追放した武田信玄《たけだしんげん》（当時は晴信《はるのぶ》）は、信濃国《しなののくに》を次の目標とした。1553年には、その目標をほとんど達成した信玄だったが、信濃国への侵攻は厄介な敵を引き寄せる結果となった。越後国《えちごのくに》の上杉謙信《うえすぎけんしん》である。

この頃の謙信（この頃はまだ長尾景虎《ながおかげとら》）は、病弱な兄の後を継いで越後国を統一したばかり。しかも、主家で**関東管領**《かんとうかんれい》の山内上杉氏《やまのうちうえすぎし》を保護したことから、関東地方の**北条氏康**《ほうじょううじやす》と敵対関係に陥っていた。

そんな謙信の下に、信玄に敗れた信濃国の有力豪族、村上《むらかみ》氏が失地回復を求めて泣きついた。本来ならば無視してもおかしくない状況ではあったが、謙信は躊躇することなく信濃国への出兵を決定。

以後、信玄と謙信は信濃国の覇権を巡って川中島で5度にわたる戦いを繰り広げた。この戦いは1561年、ちょうど謙信が山内上杉氏から関東管領の職と上杉家の家督を譲られた年に、信玄側が信濃国を支配することによって一応の決着をみた。しかし、その後も小競り合いが続いたことや、両者の受けたダメージを考えれば痛み分けといったところであろう。

信玄にとって、謙信との戦いが長引くことはあまり愉快な状態とはいえなかった。信玄の支配する甲斐国《かいのくに》の南には駿河国《するがのくに》の**今川義元**《いまがわよしもと》が、東には氏康がいたからである。謙信との戦いに集中すれば、二つの強国に隙をつかれる可能性が高い。そのため、信玄は彼らと婚姻関係を結び三国同盟を行った。氏康にとって謙信は目の上のたんこぶ、義元も西の尾張国《おわりのくに》に集中することを望んでいたため信玄との戦いを望んでおらず、この同盟はすんなりと成立した。もっとも、この同盟関係はすぐに崩壊してしまった。1568年、尾張国の**織田信長**《おだのぶなが》に義元を討たれて弱っていた駿河国に、信玄が侵攻を開始したからである。

上杉謙信と武田信玄の戦い

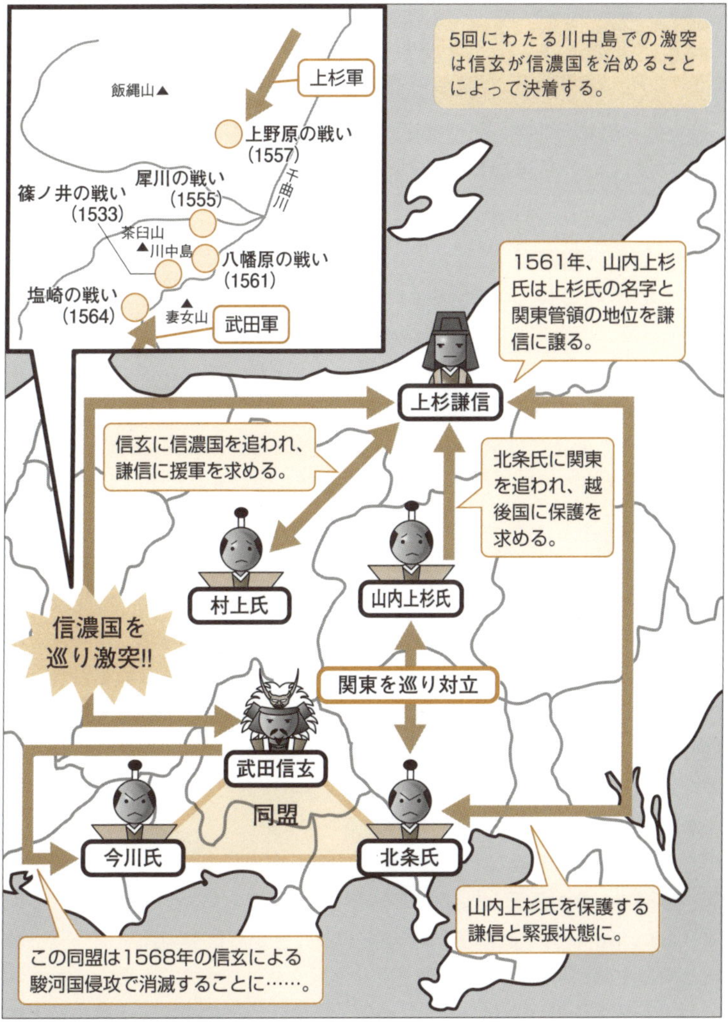
上杉軍
飯縄山
上野原の戦い
(1557)
千曲川
篠ノ井の戦い
(1533)
犀川の戦い
(1555)
茶臼山
川中島
八幡原の戦い
(1561)
塩崎の戦い
(1564)
妻女山
武田軍
5回にわたる川中島での激突は信玄が信濃国を治めることによって決着する。
1561年、山内上杉氏は上杉氏の名字と関東管領の地位を謙信に譲る。
上杉謙信
信玄に信濃国を追われ、謙信に援軍を求める。
北条氏に関東を追われ、越後国に保護を求める。
村上氏
山内上杉氏
信濃国を巡り激突!!
関東を巡り対立
武田信玄
同盟
今川氏
北条氏
山内上杉氏を保護する謙信と緊張状態に。
この同盟は1568年の信玄による駿河国侵攻で消滅することに……。

関連項目

- 戦国武将と室町幕府の官職→No.016
- 戦国時代初期の中部地方→No.078
- 戦国時代初期の東海地方→No.079
- 北条氏と関東の覇権→No.085
- 織田信長の台頭→No.086

No.085

北条《ほうじょう》氏と関東の覇権

関東随一の勢力を誇った北条氏。その業績には派手さはないが、他の大名家にない安定感がある。それを支えたのは一族の結束力だった。

●安定した一族経営

初代**北条早雲**《ほうじょうそううん》（当時は伊勢《いせ》盛時《もりとき》）により伊豆国《いずのくに》、相模国《さがみのくに》を支配した北条氏は、早雲の息子北条氏綱《うじつな》の代から北条氏を名乗るようになった。彼らは、鎌倉時代の北条氏と区別するために後北条氏と呼ばれることもある。

北条氏の結束は固く、目立った後継者争いも起こっていない。これが強みであった。北条氏は早雲の死後も拡張を続け、氏綱の代には武蔵国《むさしのくに》の半分を、3代北条氏康《うじやす》の代には武蔵国のほぼ全体を平定している。

もっとも、この関東への侵攻がすんなり行われたわけではない。特に常《ひ》陸国《たちのくに》の佐竹《さたけ》氏、安房国《あわのくに》の里見《さとみ》氏は強力なライバルであり、ついに北条氏の支配下に置くことはできなかった。

彼ら以上に北条氏を苦しめたのが、越後国《えちごのくに》の大名**上杉謙信**《うえすぎけんしん》（当時は長尾《ながお》景虎《かげとら》）だった。謙信は武蔵国の元々の支配者である山内上杉《やまうちうえすぎ》氏を保護、山《やま》内上杉《うちうえすぎ》氏の領地を回復するために度々関東への出兵を行ったのである。謙信の進撃は凄まじく、一時は本拠地である小田原城にまで攻め入られるほどであった。しかし、小田原城は当時の日本国内でも有数の名城であり、北条氏は籠城《ろうじょう》戦により謙信の軍勢を退けている。

こうした謙信の攻撃に対し、当時の北条氏当主氏康は、甲斐国《かいのくに》の**武田信**《たけだしん》**玄**《げん》、駿河国《するがのくに》の**今川義元**《いまがわよしもと》と婚姻関係を結び三国同盟を結ぶ。もっともこの同盟は1568年、信玄が駿河国に攻め入ったことから決裂。氏康は一時上杉氏と同盟を結び、小田原城に攻め寄せる信玄に対抗することとなった。

辛くも信玄を退けた北条氏は、4代北条氏政《うじまさ》の代に武田氏、織田《おだ》氏と結び上総国《かずさのくに》、下総国《しもうさのくに》、下野国《しもつけのくに》を攻略。5代北条氏直《うじなお》の代には上野国《こうずけのくに》を手中に収め、関東のほぼ全域を支配する。以後、**豊臣秀吉**《とよとみひでよし》に滅ぼされるまでの間、北条氏は関東の覇者であり続けた。固い結束が一族を守ったのである。

歴代北条氏の偉業

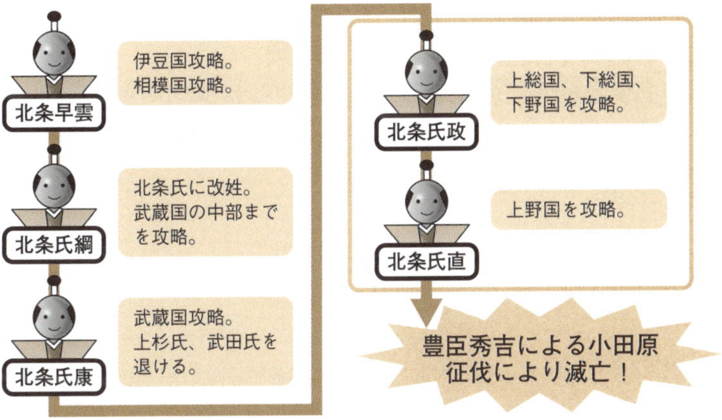
北条早雲
伊豆国攻略。
相模国攻略。
北条氏綱
北条氏に改姓。
武蔵国の中部までを攻略。
北条氏康
武蔵国攻略。
上杉氏、武田氏を退ける。
北条氏政
上総国、下総国、
下野国を攻略。
北条氏直
上野国を攻略。
豊臣秀吉による小田原征伐により滅亡！

北条氏と関東の状況

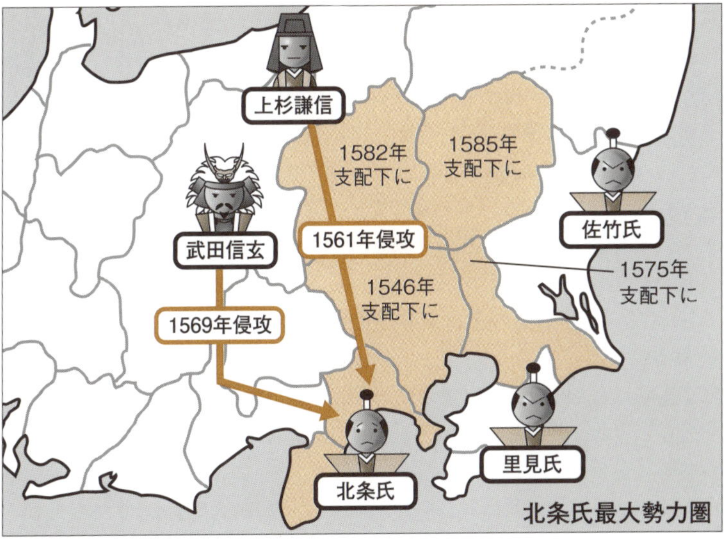
上杉謙信
武田信玄
1561年侵攻
1569年侵攻
1582年
支配下に
1585年
支配下に
1546年
支配下に
1575年
支配下に
佐竹氏
里見氏
北条氏
北条氏最大勢力圏

関連項目
●戦国時代初期の関東地方→No.076
●戦国時代初期の東海地方→No.079
●上杉謙信と武田信玄の戦い→No.084
●小田原征伐→No.093

No.086

織田信長《おだのぶなが》の台頭

天下人としていち早く名乗りを上げることになる織田信長。しかし、その前半生は非常に不安定なものだった。

●窮境続きだった信長の前半生

織田信長《おだのぶなが》が父、織田信秀《のぶひで》の後を継ぎ尾張国《おわりのくに》統一に着手したのは1551年のことだった。しかし、当時の彼の評判は悪く、親戚は言うに及ばず、実の弟までが敵に回るという有様。さらに1556年には同盟国であった美濃《みのの》国《くに》で内乱が起こり、義父の**斉藤道三**《さいとうどうざん》が討ち取られてしまう。当然、美濃国との同盟関係は解消。1559年、苦労を重ねて国内を統一するものの、周囲を敵に囲まれた孤立無援の状況だった。そんな折の1560年、かねてから敵対関係にあった隣国駿河国《するがのくに》の**今川義元**《いまがわよしもと》が大兵力を率いて尾張国侵攻を開始する。絶望的な状況であったが、これが信長勇躍のきっかけとなった。信長は義元を降し、周囲の大名から一目置かれる存在となったのである。

信長はこの機を逃さず、行動を開始した。まず今川氏の支配を脱した三《み》河国《かわのくに》の徳川家康《とくがわいえやす》（独立を機に松平元康《まつだいらもとやす》から松平家康に改名。1566年徳川を名乗る）と結び今川氏の反撃を防ぐと、美濃国攻撃の態勢を整えた。さらに美濃国内に内応者をつくると、1567年には美濃国攻略に成功する。

そのころ、13代**将軍**足利義輝《あしかがよしてる》の弟、義昭《よしあき》は南近江《みなみおうみ》の大名六角義堅《ろっかくよしかた》、ついで越前国《えちぜんのくに》の朝倉義景《あさくらよしかげ》の下に身を寄せていた。近畿地方を支配していた**三《み》好長慶《よしちょうけい》**の家臣松永久秀《まつながひさひで》によって兄義輝を殺害されてのことである。14代将軍は既に立てられた後であったが、義昭は義堅らに対して自分を将軍として押し戴き**上洛**することを希望していた。しかし彼らには全く動く気配がない。業を煮やした義昭は、全国の有力大名に向け助力を求める書状を出し続けた。その書状は信長の元にも届く。これを好機と考えた信長は北《きた》近江《おうみ》の大名**浅井長政**《あざいながまさ》、甲斐国《かいのくに》の大名**武田信玄**《たけだしんげん》と婚姻同盟を結んで周囲の状況を安定させると、義昭を迎え1568年に上洛を開始した。そして年内には六角氏、三好氏などの近畿地方の大名を平らげ入京を果たすのである。

家督を継いだ当初の織田信長の状況

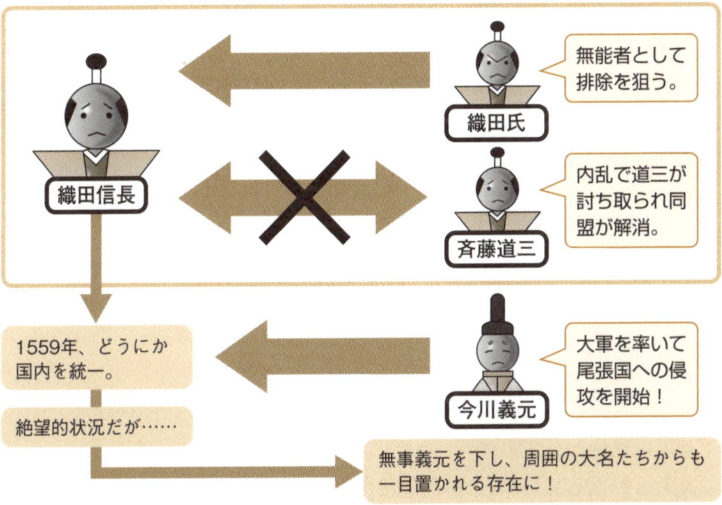
織田信長
織田氏
無能者として排除を狙う。
斉藤道三
内乱で道三が討ち取られ同盟が解消。
今川義元
大軍を率いて尾張国への侵攻を開始！
1559年、どうにか国内を統一。
絶望的状況だが……
無事義元を下し、周囲の大名たちからも一目置かれる存在に！

信長台頭の経緯

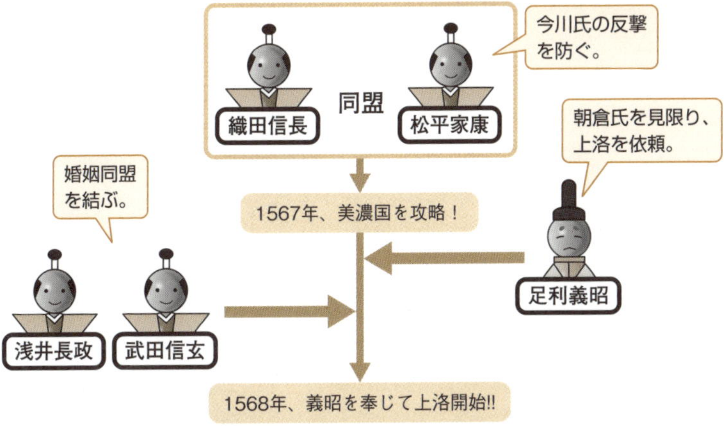
織田信長
同盟
松平家康
今川氏の反撃を防ぐ。
朝倉氏を見限り、上洛を依頼。
婚姻同盟を結ぶ。
1567年、美濃国を攻略！
足利義昭
浅井長政
武田信玄
1568年、義昭を奉じて上洛開始!!

関連項目
●戦国大名たちはなぜ上洛を目指したのか→No.017
●戦国時代初期の将軍を巡る状況→No.074
●戦国時代初期の中部地方→No.078
●戦国時代初期の東海地方→No.079
●戦国時代初期の近畿地方→No.080
●信長包囲網→No.087

No.087

信長《のぶなが》包囲網

上洛を果たし、天下統一への道をひた走る織田信長。だが、周囲の有力大名たちはそれを黙って見過ごしてはいなかった。

●信長の邪魔をする二つの足枷

1568年、無事**上洛**を果たした織田信長《おだのぶなが》は、南近江《みなみおうみ》や**大都市**の大津《おおつ》、堺《さかい》を支配下に置き、順調にその勢力を伸ばしていた。ところが、信長の覇業は思わぬところで頓挫してしまう。将軍として盛りたてたはずの足利義昭《あしかがよしあき》との不和、そして**一向宗**《いっこうしゅう》との対立が信長の足元をすくったのである。

義昭は傀儡《かいらい》としての自らの地位に満足していなかった。そのため、かつて義昭を保護していた越前国《えちぜんのくに》の戦国大名朝倉《あさくら》氏と手を結び、信長の支配を脱しようとしたのだ。危険を感じた信長は義昭を牽制しつつ、朝倉氏に上洛を要請し様子を見るが、朝倉氏はついに上洛に応じることはなかった。そこで信長は1570年、朝倉氏討伐へと乗り出した。

ところが、これが思わぬ事態を引き起こした。信長の妹を妻とし、織田氏と同盟関係にあった北近江《きたおうみ》の大名浅井長政《あざいながまさ》が信長に対して挙兵したのである。浅井氏と朝倉氏は古くからの交友関係にあり、それを優先しての結果であった。また、**天台宗**の総本山である比叡山《ひえいざん》が浅井・朝倉同盟軍に協力を表明したため、戦いは長期化の様相を見せ始めた。1571年、信長は比叡山を焼き討ちして排除したものの、義昭が甲斐国《かいのくに》の大名**武田信玄**《たけだしんげん》をはじめとする諸勢力に協力を要請。信長は四方を敵対勢力に囲まれる形となった。俗に言う信長包囲網である。ところが1573年、反信長勢力の急先鋒であった信玄が病死し、この信長包囲網はあっさり崩れさった。信長は浅井・朝倉同盟軍との戦いに全力を投じ、両氏を滅ぼすことに成功する。もっとも、敵はまだ残っていた。代替わりした甲斐国の**武田勝頼**《かつより》、石山本《いしやまほん》願寺《がんじ》を中心とした一向宗、それに呼応して挙兵した越後国《えちごのくに》の大名**上杉謙信**《うえすぎけんしん》。そして一向宗を援助した安芸国《あきのくに》の毛利輝元《もうりてるもと》である。一説によれば、一向宗との戦いは信長の天下統一を10年は遅らせたという。

信長包囲網が敷かれるまでの経緯

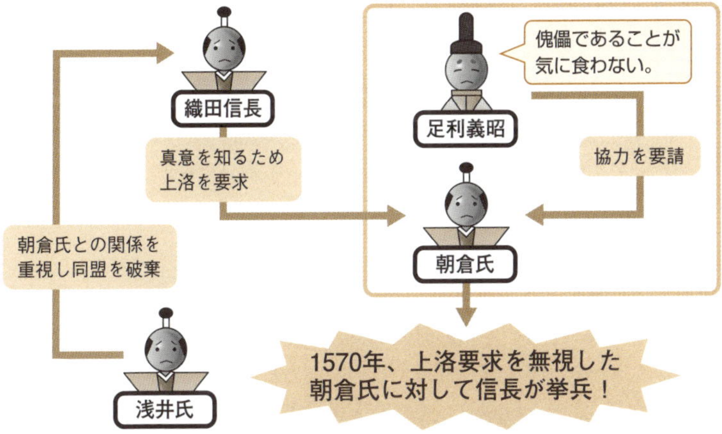
織田信長
真意を知るため
上洛を要求
足利義昭
傀儡であることが
気に食わない。
協力を要請
朝倉氏
朝倉氏との関係を
重視し同盟を破棄
浅井氏
1570年、上洛要求を無視した
朝倉氏に対して信長が挙兵！

信長包囲網

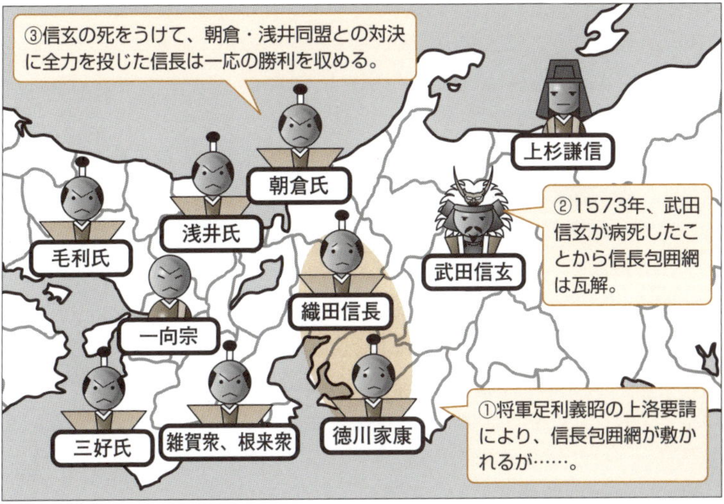
③信玄の死をうけて、朝倉・浅井同盟との対決
に全力を投じた信長は一応の勝利を収める。
上杉謙信
朝倉氏
浅井氏
毛利氏
武田信玄
②1573年、武田
信玄が病死したこ
とから信長包囲網
は瓦解。
織田信長
一向宗
三好氏
雑賀衆、根来衆
徳川家康
①将軍足利義昭の上洛要請
により、信長包囲網が敷か
れるが……。

関連項目
●戦国大名たちはなぜ上洛を目指したのか→No.017
●戦国時代に栄えた大都市→No.068
●上杉謙信と武田信玄の戦い→No.084
●長篠の戦い→No.088
●戦国大名と仏教界→No.105
●戦国大名と一向宗→No.106

No.088

長篠《ながしの》の戦い

一般的に、鉄砲という新技術による革新の幕開けとされる長篠の戦い。しかし、その実情は新政権下の不和に乗じた戦いでもあった。

●上手くいかなかった世代交代

1573年、**織田信長《おだのぶなが》**は彼を悩ませ続けてきた**浅井《あざい》・朝倉《あさくら》両氏**を滅ぼすことに成功する。もっとも、未だに信長と敵対する勢力は残っていた。当面の敵となったのは甲斐国《かいのくに》の戦国大名武田《たけだ》氏と石山本願寺《いしやまほんがんじ》を中心とした**一向《いっこう》宗《しゅう》**、越後国《えちごのくに》の大名**上杉謙信《うえすぎけんしん》**、そして中国地方の大名毛利《もうり》氏である。

陣中で病死した武田信玄《たけだしんげん》に変わり、武田氏の当主は息子武田勝頼《かつより》となっていた。しかし、武田家の旧臣たちは庶子であった勝頼を侮り、彼に従わない。当時敵対関係にあった謙信すら同情を寄せ、攻めるのをためらう状況であった。また、勝頼自身も父信玄との実力の差にあえいでいたという。

1575年、国境付近の家臣が徳川家康《とくがわいえやす》に寝返ったことをきっかけに、勝頼は三河国《みかわのくに》への侵攻を開始。家康は信長に援軍を求め、両者は三河国長《なが》篠《しの》で激突した。一説によれば、この戦いは旧態然とした武田軍と、革新的な織田・徳川同盟軍との戦いであったという。さらに、家臣団のまとまりのなさも加わり、武田軍は歴史的惨敗を喫した。特に人材的な被害は大きく、この戦以降、武田氏は徐々にその支配する領国を狭めていく。

一方、謙信、そして一向宗は相変わらず信長を苦しめていた。1577年、信長軍は加賀国《かがのくに》で謙信軍と戦い大敗を喫している。さらに一向宗討伐を命じた松永久秀《まつながひさひで》が突如反旗を翻すなど状況は最悪だった。ところが1578年、謙信が病死したため状況は一変。織田軍は一気に攻勢に転じた。同年、毛利氏に唆された荒木村重《あらきむらしげ》も反旗を翻したが、こちらも事なきを得ている。

謙信の死は勝頼にも大きな影響を与えた。上杉氏の家督争いに巻き込まれ、当時同盟関係にあった関東地方の北条《ほうじょう》氏、そして上杉氏を敵に回してしまったのである。結局周囲に味方がいなくなった武田氏は1582年、織田・徳川同盟との戦いに敗れ滅亡することとなった。

長篠の戦い

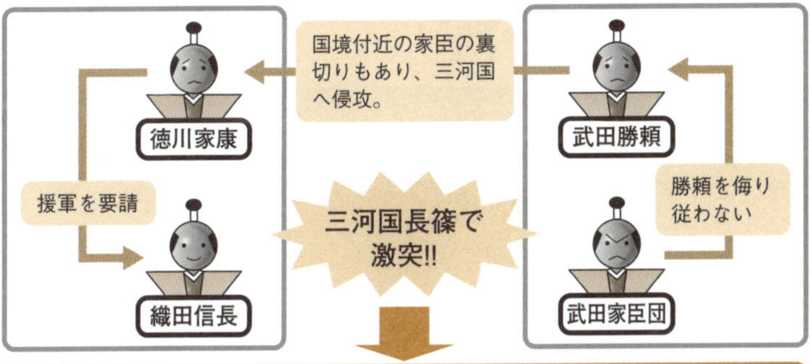
国境付近の家臣の裏切りもあり、三河国へ侵攻。
徳川家康
武田勝頼
援軍を要請
三河国長篠で激突!!
勝頼を侮り従わない
織田信長
武田家臣団

武田軍のまとまりの無さや旧態然とした戦い方により、織田・徳川同盟軍が勝利。以後、武田氏は急速に零落することに……。

武田氏の滅亡

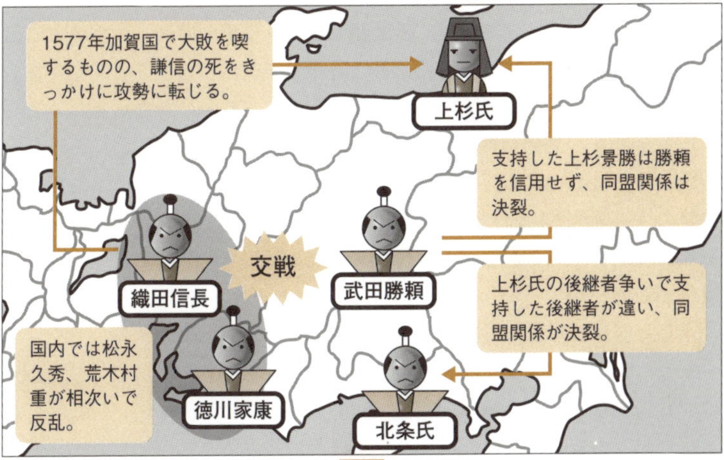
1577年加賀国で大敗を喫するものの、謙信の死をきっかけに攻勢に転じる。
上杉氏
支持した上杉景勝は勝頼を信用せず、同盟関係は決裂。
織田信長
交戦
武田勝頼
上杉氏の後継者争いで支持した後継者が違い、同盟関係が決裂。
国内では松永久秀、荒木村重が相次いで反乱。
徳川家康
北条氏

1582年、孤立無援の武田氏は織田・徳川同盟に敗れ、武田氏滅亡。

関連項目

●上杉謙信と武田信玄の戦い→No.084
●北条氏と関東の覇権→No.085
●信長包囲網→No.087
●戦国大名と一向宗→No.106

No.089

本能寺の変

忠臣の突然の裏切りにより命運を断たれた信長。戦略上の一瞬の空白は、彼の強運を持ってしても逃れ得ない隙を生み出していた。

●油断が招いた突然の死

1579年、織田信長《おだのぶなが》は居城を近江国《おうみのくに》の安土城に移した。強敵だった甲斐《かいの》国《くに》の武田《たけだ》氏、越後国《えちごのくに》の**上杉《うえすぎ》氏**は世代交代により力を弱め、長年信長を苦しめてきた**一向宗《いっこうしゅう》**とも1580年に和議が成立。天下統一は目前という状況であった。この時期は信長にとって最も安定した時期だったといってよいだろう。1581年には諸大名を集めて馬揃《うまぞろ》えという軍事パレードを行い、自らの力を誇示している。その間、信長が勢力拡大の手を緩めていたかといえばそうではない。北陸地方には**筆頭家老《ひっとうかろう》**である柴田勝家《しばたかついえ》、関東地方には滝川一益《たきがわかずます》、四国地方には丹羽長秀《にわながひで》と信長の息子織田信秀《のぶひで》、そして中国地方には豊臣秀吉《とよとみひでよし》（当時は羽柴秀吉《はしばひでよし》）を派遣して、各勢力にあたらせている。

1577年以来、秀吉は中国地方の**毛利《もうり》氏**攻略にあたっていた。当時の毛利氏の当主は毛利輝元《てるもと》。毛利氏の基礎を築いた毛利元就《もとなり》の孫にあたる。その勢力は中国地方にとどまらず九州地方にまで及んでいた。秀吉は毛利氏を順調に攻略していたものの、備中国高松城《びっちゅうのくにたかまつじょう》に立てこもる清水宗治《しみずむねはる》に苦戦。1582年、ついに信長に援軍を要請することとなった。秀吉の要請を快諾した信長は、自ら秀吉の援軍に向かうために京へ出立する。

ところがこれが命取りとなった。秀吉への援軍として中国地方に向かうはずだった明智光秀《あけちみつひで》が突如謀反を起こし、本能寺で信長を討ち取ってしまったのである。謀反の理由については、はっきりとしない。わかっているのは、光秀にとって下剋上の絶好の機会だったということだけである。

もっとも、現実は光秀の見立てほど甘くはなかった。娘婿の細川忠興《ほそかわただおき》とその父細川藤孝《ふじたか》をはじめとする諸将が光秀の呼び掛けに応じず、光秀は完全に孤立してしまう。また、彼の予想を裏切る要因がもう一つあった。遠く備中国にいたはずの秀吉がたった10日で戻って来てしまったのである。

本能寺の変に至る状況

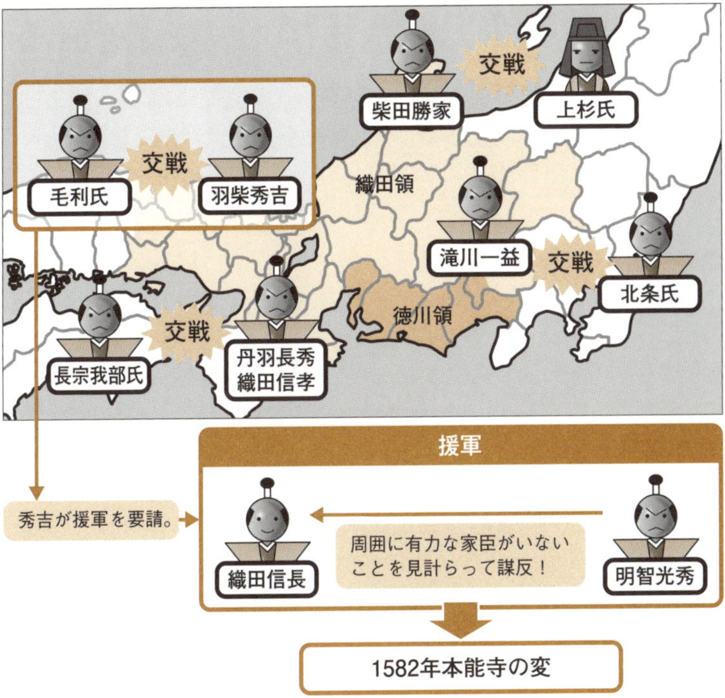
柴田勝家
交戦
上杉氏
毛利氏
交戦
羽柴秀吉
織田領
滝川一益
交戦
北条氏
長宗我部氏
交戦
丹羽長秀
織田信孝
徳川領
援軍
秀吉が援軍を要請。
織田信長
周囲に有力な家臣がいない
ことを見計らって謀反！
明智光秀
1582年本能寺の変

光秀の誤算

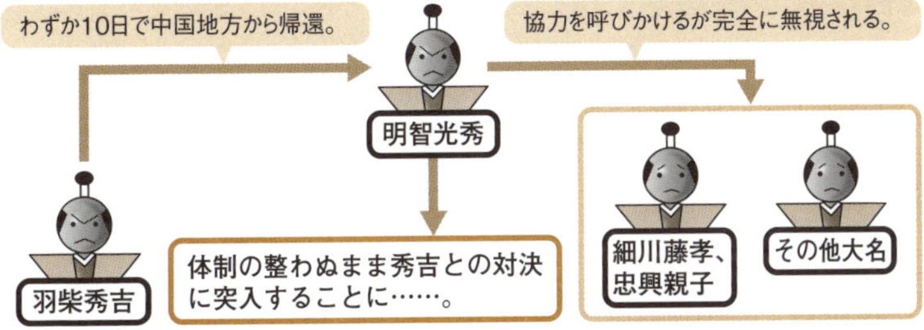
わずか10日で中国地方から帰還。
協力を呼びかけるが完全に無視される。
明智光秀
羽柴秀吉
体制の整わぬまま秀吉との対決
に突入することに……。
細川藤孝、
忠興親子
その他大名

関連項目
●家臣にはどんな役職があった？→No.007
●戦国時代初期の中国地方→No.081
●長篠の戦い→No.088
●中国大返しと信長の後継者争い→No.090

No.090

中国大返しと信長《のぶなが》の後継者争い

突然の凶報とそれに伴うチャンス。秀吉は混迷の中、持ち前の周到さで天下人への道を切り開いていく。

●転がり込んだチャンス

1582年、天下統一を目前としていた織田《おだ》信長《のぶなが》は、京の**本能寺**で明智《あけち》光《みつ》秀《ひで》によって討たれた。その知らせは極秘裏に各地の反信長大名にもたらされたのだが、偶然この書状を手に入れた信長家臣がいた。中国地方で毛利《もうり》氏と戦っていた豊臣秀吉《とよとみひでよし》（当時は羽柴秀吉《はしばひでよし》）である。これは信長家臣の中では若輩の秀吉にとって大きなチャンスであった。信長の敵の光秀を討てば、一気に信長の後継者争いのトップに躍り出ることができるのだ。秀吉は信長の死を隠して毛利氏と講和すると、途中の織田家臣団を吸収しつつ京を目指してひた走った。後に言う中国大返しである。わずか10日あまりで京へ戻った秀吉軍は、天王山《てんのうざん》で光秀軍と激突。この山崎の戦いで光秀軍は敗走、光秀はその途上で落ち武者狩りにあい命を落としたという。

同年、織田政権の**筆頭家老**《ひっとうかろう》柴田勝家《しばたかついえ》の提案により、信長の遺領を巡る話し合いが尾張国《おわりのくに》清州《きよす》で行われた。秀吉はここでも一計を案じ、本能寺の変で死亡した信長の長男織田信忠《のぶただ》の子で、まだ幼い三法師《さんぼうし》に織田氏の家督を継がせようとする。三法師の後見人となることで実質的な信長の後継者になろうとしたのだ。既に信長の次男織田信雄《のぶかつ》をはじめとする有力武将に話を通していた秀吉のこの案はすんなり了承される。

面白くなかったのは勝家と、彼が担ぎあげた信長の三男織田信孝《のぶたか》だ。秀吉と勝家では勝家のほうが格上。織田政権の次代を担うのは勝家と目されていたのである。不満を抱えた勝家たちは、信長の妹お市を勝家の妻にするなど対抗策を練るものの全て空振り。勝家勢を切り崩していく秀吉の挑発的な進軍もあり、ついに両者は越中国《えっちゅうのくに》賤ヶ岳《しずがだけ》で激突する。当初勝家有利とされていたこの戦いは、勝家の家臣の裏切りにより一変。敗走した勝家らは自刃して果て、秀吉は名実ともに信長の後継者となった。

中国大返しから山崎の戦までの経緯

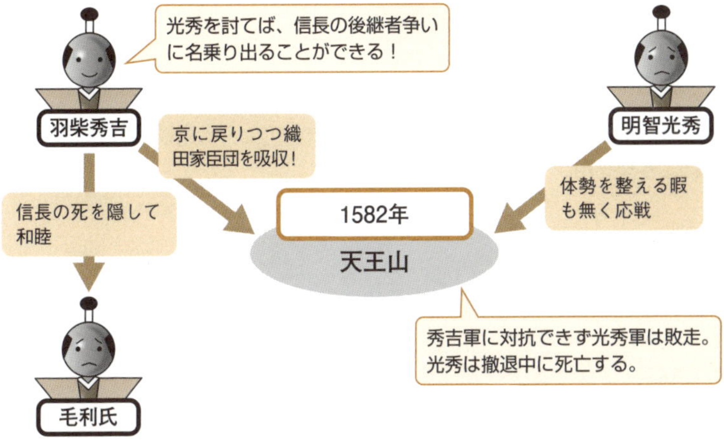
光秀を討てば、信長の後継者争いに名乗り出ることができる！
羽柴秀吉
明智光秀
京に戻りつつ織田家臣団を吸収！
体勢を整える暇も無く応戦
信長の死を隠して和睦
1582年
天王山
秀吉軍に対抗できず光秀軍は敗走。光秀は撤退中に死亡する。
毛利氏

信長の後継者争い

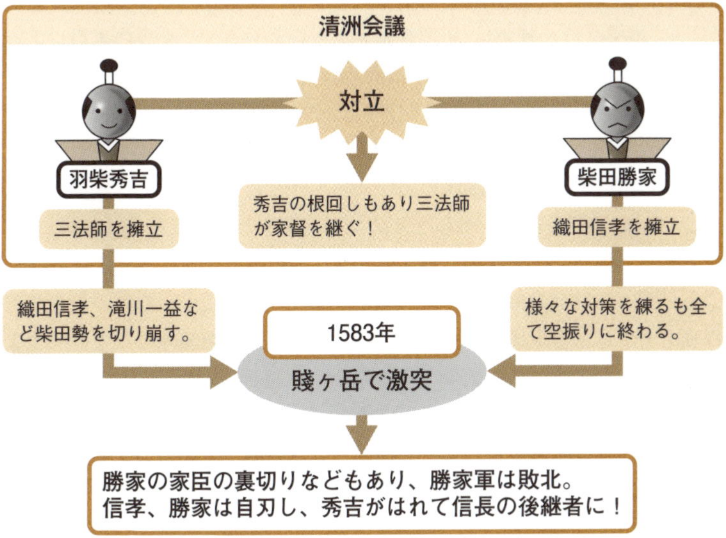
清洲会議
対立
羽柴秀吉
柴田勝家
三法師を擁立
秀吉の根回しもあり三法師が家督を継ぐ！
織田信孝を擁立
織田信孝、滝川一益など柴田勢を切り崩す。
様々な対策を練るも全て空振りに終わる。
1583年
賤ヶ岳で激突
勝家の家臣の裏切りなどもあり、勝家軍は敗北。
信孝、勝家は自刃し、秀吉がはれて信長の後継者に！

関連項目
●家臣にはどんな役職があった？→No.007
●本能寺の変→No.089

No.091

秀吉《ひでよし》と家康《いえやす》

剛直で戦上手なライバル家康。彼の抵抗を前に、秀吉は再び得意の調略と外交を用いていく。

●天下を狙う二人の争い

1583年、**柴田勝家《しばたかついえ》**に勝利した豊臣秀吉《とよとみひでよし》（当時は羽柴秀吉《はしばひでよし》）は、名実ともに織田信長《おだのぶなが》の後継者となった。しかし、これに不満を持つ戦国大名がいた。信長の同盟者として運命を共にしてきた徳川家康《とくがわいえやす》である。当時の家康は今川《いまがわ》氏や**武田《たけだ》氏**の領地や人材を取り込み、5ヶ国を治める大大名となっていた。信長の次男織田信雄《のぶかつ》は、そんな家康に目をつけ対秀吉のための同盟を依頼する。信雄は秀吉が信長の孫三法師《さんぽうし》を擁立した際、その後押しを行った人物である。しかし、日増しに力をつける秀吉に不安を感じてもいた。申し出を受けた家康は、勝利を確実なものとするべく秀吉の軍門に下っていない勢力を抱き込み秀吉を包囲しようと試みる。もっとも、秀吉側はさらに大きな範囲で外交戦略を展開し、家康の目論見は空振りに終わった。こうした水面下の争いが続く中、信雄と家康は挙兵。1584年、羽柴軍と徳川・織田同盟軍は美濃国《みののくに》小牧山でにらみ合うこととなった。戦いが長引くことを嫌った秀吉は、がら空きになった家康の本拠地三河国《みかわのくに》を狙うが逆に家康に虚をつかれ手痛い敗北を喫する。天下人となることを望む秀吉にとってこれ以上の敗戦はイメージダウンにつながりかねない。そこで秀吉はターゲットを家康から信雄に変更、早々に講和を結んでしまう。大義名分を失った家康は兵を引かざるを得ない状況となった。

こうなると、もう秀吉を阻むものはいない。1585年には和泉国《いずみのくに》、紀伊《きいの》国《くに》に攻め入り、未だ抵抗を続ける**雑賀衆《さいがしゅう》**や**根来衆《ねごろしゅう》**、**一向宗《いっこうしゅう》**を一掃。続いて当時朝廷で起きていた権力闘争に介入し、天皇の代わりに政治を取り仕切る関白《かんぱく》の地位についてしまった。さらに、家康に対しては妹や母を差し出して**人質交換**し、臣従を強要。1586年、家康はついに折れ、**朝廷**から豊臣という新たな姓をたまわった秀吉に家臣として拝謁することとなった。

小牧山・長久手の戦い

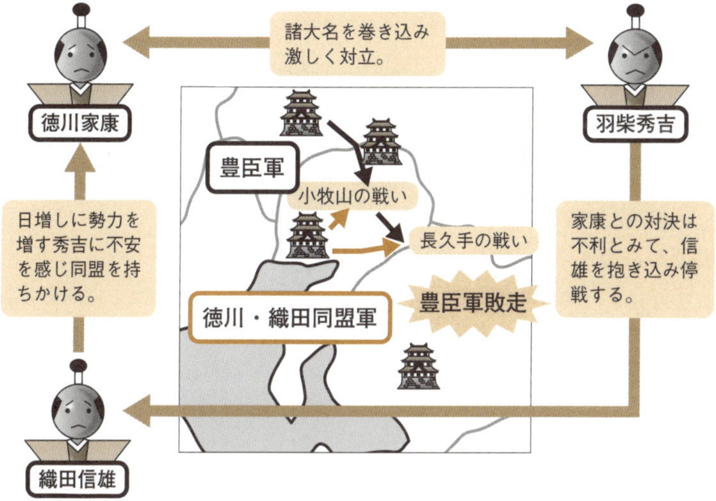
諸大名を巻き込み激しく対立。
徳川家康
羽柴秀吉
豊臣軍
小牧山の戦い
長久手の戦い
徳川・織田同盟軍
豊臣軍敗走
日増しに勢力を増す秀吉に不安を感じ同盟を持ちかける。
家康との対決は不利とみて、信雄を抱き込み停戦する。
織田信雄

その後の秀吉と家康

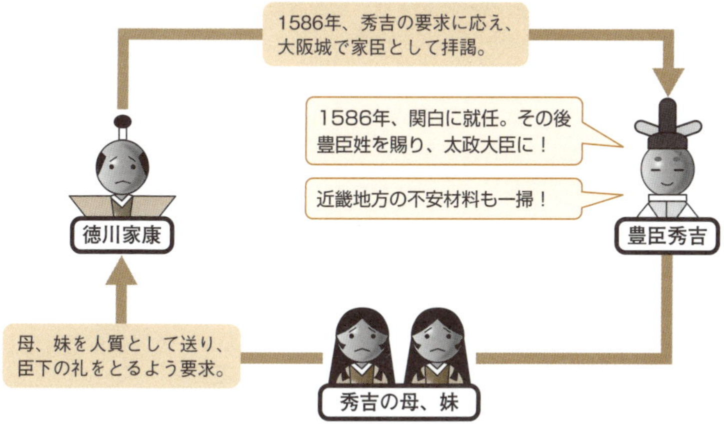
1586年、秀吉の要求に応え、大阪城で家臣として拝謁。
1586年、関白に就任。その後豊臣姓を賜り、太政大臣に！
近畿地方の不安材料も一掃！
徳川家康
豊臣秀吉
母、妹を人質として送り、臣下の礼をとるよう要求。
秀吉の母、妹

関連項目

- 戦国大名にとって人質とは？→No.010
- 戦国時代初期の近畿地方→No.080
- 信長包囲網→No.087
- 中国大返しと信長の後継者争い→No.090
- 戦国大名と天皇、公家→No.103

No.092

九州征伐

未だ独立を保つ諸大名たち。秀吉は関白という権力を背景に次々と彼らの勢力を削っていく。

●関白秀吉による有力大名征伐

関白《かんぱく》となった**豊臣秀吉《とよとみひでよし》**は、天下統一に向けて精力的に派兵を繰り返した。1585年には四国地方の戦国大名**長《ちょう》宗《そ》我《か》部《べ》元親《もとちか》**、北陸地方の佐《さっ》々《さ》成政《なりまさ》を降している。さらに秀吉は降した勢力の弱体化を目指し、国替えを頻繁に行った。国替えとは元々の領地を取り上げ、別の領地を与えるというものである。戦国大名と領民の結びつきは深く、新たな支配者には反抗することが少なくない。そのため、国替えを行われた大名たちは、新たな領地を掌握し、その勢力を盛り返すのに手間取ったという。

こうして近畿地方を中心に秀吉の支配が進む中、遠く離れた九州地方では壮絶な戦いが繰り広げられていた。戦国時代初期から中期にかけて大勢力を誇っていた豊後国《ぶんごのくに》の大友《おおとも》氏が、肥《ひ》前国《ぜんのくに》の竜造寺《りゅうぞうじ》氏、薩摩国《さつまのくに》の島津《しまづ》氏からの攻撃により衰え、九州地方の勢力バランスが崩れたからである。

特に島津氏の勢いは凄まじく、一気に九州地方を統一しかねないという状況だった。島津氏の猛攻に追い詰められた大友氏は、既に現役を退いていた前当主大友宗麟《おおともそうりん》自らが秀吉に救援を求める羽目に陥った。宗麟の要求に応じた秀吉は、私戦を禁じる惣無事令《そうぶじれい》を発するが島津氏はこれを無視。1586年、ついに秀吉は島津氏征伐に乗り出した。

まず秀吉は四国地方の大名たちを大友氏の援軍として派遣した。しかし、この時の戦いは一部の秀吉の家臣による命令無視によって敗退を余儀なくされる。天下人としての威光を汚されたと感じた秀吉は、1587年3月、今度は22万という大兵力を率いて自ら出兵することを決意。弟の豊臣秀長《ひでなが》と二手に分かれて九州地方への侵攻を開始した。これに対して島津氏は徹底的に戦闘回避を続け、同年5月には当主島津義久《よしひさ》が剃髪し人質を差し出すことで降伏。ついに九州地方も秀吉の支配下となったのである。

九州征伐までの経緯

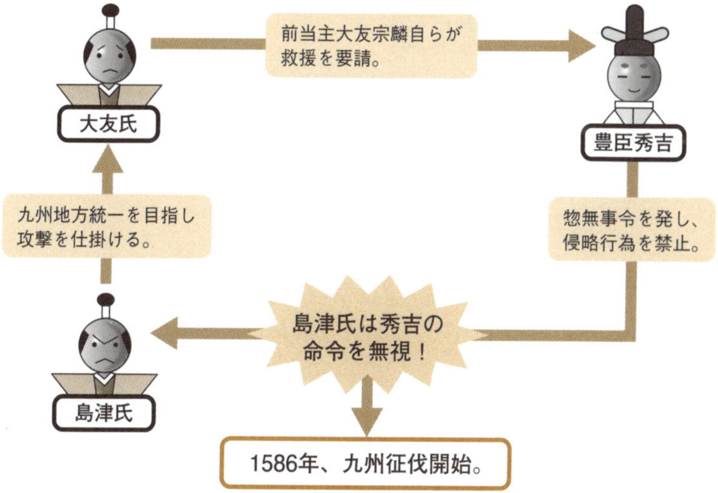
大友氏
前当主大友宗麟自らが
救援を要請。
豊臣秀吉
九州地方統一を目指し
攻撃を仕掛ける。
物無事令を発し、
侵略行為を禁止。
島津氏は秀吉の
命令を無視！
島津氏
1586年、九州征伐開始。

九州征伐

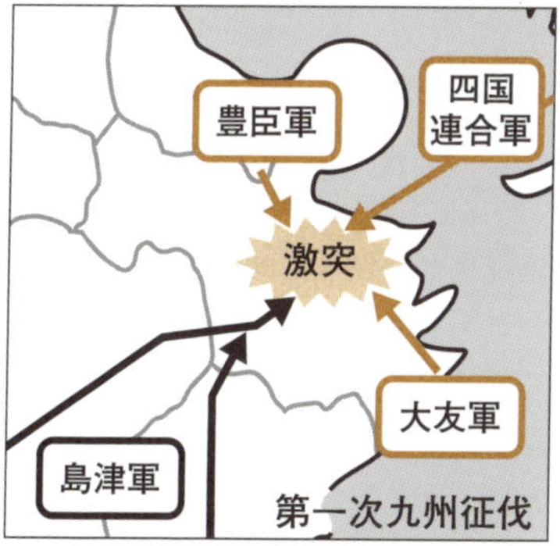
豊臣軍
四国
連合軍
激突
大友軍
島津軍
第一次九州征伐

大友氏の要請を受け、四国連合軍と豊臣氏家臣を派遣。しかし、一部家臣の命令違反で敗走することに。

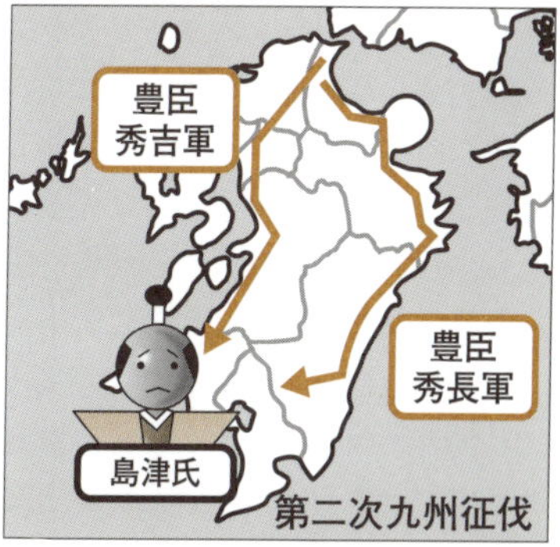
豊臣
秀吉軍
豊臣
秀長軍
島津氏
第二次九州征伐

第一次征伐の失敗を受け、秀吉自らが22万の大軍を率いて出陣。島津氏は徹底的に戦闘を回避した後降伏。

関連項目
●戦国時代初期の四国地方→No.082
●戦国時代初期の九州地方→No.083
●秀吉と家康→No.091

No.093

小田原征伐

ついに関東地方を手中に収めた北条氏。しかし、100年続いたその勢力も終わりを迎えようとしていた。

●外交の甘さから滅亡した北条氏

1587年、豊臣秀吉《とよとみひでよし》は**九州地方**を平定し、日本の西半分をその手中に収めた。秀吉の次の標的となったのは関東地方の**北条《ほうじょう》氏**である。当時の北条氏は5代目当主北条氏直《うじなお》、そして引退した後も強い影響力を持ち続けた氏直の父、北条氏政《うじまさ》の二人によって治められていた。支配する領国は過去最大のものとなり、本拠地である小田原城は周囲の城下町までを囲む長大な堀が造られ、一種の城塞都市ともいえる様相を呈していたという。

もっとも、北条氏は秀吉に対して反抗的な態度をとっていたわけではない。1588年、氏直は義父で同盟者である三河国《みかわのくに》の徳川家康《とくがわいえやす》の勧めもあり、叔父の北条氏規《うじのり》を上洛させ秀吉と交渉させている。しかし、秀吉は氏直本人が上洛しないことを快く思っていなかった。さらに悪いことに、1589年、北条氏の家臣が徳川家の家臣真田《さなだ》氏の治める上野国《こうづけのくに》名胡桃《なぐるみ》城を奪い取るという事件が起きてしまう。遡ること2年前の1587年、秀吉は関東、東北地方に惣無事令《そうぶじれい》と呼ばれる私戦（領土拡張などの個人的理由での戦争）禁止令を発していた。結果的に北条氏がこれを無視したことになったのである。北条氏は家康に弁解を願い出るもののもはや手遅れであった。

1590年、秀吉は五カ条に及ぶ**宣戦布告文**を北条氏につきつけ出兵を開始。秀吉軍には同盟者であったはずの家康をはじめ、上杉景勝《うえすぎかげかつ》、前田利家《まえだとしいえ》などの関東、北陸地方の有力武将が参戦した。さらに、**東北地方**の大名たちにも参戦が促されている。北条軍が小田原城内に立てこもる中、秀吉軍は関東各地の北条方の城を次々陥落させていく。ついに小田原城を包囲された北条氏は長い評定の末に降伏。氏政をはじめ、多くの重鎮が切腹した。

なお、小田原征伐は東北地方の大名の命運も左右している。参戦すれば所領を安堵されたが、参戦しなかった大名は所領を没収されたのである。

小田原征伐までの経緯

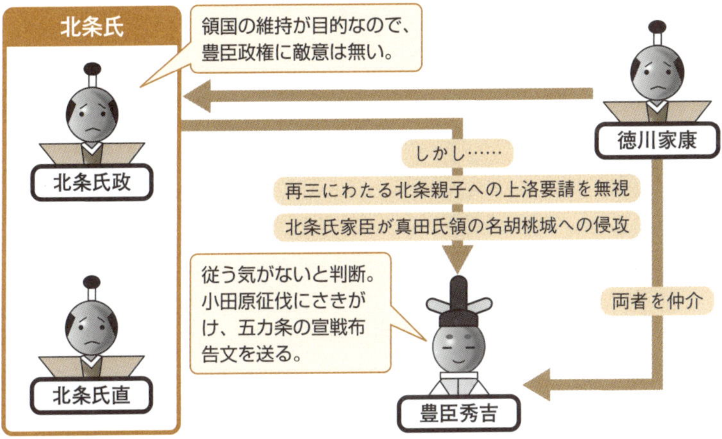
北条氏
領国の維持が目的なので、豊臣政権に敵意は無い。
北条氏政
北条氏直
徳川家康
しかし……
再三にわたる北条親子への上洛要請を無視
北条氏家臣が真田氏領の名胡桃城への侵攻
両者を仲介
従う気がないと判断。小田原征伐にさきがけ、五カ条の宣戦布告文を送る。
豊臣秀吉

小田原征伐

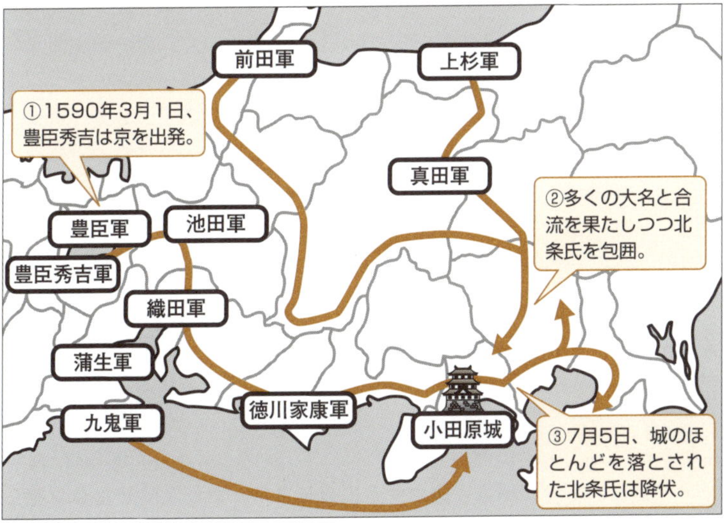
前田軍
上杉軍
①1590年3月1日、豊臣秀吉は京を出発。
真田軍
②多くの大名と合流を果たしつつ北条氏を包囲。
豊臣軍
池田軍
豊臣秀吉軍
織田軍
蒲生軍
徳川家康軍
九鬼軍
小田原城
③7月5日、城のほとんどを落とされた北条氏は降伏。

関連項目
●合戦はどうやって始まったのか？→No.038
●北条氏と関東の覇権→No.085
●九州征伐→No.092
●伊達政宗登場→No.094

No.094

伊達政宗《だてまさむね》登場

卓越した才能で東北地方統一に動きだす伊達政宗。しかし、天下は既に豊臣のものとなりつつあった。

●遅れてきた英雄

豊臣秀吉《とよとみひでよし》が天下統一への道をひた走るのとちょうど同じ時期、東北地方でも新たな動きが起こっていた。後に独眼竜として知られる伊達政宗《だてまさむね》の登場である。政宗は1584年、出羽国《でわのくに》米沢を本拠地とする名家**伊達氏**の新たなる当主として家督を継いだ。織田信長が京の本能寺で討たれた2年後のことである。政宗が登場するまで、東北の地は大きな戦乱に見舞われることはなかった。東北地方の戦国大名たちの多くは**婚姻政策**を中心とした戦略によって領地の安定化を図っており、周辺の大名たちはいわば親戚同士であった。そのため、たとえ合戦があったとしても、なれ合い的な部分がどこかにあったのである。しかし、政宗はそれまでの東北地方の大名とは大きく違っていた。皆殺しをいとわない乱暴ともいえる戦い方で、積極的に周囲の国へと侵攻を開始したのだ。政宗の最初の標的は政宗が家督を継いだ際に離反した大内《おおうち》氏であった。大内氏は陸奥国《むつのくに》の二本松畠山《にほんまつはたけやま》氏、蘆《あし》名《な》氏の支援を受けていたが、政宗の猛攻に耐えきれず降伏。ついで政宗は二本松氏の領地に侵攻する。これに対して、常陸国《ひたちのくに》の佐竹《さたけ》氏が反伊達大名を束ねて同盟軍を結成し、救援に駆けつけた。しかし、政宗は奮戦の末同盟軍を退け、二本松畠山氏を降す。さらに、1588年には蘆名氏の後継者争いに乗じて陸奥国会津に侵攻を開始し、翌年には蘆名氏と佐竹氏の連合軍を退け会津を支配下に置いてしまった。

ところが、この会津国への侵攻が政宗の致命傷となった。遡ること2年前の1587年、秀吉は関東、東北地方に惣無事令《そうぶじれい》という私戦禁止令を発していたのである。さらに1590年、秀吉が行った**小田原征伐**に遅参したことも政宗に対する秀吉の心象を悪くした。この結果、伊達氏は領地の大半を没収され、大きく力を削がれることとなる。

伊達政宗の侵攻

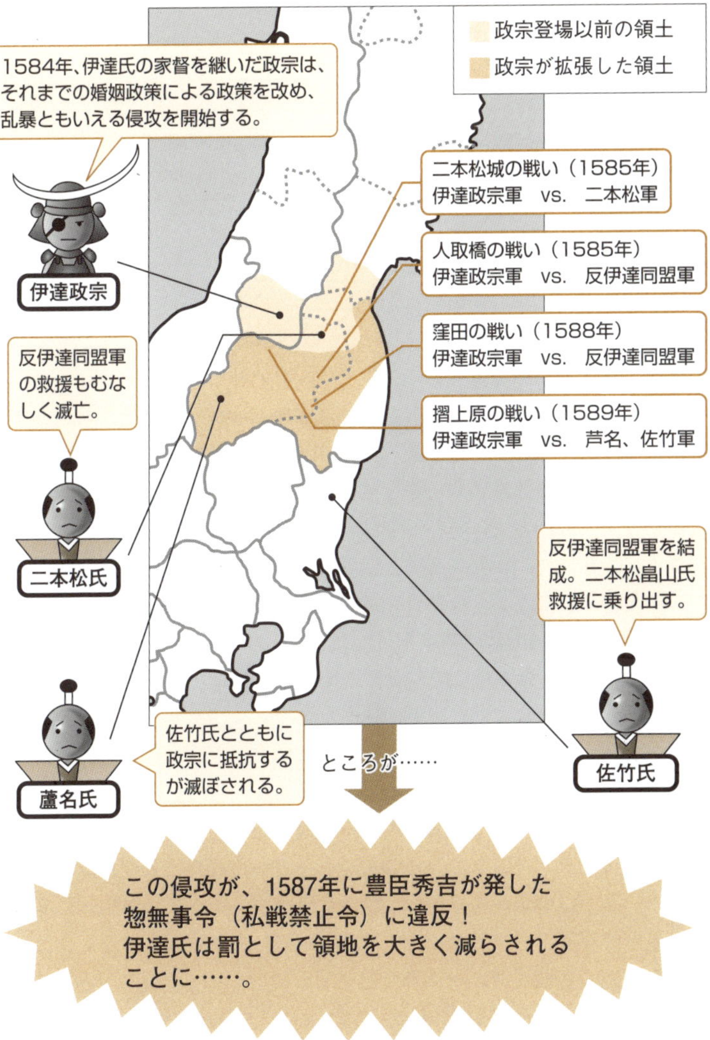
政宗登場以前の領土
政宗が拡張した領土
1584年、伊達氏の家督を継いだ政宗は、それまでの婚姻政策による政策を改め、乱暴ともいえる侵攻を開始する。
伊達政宗
二本松城の戦い（1585年）
伊達政宗軍　vs.　二本松軍
人取橋の戦い（1585年）
伊達政宗軍　vs.　反伊達同盟軍
窪田の戦い（1588年）
伊達政宗軍　vs.　反伊達同盟軍
摺上原の戦い（1589年）
伊達政宗軍　vs.　芦名、佐竹軍
反伊達同盟軍の救援もむなしく滅亡。
二本松氏
反伊達同盟軍を結成。二本松畠山氏救援に乗り出す。
佐竹氏
佐竹氏とともに政宗に抵抗するが滅ぼされる。
蘆名氏
ところが……
この侵攻が、1587年に豊臣秀吉が発した惣無事令（私戦禁止令）に違反！
伊達氏は罰として領地を大きく減らされることに……。

関連項目
●戦国武将の結婚とは？→No.032
●戦国時代初期の東北地方→No.075
●北条氏と関東の覇権→No.085
●小田原征伐→No.093

No.095

秀吉《ひでよし》の死

天下の主となった豊臣秀吉、しかし、その野心と老耄は豊臣政権に暗い影を落としていく。

●秀吉の狂気が招く破滅の足音

1590年、**北条《ほうじょう》氏**を滅ぼした豊臣秀吉《とよとみひでよし》は、晴れて天下の主となった。依然侮れない勢力を誇っていた三河国《みかわのくに》の**徳川家康《とくがわいえやす》**は、国替えによって北条氏の遺領である遠い関東の地に追いやり、その他の潜在的な敵対勢力の多くも国替えによってその力を削いだ。東北地方では一時反乱が起きるなど問題がなかったわけではないが、既に国内は秀吉のものであった。1591年、秀吉は養子の豊臣秀次《ひでつぐ》に関白《かんぱく》職を譲り太閤《たいこう》となる。次なる野望に向けての下準備であった。秀吉は明への侵攻を考えていたのである。

秀吉はまず明への侵攻ルートとなる朝鮮に対して使者を送り、恭順を促した。しかし、思うような答えを得られなかったため朝鮮への出兵を決意。1592年、肥前国《ひぜんのくに》名護屋《なごや》城に集結した秀吉軍は、朝鮮への侵攻を開始する。最初の2ヶ月間、秀吉軍は破竹の勢いで進軍を続けた。しかし、民衆の抵抗や明からの援軍により、戦局は朝鮮軍有利に。1593年には**石田三成《いしだみつなり》**、小《こ》西行長《にしゆきなが》らによって講和交渉が行われることになった。もっとも秀吉はこれに納得せず、兵力を残したままの一時停戦という状況が続くこととなった。

一方そのころ、大坂では秀吉の側室淀殿《よどどの》が秀吉の子を生んでいた。後の**豊臣秀頼《ひでより》**である。1591年に息子鶴松《つるまつ》を失っていた秀吉の喜びは計り知れなかった。が、この頃から秀吉の行動は常軌を逸し始める。1595年、秀吉は秀頼が家督を継ぐのに邪魔な秀次に謀反の疑いがあるとして比叡山《ひえいざん》に押し込めたあげく切腹させ、一族郎党を皆殺しにしている。続く1596年には、明、朝鮮からの講和条件が気に入らないとして激怒。翌1597年に再度の朝鮮出兵を命じている。しかし、秀吉がその決着を目にすることはなかった。1598年には病死してしまったのである。秀吉の無謀な遠征は結局諸大名を疲弊させるだけに終わり、豊臣政権に暗い影を落とすこととなった。

朝鮮出兵とその顛末

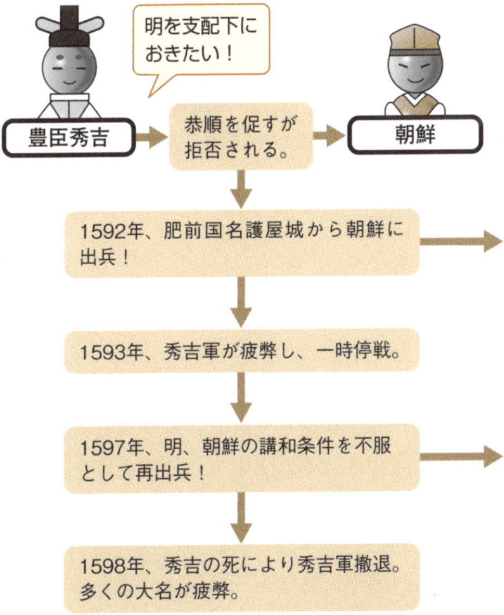
明を支配下におきたい！
豊臣秀吉
恭順を促すが拒否される。
朝鮮
1592年、肥前国名護屋城から朝鮮に出兵！
1593年、秀吉軍が疲弊し、一時停戦。
1597年、明、朝鮮の講和条件を不服として再出兵！
1598年、秀吉の死により秀吉軍撤退。多くの大名が疲弊。

文禄の役　秀吉軍侵攻図

平壌
碧蹄館
漢城
忠州
釜山
名護屋
明軍
一番隊
二番隊

慶長の役　秀吉軍侵攻図

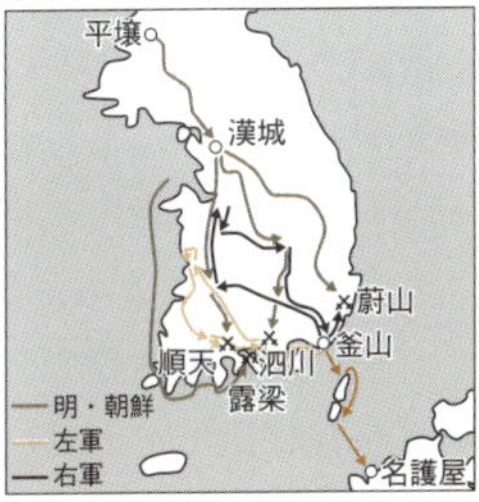
平壌
漢城
蔚山
釜山
順天
泗川
露梁
名護屋
明・朝鮮
左軍
右軍

秀吉の跡継ぎを巡る問題

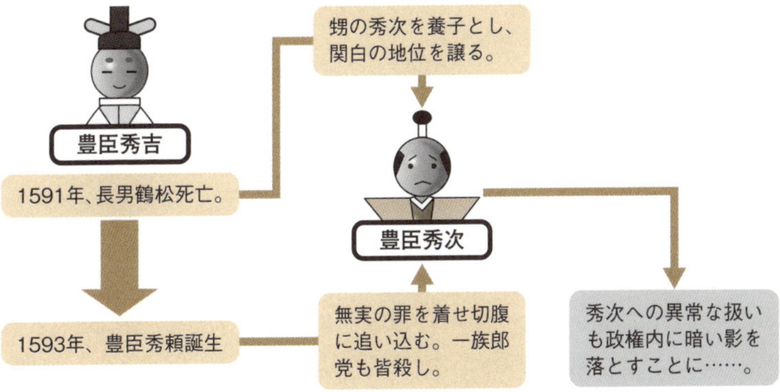
豊臣秀吉
1591年、長男鶴松死亡。
甥の秀次を養子とし、関白の地位を譲る。
豊臣秀次
1593年、豊臣秀頼誕生
無実の罪を着せ切腹に追い込む。一族郎党も皆殺し。
秀次への異常な扱いも政権内に暗い影を落とすことに……。

関連項目

- ●秀吉と家康→No.091
- ●小田原征伐→No.093
- ●関ヶ原の戦い→No.096
- ●大坂冬の陣、夏の陣→No.097

No.096

関ヶ原の戦い

秀吉の死後、再び天下をうかがうようになった家康。対する豊臣側はまとまりを欠き、自らの失策で瓦解していく。

●豊臣家を守れなかった石田三成

1598年の**豊臣秀吉《とよとみひでよし》の死**により、徳川家康《とくがわいえやす》は再び天下をとるチャンスに恵まれた。しかし、すぐに天下を狙えたわけではない。豊臣政権は五大老《ごたいろう》と呼ばれる有力大名が政治方針を決め、秀吉子飼いの五奉行《ごぶぎょう》と呼ばれる武将が実際の政治をとるというシステムを採用していた。家康は五大老の一人であったが、前田利家《まえだとしいえ》をはじめとする残る四大老や、石田三成《いしだみつなり》をはじめとする五奉行によって常に牽制されていたのである。1599年には四大老から東北地方の**伊達《だて》氏**との婚姻を咎められ、五奉行からは命を狙われるという事態に陥っている。もっとも、豊臣政権側も一枚岩ではなかった。朝鮮出兵により疲弊した大名たちは、国内に残って権勢を振るう五奉行たちを快く思っていなかったのだ。同年、加藤清正《かとうきよまさ》をはじめとする武闘派の面々が三成を襲撃し、三成は敵である家康に仲裁を頼み、事なきを得るという事件が発生。三成は隠居させられてしまう。

これにより多くの大名たちは一気に家康に傾いた。表面上豊臣秀頼《ひでより》に従っているものの、多くの判断を家康に委ねるようになったのである。しかし、未だに豊臣側大名たちもおり油断はできない状況であった。そこで家康は一計を案じる。1600年、会津国《あいづのくに》の**上杉景勝《うえすぎかげかつ》**に謀反の疑いがあるとして、上杉征伐のために出兵したのである。が、実はこれは三成をはじめとする豊臣側大名の挙兵を促すものであった。家康の狙い通り、三成は五大老の一人毛利輝元《もうりてるもと》を総大将に挙兵。両者は家康率いる東軍、輝元率いる西軍に分かれて関ヶ原で激突することとなった。この時、兵力的に見れば明らかに西軍が有利なはずであった。しかし、小早川秀秋《こばやかわひであき》をはじめとする裏切り者が続出。西軍は大敗北を喫する。西軍大名の多くは領地を減らされ、豊臣家も三ヶ国を領国とする一大名に転落する結果となったのである。

徳川家康と石田三成

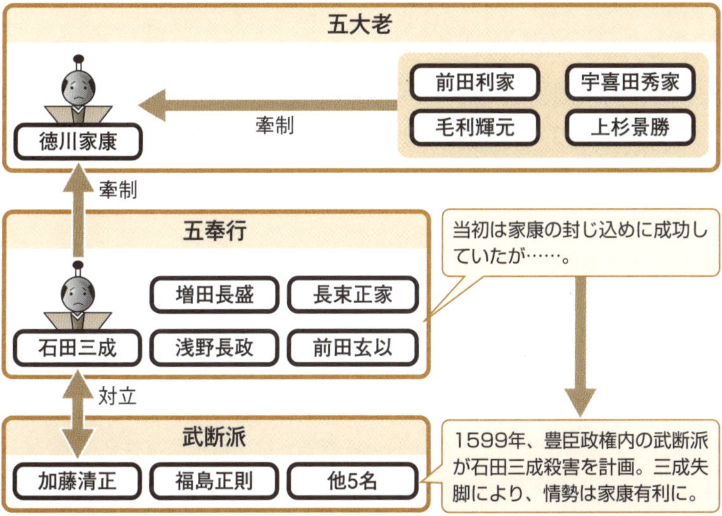
五大老
徳川家康
牽制
前田利家
宇喜田秀家
毛利輝元
上杉景勝
牽制
五奉行
石田三成
増田長盛
長束正家
浅野長政
前田玄以
当初は家康の封じ込めに成功していたが……。
対立
武断派
加藤清正
福島正則
他5名
1599年、豊臣政権内の武断派が石田三成殺害を計画。三成失脚により、情勢は家康有利に。

関ヶ原の戦い

家康出兵をチャンスと見て、毛利輝元を総大将に挙兵。
石田三成
1600年
関ヶ原で激突！
徳川家康
豊臣方の挙兵を促すため、上杉討伐と称して出兵。

主な参戦武将と配置

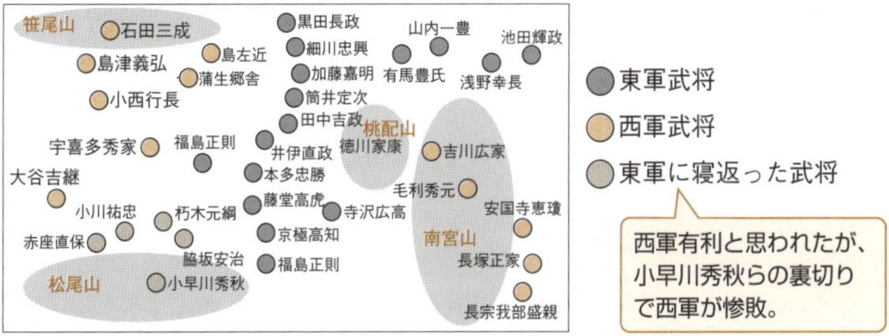
笹尾山
石田三成
島左近
島津義弘
蒲生郷舎
小西行長
宇喜多秀家
福島正則
大谷吉継
小川祐忠
朽木元綱
赤座直保
脇坂安治
松尾山
小早川秀秋
黒田長政
細川忠興
加藤嘉明
筒井定次
田中吉政
井伊直政
本多忠勝
藤堂高虎
京極高知
福島正則
寺沢広高
山内一豊
有馬豊氏
池田輝政
浅野幸長
桃配山
徳川家康
吉川広家
毛利秀元
安国寺恵瓊
南宮山
長塚正家
長宗我部盛親
東軍武将
西軍武将
東軍に寝返った武将
西軍有利と思われたが、小早川秀秋らの裏切りで西軍が惨敗。

関連項目
●長篠の戦い→No.088
●伊達政宗登場→No.094
●関ヶ原の戦い→No.096

No.097

大坂冬の陣、夏の陣

関ヶ原の戦いで敵対勢力の大半を討ち果たした家康。しかし、その体制を盤石とするべく、様々な謀略を持って豊臣家を滅亡に導く。

●天下を巡る最後の戦い

1603年、徳川家康《とくがわいえやす》は**朝廷**からの宣旨を受け**征夷大将軍**となった。徳川幕府の始まりである。もっとも、これで気を抜いてしまう家康ではなかった。江戸城の普請や江戸城下の整備を東西の諸大名に命じてその財力を削ぎ落し、大規模な国替えで彼らの軍事基盤を奪ったのである。さらに家康は1605年、駿河国《するがのくに》駿府城に隠居し、将軍の地位を息子徳川秀忠《ひでただ》に譲った。これは一説には将軍職が世襲であると示すと同時に、大坂の豊臣秀頼《とよとみひでより》への牽制の意味合いがあったという。もっとも、その後しばらくの間は特に問題もなく平和な状態が続いていた。

ところが1614年、思いもよらない事件が起きる。同年、秀頼は家康の勧めにより父豊臣秀吉《ひでよし》の建てた方広寺を修繕していた。ところがその方広寺に奉納された鐘が、家康を呪うものという噂が流れたのだ。秀頼はすぐに弁明の使者を送るものの、家康がこの機会を逃すはずはなかった。家康は巧みに大坂方の内部分裂を誘いつつ大坂方を蜂起させる。大坂冬の陣の勃発である。かつて秀吉にひきたてられていた大名すら家康に味方する中、秀頼の居城大坂城に集まったのは、長宗我部盛親《ちょうそかべもりちか》、真田幸村《さなだゆきむら》（信繁《のぶしげ》）をはじめとする浪々の身となった武将10万人。これに対し、家康は大軍勢での包囲網を引きつつ、いくつかの条件を出して講和交渉を行う。最終的に大坂方はこの条件を飲み講和するが、これは罠だった。家康はドサクサにまぎれて大坂城の要塞としての機能を奪ってしまったのである。

翌年の1615年、家康は大坂方が未だに兵力を蓄えているとして大坂征伐を決定。大坂夏の陣である。大坂方の武将は奮戦し、一時は家康本陣にまで迫るも大坂城は落城した。これにより豊臣氏は滅亡、大坂方の武将たちも多くが処刑された。戦国時代は終わりを告げたのである。

大坂冬の陣

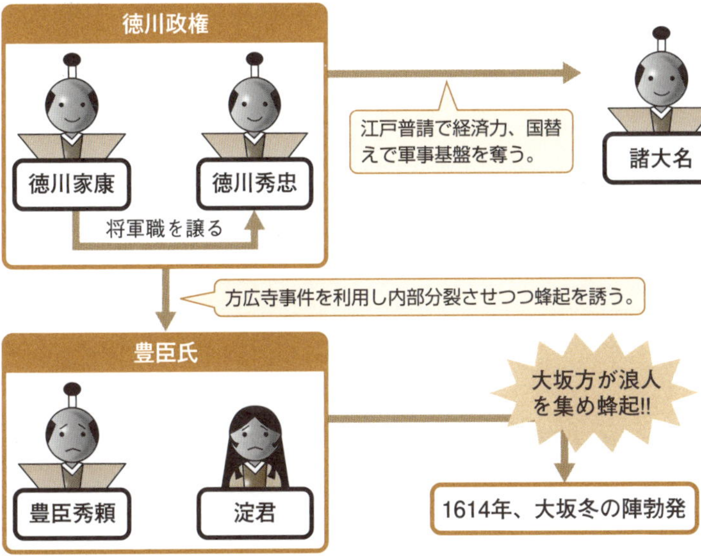
徳川政権
徳川家康
徳川秀忠
将軍職を譲る
江戸普請で経済力、国替えで軍事基盤を奪う。
諸大名
方広寺事件を利用し内部分裂させつつ蜂起を誘う。
豊臣氏
豊臣秀頼
淀君
大坂方が浪人を集め蜂起!!
1614年、大坂冬の陣勃発

大坂夏の陣

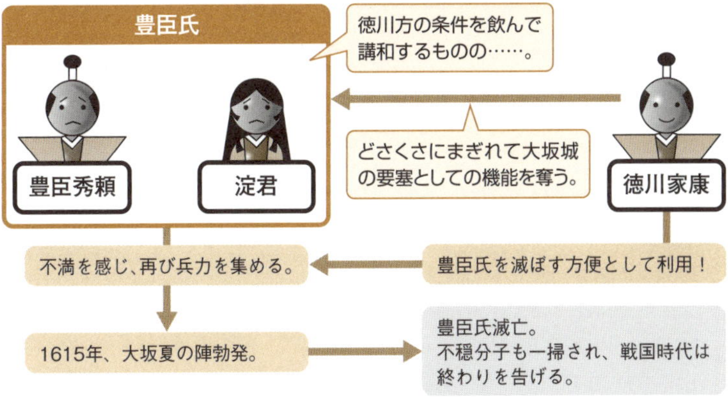
豊臣氏
豊臣秀頼
淀君
徳川方の条件を飲んで講和するものの……。
どさくさにまぎれて大坂城の要塞としての機能を奪う。
徳川家康
不満を感じ、再び兵力を集める。
豊臣氏を滅ぼす方便として利用！
1615年、大坂夏の陣勃発。
豊臣氏滅亡。
不穏分子も一掃され、戦国時代は終わりを告げる。

関連項目

●戦国時代とはどんな時代？→No.003
●源氏でないと将軍になれない？→No.024
●城はどうやって攻めたのか？→No.045
●戦国大名と天皇、公家→No.103

城にまつわる奇妙な話

時に戦場となり、時に戦国武将たちの生活の場となった城には様々な逸話が残されている。その中にはオカルトめいた奇妙な話も多い。ここではそんな奇妙な話を取り上げよう。

最も有名なのは、名城としても名高い姫路城《ひめじじょう》である。築城に際して天狗が助言をしたともいわれるこの城には、幽霊とも妖怪ともつかないものが住み着いていた。その名は刑部姫《おさかべひめ》。一説によれば、彼女は豊臣秀頼《とよとみひでより》の妻千姫《せんひめ》の侍女であった。そして大坂城落城の際、殉死を強要され殺害されたのだという。ところが、殉死を強要した当の千姫は、自害するどころか無事大坂城を落ち延び、徳川氏の重鎮本多忠刻《ほんだただとき》に嫁入りする始末。これを恨みに思ったのか、刑部姫は怨霊となり姫路城の天守に棲むようになった。そこへ新たに城主となり赴任してきたのが忠刻と千姫の夫妻である。忠刻は刑部姫の祟りか病気で早世し、千姫も早々に江戸に帰ることになった。そしてそれ以降、歴代の城主は代替わりのたびに彼女に挨拶をしなければ祟られたという。この逸話の真偽のほどは不明だが、現在、姫路城の天守には刑部明神という社があり、彼女が手厚く祭られている。なお、かの剣豪、宮本武蔵《みやもとむさし》が彼女の討伐を命じられ失敗したこともあったとされている。

関東の名城の一つ、上州館林城《じょうしゅうたてばやしじょう》にも奇妙な話が残されている。なんとこの城の築城場所を選んだのも、設計をしたのも狐だというのだ。この地方を治めていた戦国武将、赤井照光《あかいてるみつ》は当時良い築城場所を探していたという。そんなある日、子供たちがいじめていた子狐を助けた。恩義に感じたのか子狐は後日親狐とともに照光のもとに現れると築城場所に適した土地を教え、尻尾で縄張り（城の設計）をして見せたのである。照光が狐の教えたとおりに築城したのが後の上州館林城だった。なお、狐たちはその後もこの城を守り続けたと伝えられている。

怪異が守った城としては、柴田勝家《しばたかついえ》の甥が築城した丸岡城《まるおかじょう》も有名である。丸岡城には霞ヶ城の別名があり、常に霞によって城を守られていたという。もっとも霞が城を守る理由は一定ではなく、城にすむ大蛇が霞を出すというものから、姫君が井戸に身を投げ城の無事を祈ったというものまで様々である。

一風変わったものとしては、かつて上杉《うえすぎ》氏の居城であった上州平井城《じょうしゅうひらいじょう》に伝わる幽霊と武将の悲恋話がある。当時の城主であった上杉憲政《うえすぎのりまさ》は北条《ほうじょう》氏に追い詰められていた。そこで憲政は美女と名高い娘の弥子《いやこ》に有力な婿を取らせようとしたが、弥子は早死にし、憲政も北条氏に追われ越後国《えちごのくに》に落ち延びた。憲政に代わって上州平井城に入った北条長綱《ながつな》は、弥子の噂を聞き、幽霊でも良いので語らってみたいものだと思うようになる。その後、彼の願いは叶い長綱と弥子の幽霊は、城に残されていた弥子の部屋で逢瀬を重ねるようになった。しかし、二人の関係は家臣に知られるところとなり、二人は再会を約束して別れたのだという。

第4章
戦国雑学

No.098

戦国時代を知るための資料１『信長公記《しんちょうこうき》』

織田信長の家臣によって書かれた『信長公記』。装飾の少ないその内容は、本当の信長を知るための大切な資料の一つである。

●愚直に書かれた信長一代記

『信長公記《しんちょうこうき》』は、織田信長《おだのぶなが》の家臣太田牛一《おおたぎゅういち》によって1610年頃に書かれた書物である。「有ることを除かず、無きことを添えず」という態度で、信長の人生とその周囲の様子が書かれているため、織田信長を知るための第一級の資料とされている。

『信長公記』は、本来『信長記《しんちょうき》』というタイトルであった。それが今のタイトルに変えられたのにはいささか込み入った理由がある。実は、小瀬《おぜ》甫庵《ほあん》という人物が牛一の『信長記』を下敷きに別の『信長記』を書き、その記述の面白さから早い時期にそちらが広く世間に流布してしまっていたのである。牛一の『信長記』が広く世間に知られるようになったのは明治時代のことであり、その際に両者の混同を避けるために牛一の『信長記』を『信長公記』としたのだという。

『信長公記』は、全16巻から構成されている。内容としては、少年時代から足利義昭《あしかがよしあき》を奉じて上洛を目指すまでを描く首巻、上洛し義昭を将軍に据えるまでを描く一巻から二巻、有力大名による**信長包囲網**を描く三巻から五巻、敵勢を各個撃破する様子を描く六巻から十巻、一向宗《いっこうしゅう》との壮絶な戦いを描く十巻から十三巻、武田氏を滅ぼしてから**本能寺の変**が起きるまでを描く十四巻から十五巻に分けることができる。

『信長公記』の内容は、誇張が少なく物語を面白くするためのフィクションなどは徹底的に省かれている。例えば、通説では信長軍は**長篠《ながしの》の戦い**において鉄砲の三段撃ちによって武田軍に痛烈なダメージを与えたことになっているが、『信長公記』にはそのような記述はないといった具合である（もっとも、三段撃ちを史実とする説も根強い）。そのため、前述の『信長記』に比べて歴史家の評価は非常に高いものとなっている。

『信長公記』とは？

織田信長の家臣、大田牛一によって書かれた資料。誇張やフィクションを極力省いた内容で、歴史家の評価は高い。

『信長公記』の本当のタイトルは『信長記』？

牛一の『信長記』を元に、読み物として面白い『信長記』を執筆。世間に広まる。

小瀬甫庵

→ 後から世に出た牛一の『信長記』は混同を避けるために『信長公記』と呼ばれることに……。

『信長公記』の内容

『信長公記』全16巻

- 首巻（少年時代から1568年の上洛まで）
- 一巻、二巻（足利義昭を将軍にするまで）
- 三巻～五巻（信長包囲網）
- 六巻～十巻（敵対大名の撃破）
- 十一巻～十三巻（一向宗との戦い）
- 十四巻、十三巻（武田氏滅亡と本能寺の変）

関連項目

●織田信長の台頭→No.086
●信長包囲網→No.087
●長篠の戦い→No.088
●本能寺の変→No.089
●戦国時代を知るためのその他の資料→No.102
●戦国大名と一向宗→No.106

No.099

戦国時代を知るための資料２『甲陽軍鑑《こうようぐんかん》』

甲斐武田の威光を今に伝える『甲陽軍鑑』。歴史書としての評価は芳しくなくとも、そこに記載された内容は多くの人を魅了している。

●現在の武田氏のイメージを作り上げた資料

『甲陽軍鑑《こうようぐんかん》』は、**武田信玄《たけだしんげん》**の一族である中部地方の戦国大名武田氏の治世を中心にまとめられた軍書である。甲州流軍学の聖典とされ、江戸時代には広く知られる書物となった。

作者は『甲陽軍鑑』の主張する通りであれば武田信玄の家臣で武田氏の中でも重要な地位にあった高坂昌信《こうさかまさのぶ》とその甥春日惣次郎《かすがそうじろう》ということになるが、実際には諸説ありはっきりとはしていない。昌信とその家臣で猿楽師の大蔵彦十郎《だいくらひこじゅうろう》がまとめたものを、江戸時代の軍学者小幡景憲《おばたかげのり》が編集したとする説と、景憲本人が戦国時代の有名武将である昌信の名を借りて書いたとする説の二つが有力とされている。

現在伝わっている『甲陽軍鑑』は、全20巻59章という構成。その内容は武田氏が支配した領国内での法律、武田氏の家訓、当時の戦国大名の人物評価、裁判判例、兵法、有職故実《ゆうしきこじつ》、武田信玄の活躍、その息子**勝頼《かつより》**の滅亡までの歴史など多岐にわたっている。

現在伝わっている武田信玄とその周囲のイメージは、『甲陽軍鑑』の記述の影響が大きいといえるだろう。しかし、『甲陽軍鑑』の歴史的資料としての価値はそれほど高くない。実は、歴史部分に関していえば、信用度の高いほかの資料と矛盾した点や、明らかに間違いと思われる記述が含まれているのだ。特に武田信玄の名軍師として知られる山本勘介《やまもとかんすけ》に関する記述は『甲陽軍鑑』以外ではほとんど見られなかったこともあり、一時はその存在自体を疑われた。もっとも、戦国時代の雰囲気を感じ取り、当時の人々の生活を知るという意味では、『甲陽軍鑑』は優れた資料である。現在知られている戦国時代の武士の生活に関する記述は、『甲陽軍鑑』から引用されたものが多い。

『甲陽軍鑑』とは？

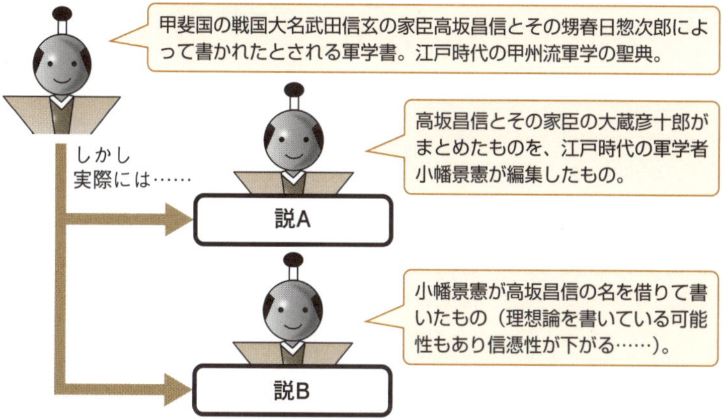
甲斐国の戦国大名武田信玄の家臣高坂昌信とその甥春日惣次郎によって書かれたとされる軍学書。江戸時代の甲州流軍学の聖典。
しかし
実際には……
説A
高坂昌信とその家臣の大蔵彦十郎がまとめたものを、江戸時代の軍学者小幡景憲が編集したもの。
説B
小幡景憲が高坂昌信の名を借りて書いたもの（理想論を書いている可能性もあり信憑性が下がる……）。

『甲陽軍鑑』の内容

『甲陽軍鑑』
全20巻59品
（品は章のようなもの）

- 家訓、分国法、その他雑多な内容
- 戦国大名の人物評と逸話
- 有職故実
- 武田信玄の年代記
- 武士の生活や儀礼に対する問答集
- 兵法（軍法、軍礼、軍陣作法など）
- 裁判の判例集
- 武田勝頼の年代記
- 家康と秀吉の対立について

関連項目
●上杉謙信と武田信玄の戦い→No.084
●長篠の戦い→No.088
●戦国時代を知るためのその他の資料→No.102

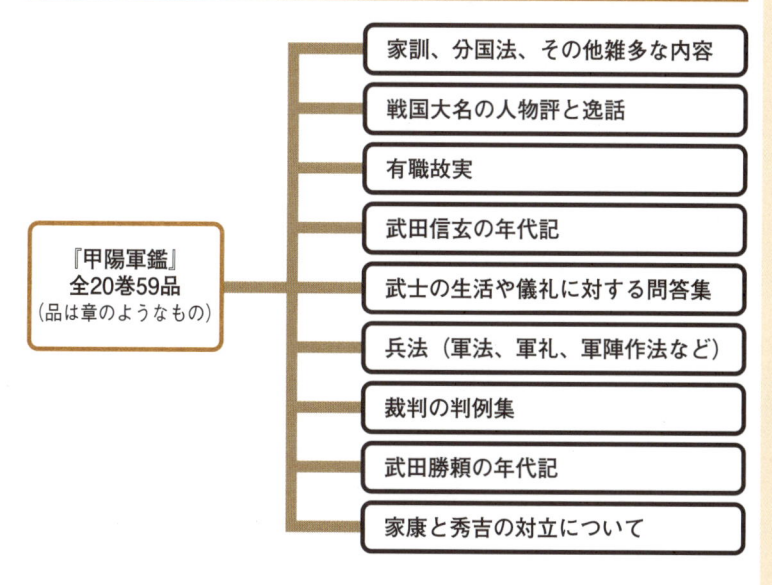

No.100

戦国時代を知るための資料3『武功夜話《ぶこうやわ》』

センセーショナルな内容によって有名となった『武功夜話』。しかし、その内容についての評価は歴史家によって分かれている。

●希代の発見か憎むべき偽書か

『武功夜話《ぶこうやわ》』は、1959年愛知県江南市前野の旧家で発見された資料である。その内容の奇想天外さから発見した吉田龍雲《よしだたつも》氏は発表をためらい、1987年龍雲氏の弟蒼生雄《たみお》氏によって翻訳本が刊行されるまでの27年間もの間、世間にその存在が知られることはなかった。しかし、発表後は歴史を覆す発見物としてマスコミ各紙にもてはやされ、数々のフィクションのネタ本としても取り上げられている。

『武功夜話』は、江戸時代の豪農吉田雄翟《よしだかつかね》とその娘千代女《ちよじょ》が、織田氏、豊臣氏などに仕えていた先祖の前野《まえの》氏の武功が失われないように書きとめたものとされている。構成は『武功夜話』21巻に『武功夜話拾遺』8巻となっており、このほか数種類の異本も存在している。内容としては豊臣秀吉が墨俣《すのまた》に築いた一夜城に関する記述など、他の資料に欠けた内容を補うような記述が多い。

ところがこの『武功夜話』、一部の研究者からの評価がすこぶる悪い。明治時代以降の地名表記が登場するほか、言葉遣いや考え方が現代的すぎるなど江戸時代に書かれた資料としては奇妙な点が多いのだ。そのため、現在では『武功夜話』を歴史的資料として扱ってよいのかどうかについて、研究者同士が真っ向から争うという事態に陥っている。もっとも、『武功夜話』の記述は筋書きとして面白く、今までの歴史的資料の空白を埋める内容も多いため、フィクションの元ネタとしては優れているといえるだろう。しかし、『武功夜話』が偽書であったとすれば、少々困ったことになる。実は『武功夜話』の記述の一部は、既に史実として独り歩きを始めてしまっているのだ。ここでは『武功夜話』の真偽については取り扱わないが、資料として用いる場合には少々注意が必要といえるだろう。

『武功夜話』とは？

江戸時代の豪農吉田雄翟とその娘千代女が、織田氏、豊臣氏に仕えていた先祖の前野氏の武功を記録した資料。他の資料に無い記述が多く、内容も面白いため歴史ファンの評価は高い。

『武功夜話』を巡る状況

肯定派の研究者

- 歴史の空白を埋める資料
- 記述を裏付ける資料も多い

⇔ 激しく対立

否定派の研究者

- 地名表記がおかしい
- 記述が現代的過ぎる

しかし、記述の多くは既に「史実」として独り歩きをしている。

『武功夜話』の内容

『武功夜話』全21巻

- 巻一～巻五（織田信長上洛まで）
- 巻六～巻九（織田政権と他勢力の闘争）
- 巻十～巻十五（信長の後継者争い）
- 巻十六（豊臣秀吉関白就任～小田原征伐）
- 巻十七～巻十九（朝鮮出兵）
- 巻二十（関白豊臣秀次関連）
- 巻二十一（関ヶ原の戦い）

『武功夜話拾遺』全8巻

- 巻一～巻八（『武功夜話』の補完）

関連項目

●戦国大名と犯罪者→No.114

No.101

戦国時代を知るための資料4『日本史』

フロイスの『日本史』は、当時の世相を伝える一級の史料といえるだろう。だが、そこには外国人特有のフィルターもかかっている。

●外国から見た戦国時代の日本

『日本史』は戦国時代に日本を訪れていた**ポルトガル人宣教師**ルイス・フロイスによって書かれた資料である。1583年、日本国内における布教史を編纂するために、事務的手腕に定評のあったフロイスに白羽の矢が立てられたのだという。フロイスはこれにより布教の第一線から退き、以降1597年長崎で息を引き取るまでの間『日本史』の編纂に全力を傾けた。

『日本史』は序文の日本六十六国誌、当時の日本人の生活などを描いた日本総論、そして3部からなる本文によって構成されている（序文は未発見、日本総論は目次のみ発見）。外部の人間から見た戦国時代の日本を知るうえでは貴重な資料だが、宣教師という立場上の差別的なものの見かたなどもあり、その点は差し引いて考えるべきかもしれないが、現在の織《お》田《だ》信長《のぶなが》像は『日本史』の影響を強く受けている部分も多い。

もっとも、この『日本史』は20世紀近くになるまでその存在が確認されていなかった。ルイス・フロイスが『日本史』を書いたという事実こそ知られていたものの、原稿が発見されていなかったのである。それもそのはず、『日本史』は他の資料に混じってバラバラに散逸していたのだ。

『日本史』は本来、完成とともにローマに送られるはずだった。しかし、フロイスの上司ヴァリニャーノが簡略化を要求、結局ローマに送られることなくフロイスの手元に残された。フロイスの死後、『日本史』はキリシタン迫害を逃れマカオに運ばれるが、その価値を知られることなくサン・パウロ学院の書庫に放置された。18世紀に入り、『日本史』は他の資料とともに写本されたが、その際本来の形とは別の形に編纂されたため『日本史』としての形を失ってしまう。原本も1835年サン・パウロ学院の焼失とともに失われ、『日本史』は永い眠りにつくのである。

『日本史』とは？

イエズス会宣教師のルイス・フロイスによって書かれた日本布教史。外国人の目から見た戦国時代の日本を知る貴重な資料。

『日本史』を巡る状況

1593年
完成するもマカオで忘れ去られる。

1742～1894年
本来と違う形で写本され、各地に散逸。

1894年
第１部が『日本史』として再発見される。

『日本史』の内容

『日本史』
序文
日本総論（37章）
第1部（111章）
第2部（132章）
第3部（56章）

- 序文（未発見）
- 日本総論（目次のみ）
- 第1部（1549年～1578年までの記録）
- 第2部（1578年～1589年までの記録）
- 第3部（1589年～1593年までの記録）

関連項目
●戦国時代を知るためのその他の資料→No.102　●戦国大名と南蛮人→No.111

No.102

戦国時代を知るためのその他の資料

戦国時代を知るうえで欠かせない数々の資料。ここではそのいくつかを紹介していこう。

●今も残る様々な資料

戦国時代の逸話や状況を知るための資料は現在にも多く残されている。ここではそうした資料を紹介しよう。

戦国時代を知るための資料はその種類によっていくつかに分けることができる。資料性の高いものとしてまず挙げられるのが古文書である。古文書は当時発行された公式文書や、戦国武将たちの手紙、系図などを含む。有名なものとしては国宝に指定された『上杉家文書』や同じく国宝の『島津家文書』などがある。

次に資料性の高いものとしては日記、実録の類が挙げられる。日記はその名の通り当時の人々が書き残した日記、実録は日記よりも客観的に事実を書き残したものである。武士の日記である『上《うわ》井《い》覚兼《かくけん》日記《にっき》』や『松平《まつだいら》家忠日記《いえただにっき》』、公家の日記である『言経《ことつぐ》卿《きょう》記《き》』、神道家の日記『兼《かね》見《み》卿《きょう》記《き》』などが、実録としては太田牛一の『**信長公記**《しんちょうこうき》』や『大かうさまくんきのうち』挙げられるだろう。

こうしたものよりやや資料性が下がるものに覚書《おぼえがき》、聞書《ききがき》がある。覚書は本来自分の体験したことなどを書きとめるもので実録とほぼ同様のものである。一方、聞書はその名の通り他人から聞いた話をまとめたもの。しかし、両者はしばしば混同され、同じように扱われていることも多い。覚書、聞書の有名なものとしては、『武《ぶ》功《こう》雑《ざっ》記《き》』や『備前老人物語《びぜんろうじんものがたり》』、『三河物語《みかわものがたり》』などがある。

これらの資料に比べさらに資料的価値が低く見られがちなのが軍記物だ。成立年代が江戸時代以降であり、フィクションも多く含まれるからである。『信長《しんちょう》記《き》』、『太閤記《たいこうき》』、『小田原《おだわら》北条《ほうじょう》記《き》』、『浅井《あざい》三大記《さんだいき》』などであるが、他の資料にはない情報も多く、侮れない資料といえるだろう。

戦国時代を知るための資料の種類と価値

古文書

詳細：当時発行された公式文書や戦国武将の手紙、家系図など。

資料的価値：最も高い。

主な資料：『上杉家文書』、『島津家文書』ほか。

日記、実録

詳細：日記は個人的感想、実録は客観的に出来事を書いたもの。

資料的価値：高い。

主な資料：日記『上井覚兼日記』、『松平家忠日記』、『言経卿記』『兼見卿記』ほか。
：実録『信長公記』、『大かうさまくんきのうち』

覚書、聞書

詳細：覚書は実録に近い、聞書は人から聞いた話を書いたもの。

資料的価値：やや高め。

主な資料：『武功雑記』や『備前老人物語』、『三河物語』ほか。

軍記物

詳細：江戸時代以降に書かれたフィクション。

資料的価値：それ以外の資料を補うこともあるため侮れない。

主な資料：『信長記』、『太閤記』、『甲陽軍鑑』、『小田原北条記』『浅井三大記』ほか。

関連項目

●戦国時代を知るための資料1『信長公記』→No.098
●戦国時代を知るための資料2『甲陽軍鑑』→No.099
●戦国時代を知るための資料3『武功夜話』→No.100
●戦国時代を知るための資料4『日本史』→No.101

No.103

戦国大名と天皇、公家

武士の台頭以降は有名無実の存在となりつつあった公家たち。戦国時代も彼らにとっては過酷な時代だったようである。

●貴族のイメージから遠い戦国時代の公家

公家は朝廷に仕える貴族たちの総称である。本来は朝廷自体を指す言葉であったが、武士の台頭により武家という言葉が生まれると、それに対しての貴族の名称として定着していく。貴族といえば華麗で文化的な生活をしていそうであるが、戦国時代ではそのような余裕はなかったようである。収入源である荘園などからの税収を在地の豪族に横領され、非常にお金に困っていたのだ。朝廷の頂点に位置する天皇家からして、代替わりの際に行われる重要な儀式を中止せざるを得ない状況だったといわれている（これには異論も存在している）。そのため、多くの公家たちは自らの家に伝わる有職故実や和歌などの知識を切り売りしなければならなかった。

経済的に困窮する公家たちの良きパトロンとなったのが戦国大名たちである。戦国大名たちの中には公家風の文化を愛し、彼らから様々なことを学ぼうとするものが多かった。実際、公家文化をこよなく愛した北陸地方の大名**朝倉《あさくら》氏**や中国地方の大名**大内《おおうち》氏**の城下町には多くの公家たちが下向《げこう》（京から移住すること）している。

こうした公家たちの中でも特に異彩を放っていたのが、近衛前久《このえまえひさ》である。彼は有力貴族である五摂家《ごせっけ》（藤原氏の中でも特に有力な近衛、九条《くじょう》、鷹司《たかつかさ》、一条《いちじょう》、二条《にじょう》）の生まれで、19歳で関白《かんぱく》の位についたエリート中のエリートである。しかし、関白《かんぱく》の地位にありながら**上杉謙信《うえすぎけんしん》**の元で軍師まがいの仕事をするなど一風変わった人物でもあった。その後も**足利《あしかが》将軍家**との不和から各地を流浪し、その間に各地の文化に貢献している。織田信長《おだのぶなが》とも交流があったが、**本能寺の変**への荷担を疑われ、豊臣秀吉《とよとみひでよし》との仲は険悪であった。後に、徳川家康《とくがわいえやす》の元に身を寄せたが、社会に果たした役割の割にはその晩年は報われなかったという。

戦国時代の天皇、公家を巡る状況

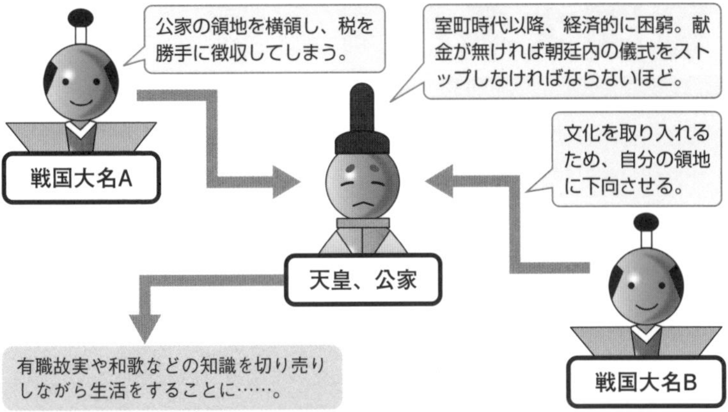
公家の領地を横領し、税を勝手に徴収してしまう。
室町時代以降、経済的に困窮。献金が無ければ朝廷内の儀式をストップしなければならないほど。
文化を取り入れるため、自分の領地に下向させる。
戦国大名A
天皇、公家
戦国大名B
有職故実や和歌などの知識を切り売りしながら生活をすることに……。

近衛前久の一生と戦国大名

1536年：関白近衛稙家の子として生まれる。

1554年：関白左大臣に就任。

1560年：懇意となった上杉謙信の関東進出を助けるため越後国に下向。

1562年：謙信の関東進出失敗に伴い京に帰洛。

1568年：織田信長が上洛。前将軍暗殺に関わったとして追放される。
関白解任後、本願寺顕如を頼り信長包囲網に参加（後に離脱）。

1575年：信長の奏上により帰洛を許可され、その後交友を深める。
信長の依頼により九州地方に下向。九州地方の大名間の和議を図る。

1582年：本能寺の変への関与を疑われ、豊臣秀吉らに詰問される。
徳川家康を頼り、遠江国に下向。

1583年：家康のとりなしにより帰洛。

1584年：秀吉と家康の不和により一時奈良国に下向。

1612年：息子との不和により隠棲した東山慈照寺で失意のうちに死亡。

関連項目

●戦国武将と朝廷の官職→No.015
●戦国時代初期の北陸地方→No.077
●戦国時代初期の中国地方→No.081
●上杉謙信と武田信玄の戦い→No.084
●本能寺の変→No.089
●戦国大名と将軍家→No.104

No.104

戦国大名と将軍家

成立当初から、その権力基盤が薄弱だった足利将軍家。しかし、様々なしがらみや利権が彼らの地位を守っていく。

●将軍家が生き延びた理由

室町幕府成立当初から、将軍家の立場は微妙なものであった。室町幕府は鎌倉幕府や後の江戸幕府に比べて政治的基盤が弱く、各地を治める有力守護連合という波の上でサーフィンをしているような状況だったのである。3代将軍足利義満《あしかがよしみつ》までは政治手腕に優れ、そのような状況も乗り切ることができた。しかし、それ以降次第に室町幕府の権威は衰えていく。

こうした状況の中でも将軍家が存続できたのは、一つには御番衆《おばんしゅう》と呼ばれる直属の親衛隊を組織したこと。もう一つには将軍家を頂点とする儀礼的秩序を確立したことが挙げられる。御番衆は、10代将軍足利義材《よしき》がそのサポート役の管領《かんれい》、細川政元《ほそかわまさもと》によって追放された時に解体されてしまったが、儀礼的秩序は将軍の存在を守り続けた。多くの戦国武将たちには、**官職**や名誉的特権（馬の鞍に特定の目印をつけるなど）を欲しがる傾向があった。そして、そういった特権を得るには将軍家の許可が必要だった。そのため、武将たちは将軍家の存在を必要としたのである。

さらに、将軍家を存続させる大きな理由となったのは、将軍の強力な政治的カードとしての力だった。追放された**将軍**を御旗に京に入ることは、天下人となる近道だったのである。管領家の細川氏をはじめ、中部地方の大名大内《おおうち》氏、四国地方から近畿地方に進出した三好《みよし》氏、その配下の松永《まつなが》氏などをはじめ、織田信長なども将軍を手中に収めることで天下を手中に収めた。逆に、将軍を手中に収めても北陸地方の**朝倉《あさくら》氏**のように自ら動かず機会を逃した例もある。もっとも、こうした価値が通用したのは、各地に大名が割拠する時代までであった。全国統一を目前とした信長にとって将軍家はもはや目の上のたんこぶにすぎず、両者の関係が悪化した時点で滅ぼされてしまったのである。

戦国時代に将軍家が存続し続けた訳

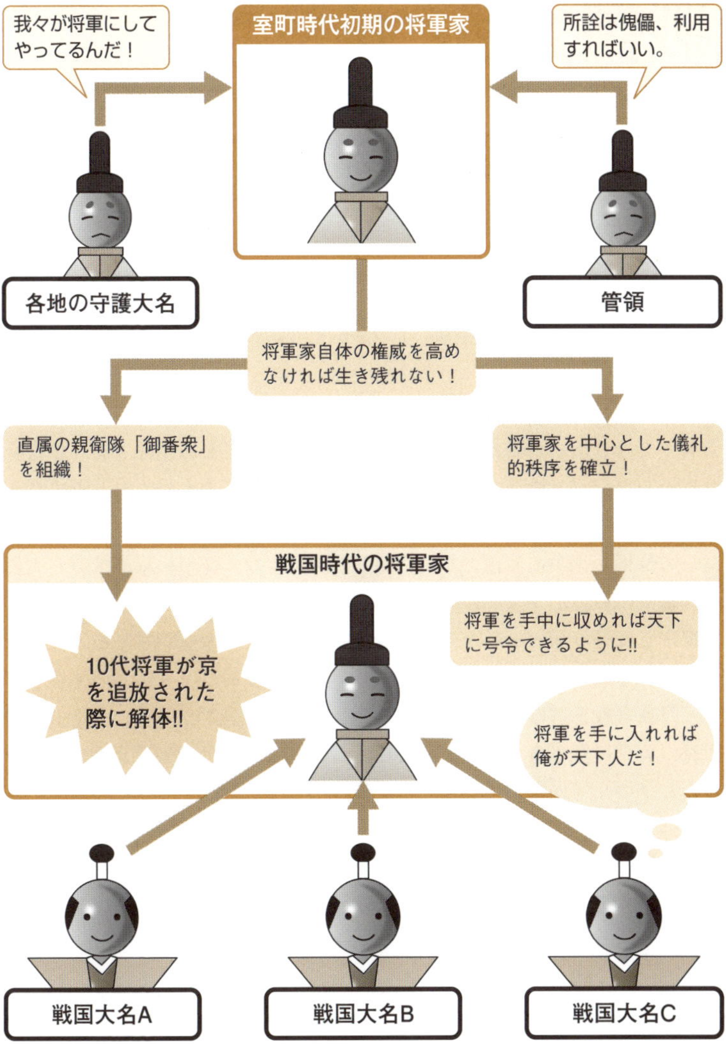
我々が将軍にして
やってるんだ！
室町時代初期の将軍家
所詮は傀儡、利用
すればいい。
各地の守護大名
管領
将軍家自体の権威を高め
なければ生き残れない！
直属の親衛隊「御番衆」
を組織！
将軍家を中心とした儀礼
的秩序を確立！
戦国時代の将軍家
10代将軍が京
を追放された
際に解体!!
将軍を手中に収めれば天下
に号令できるように!!
将軍を手に入れれば
俺が天下人だ！
戦国大名A
戦国大名B
戦国大名C

関連項目

- ●戦国武将と室町幕府の官職→No.016
- ●戦国時代初期の将軍を巡る状況→No.074
- ●戦国時代初期の北陸地方→No.077
- ●信長包囲網→No.087

No.105

戦国大名と仏教界

仏に仕え、民衆を安寧に導くのが僧の務めである。しかし、戦国時代の僧は、武将となんら変わらず乱れた世相の中で力を振るっていた。

●入り乱れる仏教界

世の中が乱れれば宗教が力を持つのは世の常である。もっとも、鎌倉時代以前の伝統仏教の多くは力を失っていた。戦国時代に力を持っていたのは禅宗《ぜんしゅう》、時宗《じしゅう》、真言宗《しんごんしゅう》、天台宗《てんだいしゅう》、浄土真宗《じょうどしんしゅう》、法華宗《ほっけしゅう》（日蓮宗《にちれんしゅう》）である。特に禅宗は戦国大名との結びつきが強く、彼らに大きな影響を与えていた。大名たちは日頃の合戦による殺生をはじめとする罪業の消滅を祈って自身や息子を出家させたり、合戦での勝利を祈って祈願をかけたりしたのである。また、禅宗寺院は武士の**学習機関**としても機能していた。そのためか、禅宗の僧侶が大名の家臣として活躍した例も少なくない。東海地方の大名**今川義元**《いまがわよしもと》に仕えた太源雪斎《たいげんせつさい》は、彼の**軍師**として様々な方面に活躍したという。

禅宗とは違う形で大名たちと深く結びついていたのが時宗である。時宗の僧侶たちは**陣僧**《じんそう》として戦場に従軍していた。陣僧は本来信者の死を看取り、最後の経を授ける僧である。しかし、次第に医者や使者としての役割を持つようになった。特に使者としての仕事は重要で、和平交渉や降伏勧告など重要な局面での使者は彼らが受け持つことが多かったという。

真言宗、天台宗といった密教系寺院は当時最大派閥の一つであり、大名たちの信仰も厚かった。独自に武力も蓄えており、政治に口出しすることも多かったという。天台宗は信長と近畿地方の大名**浅井長政**《あざいながまさ》との戦いで浅井側に味方し、信長によって本山延暦寺《えんりゃくじ》を焼き討ちされている。また、新興の宗派、特に浄土真宗、法華宗とは犬猿の仲であり度々弾圧を行った。

浄土真宗、法華宗は地方武士、一般庶民を中心に広まった宗派で、権力者とは極端に相性が悪かった。彼らが団結して一揆《いっき》を起こすことが多かったからである。

戦国大名と仏教界の関係

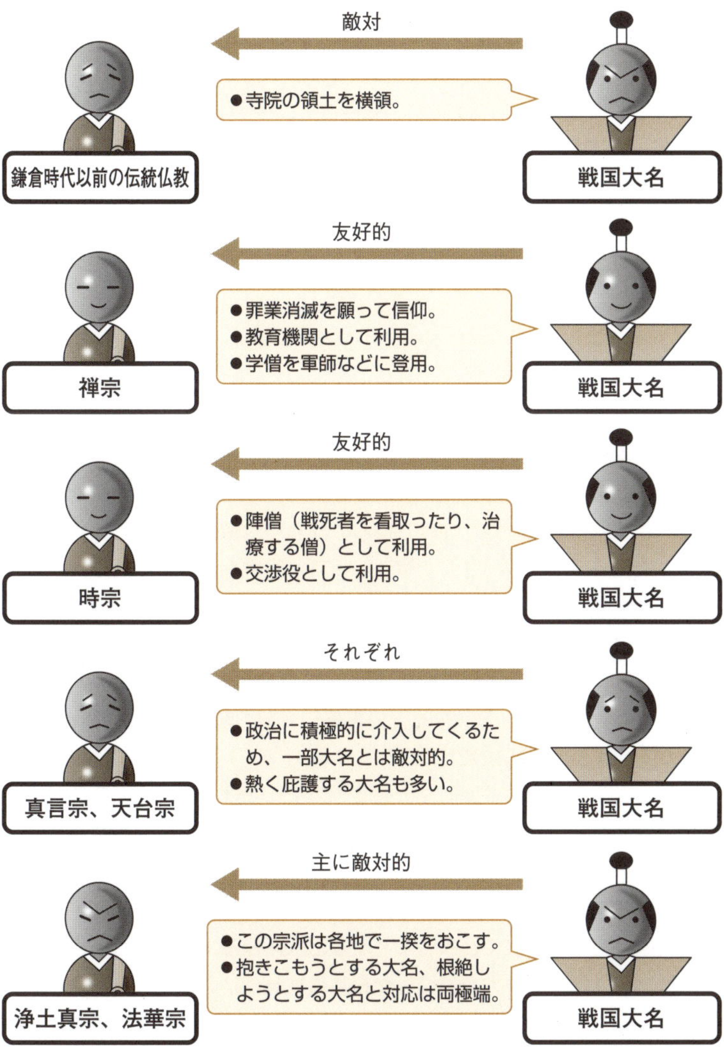
敵対
●寺院の領土を横領。
鎌倉時代以前の伝統仏教
戦国大名
友好的
●罪業消滅を願って信仰。
●教育機関として利用。
●学僧を軍師などに登用。
禅宗
戦国大名
友好的
●陣僧（戦死者を看取ったり、治療する僧）として利用。
●交渉役として利用。
時宗
戦国大名
それぞれ
●政治に積極的に介入してくるため、一部大名とは敵対的。
●熱く庇護する大名も多い。
真言宗、天台宗
戦国大名
主に敵対的
●この宗派は各地で一揆をおこす。
●抱きこもうとする大名、根絶しようとする大名と対応は両極端。
浄土真宗、法華宗
戦国大名

関連項目

●戦国武将はどんな勉強をしていたのか？→No.027
●軍師はどのような仕事をしていたのか？→No.037
●合戦終了後にはどんなことをしたのか？→No.061
●信長包囲網→No.087

No.106

戦国大名と一向宗《いっこうしゅう》

大名と並ぶほどの力を持った一向宗。彼らの起こす一向一揆は戦国大名にとって頭痛の種だった。

●容認するか、徹底的に弾圧するか

一向宗《いっこうしゅう》は、鎌倉時代に興った**浄土真宗**《じょうどしんしゅう》の一派、本願寺派の別名である。一向宗の呼び名は、「一向に阿弥陀《あみだ》を信ずる」という教義に由来しているという。

一向宗の特徴は、僧侶を中心とした講《こう》と呼ばれる相互扶助《そうごふじょ》組織である。講の存在が門徒同士の横のつながりを強くし、一向宗自体の繁栄につながったのである。戦国時代、一向宗は近畿地方、東海地方、北陸地方、そして東北地方で急速に力を伸ばした。これらの地域には大名に従属しない武士の地侍や農民を中心とした惣《そう》という自治組織があり、それを巧妙に講に取り込んでいったのである。しかし、これが一向宗の性格を歪めてしまった。講の中心となった地侍、農民たちが領国支配を強めようとする戦国大名たちと対立を始めたのだ。最終的に一向宗は僧侶、地侍、**商人**、**農民**といった人々を中心とした宗教的自治組織に変貌、**加賀国**《かがのくに》、摂津国《せっつのくに》、越前《えちぜんの》国《くに》など支配する勢力に成長した。

もっとも、本願寺法主《ほっす》蓮如、そしてその子顕如《けんにょ》は、当初「大名に反抗しないように」という立場をとっていた。しかし、一向宗を危険視する大名との対立、そして1570年の織田信長による石山本願寺《いしやまほんがんじ》の破却命令をきっかけに一気に大名との対立路線を強めていった。

一向宗の動きに対して、大名たちの対応は両極端であった。織田信長や徳川家康《とくがわいえやす》、九州地方の大名島津氏や相良氏は長きにわたって一向宗と対立している。特に信長は1580年に顕如を降伏させるまでの約10年間、一向宗との戦いに頭を悩ませていた。一方、浅井長政や関東地方の大名北条氏などのように一向宗を保護した大名も少なくない。彼らは対立する大名と一向宗をぶつけることによって漁夫の利を得ようとしたのである。

一向宗とは？

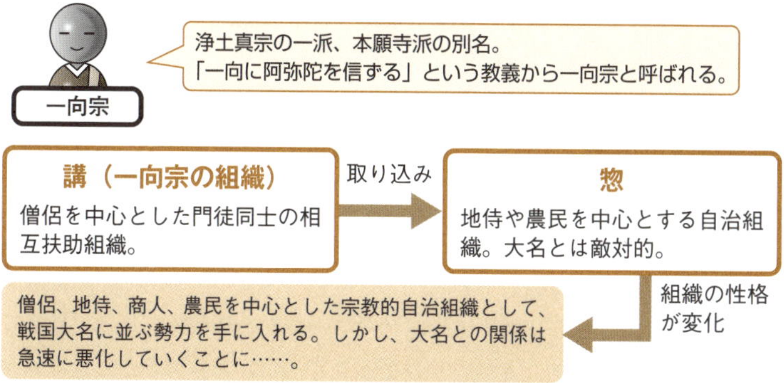
一向宗
浄土真宗の一派、本願寺派の別名。
「一向に阿弥陀を信ずる」という教義から一向宗と呼ばれる。
講（一向宗の組織）
僧侶を中心とした門徒同士の相互扶助組織。
取り込み
惣
地侍や農民を中心とする自治組織。大名とは敵対的。
組織の性格が変化
僧侶、地侍、商人、農民を中心とした宗教的自治組織として、戦国大名に並ぶ勢力を手に入れる。しかし、大名との関係は急速に悪化していくことに……。

戦国大名と一向宗

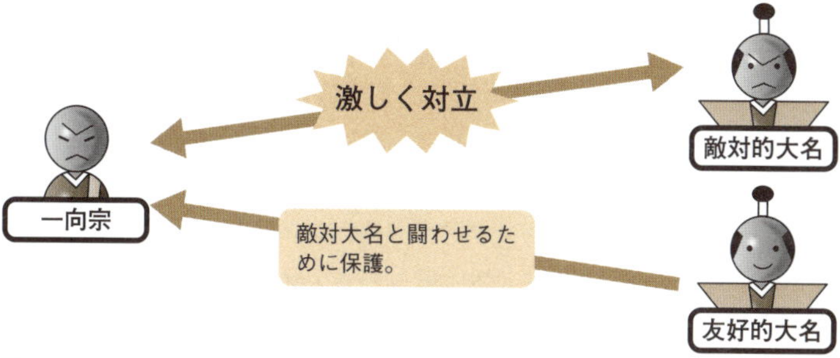
激しく対立
一向宗
敵対的大名
敵対大名と闘わせるために保護。
友好的大名

主な一向一揆

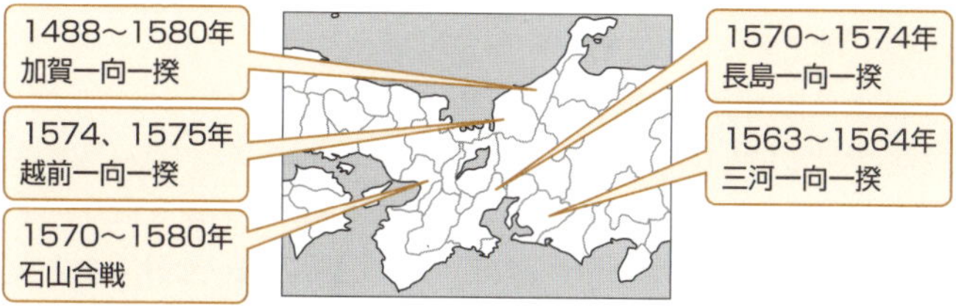
1488～1580年
加賀一向一揆
1574、1575年
越前一向一揆
1570～1580年
石山合戦
1570～1574年
長島一向一揆
1563～1564年
三河一向一揆

関連項目
●戦国時代初期の北陸地方→No.077
●信長包囲網→No.087
●戦国大名と仏教界→No.105
●戦国大名と商人→No.109
●戦国大名と農民→No.112

No.107

戦国大名と神道界

何かとゲンを担ぐことが多かった戦国大名たち。日本固有の宗教である神道も、彼らの信仰の対象として様々な影響を受けていく。

●転換期を迎えた神道界

勢力を拡大し、戦国大名たちとも渡り合っていた**仏教界**に比べ、戦国時代の神道界は大きな勢力を持つには至らなかった。神仏習合とともに仏教界に取り込まれ、一段下のものとして扱われていたのである。さらにこの頃の神道界は室町幕府の庇護を失い、大名などに領地を横領されて大きく疲弊していた。中部地方の**諏訪《すわ》氏**のように戦国大名化するものもいたが、それはごく一部の有力神社の関係者にすぎなかった。

もっとも、こうした神道界の状況は各地の有力神社にはあまり関係なかった。武将たちは自らの氏神を祀り、領国内の有力神社に様々な願い事をしては手厚く保護したのである。さらに、戦国時代の少し以前から、伊《い》勢《せ》や熊野《くまの》、白山《はくさん》、八幡《はちまん》といった神社への参拝が武士や庶民たちの間で盛んになった。これは一説には、御師《おし》と呼ばれる下級神官が各地へ渡り、こうした有力神社の有り難さを説いてまわったためともいわれている。中でも熊野は女性の参拝が許された珍しい神社であり、地方武士の妻女が数多く参拝したという。

しかし、神道界の現状に納得できない人物もいた。吉田《よしだ》（卜部《うらべ》）兼倶《かねとも》である。兼倶は元々京の吉田神社の神職であった。彼が仕える吉田神社は、応仁《おうにん》の乱で見る影もなく荒廃していた。この状況の中で、兼倶は神道、仏教（特に密教）、儒教、道教、陰陽道といった様々な宗教を取り込み、唯一宗源神道を創設し、仏教界からの脱却と神道界の統一を目論むようになる。兼倶はまず様々な神社の神々を吉田神社に祀り、吉田神社を神道界の中でも特別な存在と主張した。さらに宮中に出入りして巧みに公家や有力大名に取り入り、神社界の元締めともいえる立場を確立するのである。以降、明治時代まで吉田神社は隆盛を極めたという。

戦国時代の神道界の状況

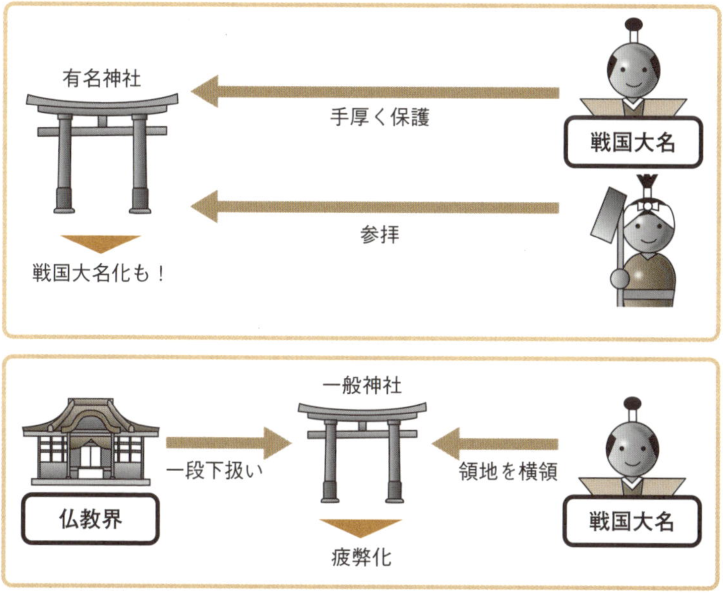
有名神社
手厚く保護
戦国大名
参拝
戦国大名化も！
一般神社
仏教界
一段下扱い
領地を横領
戦国大名
疲弊化

吉田兼倶と吉田神道

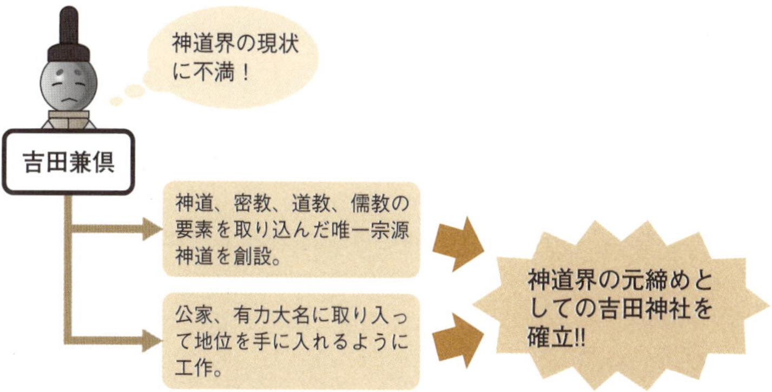
神道界の現状に不満！
吉田兼倶
神道、密教、道教、儒教の要素を取り込んだ唯一宗源神道を創設。
公家、有力大名に取り入って地位を手に入れるように工作。
神道界の元締めとしての吉田神社を確立!!

関連項目

●戦国武将の一日→No.025
●戦国武将には礼儀作法が大切？→No.033
●戦国時代初期の中部地方→No.078
●戦国大名と仏教界→No.105

No.108

戦国大名と文化人

それまで一部の権力者のものだった文化。しかし、武家や商人が力を持った戦国時代には、新たな息吹とともに多彩な進化を遂げていった。

●文化の新たな担い手たち

戦国時代は様々な分野における転換期であった。文化もその例外ではない。戦国時代まで、文化を牽引してきたのは公家や宗教界、将軍家など一部の権力者だけであった。しかし、戦国時代はそうした枠組みが崩れ、地方武士や庶民が芸術の担い手として登場する。中でも強力に文化を牽引したのが戦国大名と**豪商**たちであった。

大名たちは様々な分野における文化人たちのパトロンだったといえる。築城は建築、絵画などの分野に大きな影響と雇用をもたらした。また、各大名の**城下町**の発展は地方文化の発展に貢献している。さらに、能や狂言、連歌《れんが》などの芸能分野は大名たちの**娯楽**として受け入れられ、大いに援助を受けた。織田信長《おだのぶなが》や豊臣秀吉《とよとみひでよし》は、文化人の中でも優れた人物に天下一の称号を与えている。秀吉は出自へのコンプレックスからか芸術、文化方面に対して特に熱心で、天下人になって以降は自らも能や狂言を学び、様々な作品を残している。もっともその評価は、決して芳しいものではなかったようだ。

豪商も大名同様に文化人たちのパトロンであった。しかし、自身が有名な文化人として活躍したものも多い。茶道を現在知られる形に完成させたのは彼らである。その後、茶道は信長などによって政治の道具として取り入れられていったが、その中心となったのは彼ら豪商たちであった。武野《たけの》紹鴎《じょうおう》、千利休《せんのりきゅう》、今井宗久《いまいそうきゅう》らは特に有名で、利休や宗久は秀吉が大茶会を催した際にも参加している。

変わったものとしては、戦国武将から文化人になった例もあった。信長、秀吉に仕えた武将、古田織部《ふるたおりべ》は茶人として、近畿地方の大名**浅井《あざい》氏**の家臣海北友松《かいほうゆうしょう》は狩野派の画家として現在も名が残っている。

文化の担い手の変化

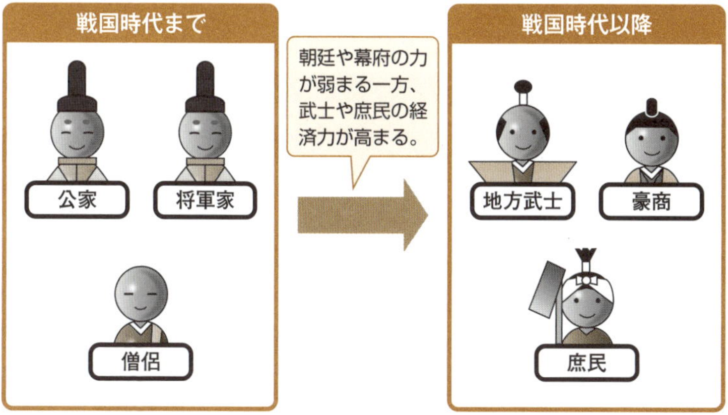
戦国時代まで
公家
将軍家
僧侶
朝廷や幕府の力が弱まる一方、武士や庶民の経済力が高まる。
戦国時代以降
地方武士
豪商
庶民

戦国大名と文化人の関係

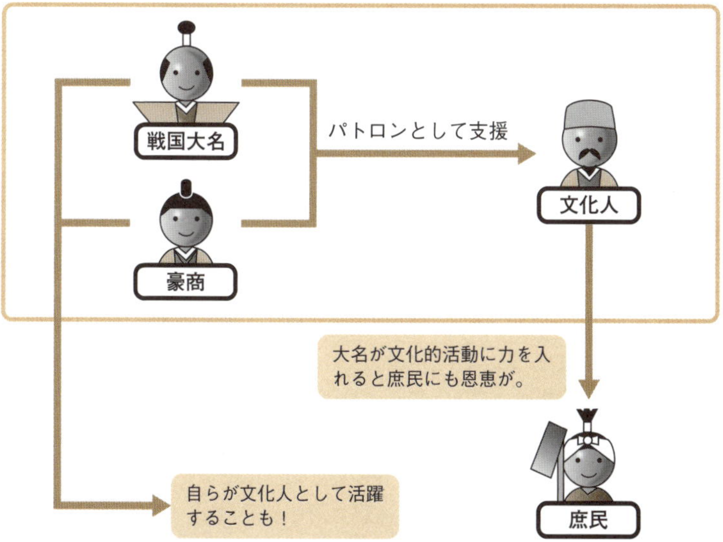
戦国大名
豪商
パトロンとして支援
文化人
大名が文化的活動に力を入れると庶民にも恩恵が。
庶民
自らが文化人として活躍することも！

関連項目
●戦国武将はどんな娯楽を楽しんだのか？→No.021
●戦国時代に栄えた大都市→No.068
●戦国時代初期の近畿地方→No.080
●戦国大名と商人→No.109

No.109

戦国大名と商人

様々な大名の政策により、経済活動が大規模な発展を遂げた戦国時代。それは商人にとっても飛躍に時代であった。

●戦国時代を支えた影の主役

戦国時代、武士にも並ぶほどの絶大な権力を手に入れたのは商人たちであった。戦国時代は、合戦や戦国大名の支配する領国の経営のために大量の物資を必要とする大量消費の時代である。商人たちはそうした大量消費を背景に大いに力をつけた。最終的には商人の協力なしには領国の経営すら危ぶまれるようになっていく。

その良い一例が荷止めである。荷止めは、大名に依頼された豪商が、対象の国への商品の流通をストップしてしまうことをいう。武田信玄《たけだしんげん》は周囲の国から塩の荷止めを行われ、窮地に陥ったことがあった。それほどの威力があったのである。

そこで、戦国大名たちは自国の商人たちを統括し、他国の商人たちの流入を歓迎した。その最たる例が織田信長《おだのぶなが》など有力な大名の行った楽市楽座《らくいちらくざ》である。戦国時代の商人たちは座《ざ》と呼ばれる同業者同士の組合を作り、座に参加しない商人を排除して利益の独占していた。大名のほうも特産品市場を掌握し、座の特権に見合うだけの**税**を納めさせていた。しかし、それでは他国の商人は呼び込めない。そこで、新たに得た領地など一定地域を開放し、座に参加していない他国の商人であっても自由に商売をできるようにしたのだ。

こうして商人を優遇した大名たちだったが、それだけでは飽きたらず力の強い豪商たちを御用商人として囲い込むようになっていく。御用商人たちの地位は非常に大きく、有力な家臣と同等に扱われ、時には町一つの支配を任されるほどだったという。さらに、**軍役**《ぐんやく》と呼ばれる戦争への従軍義務を負わされる商人も存在した。戦国時代の商人たちの性質は戸時代以降の商人とは違い、非常に武士に近いものだったのである。

戦国時代の商人

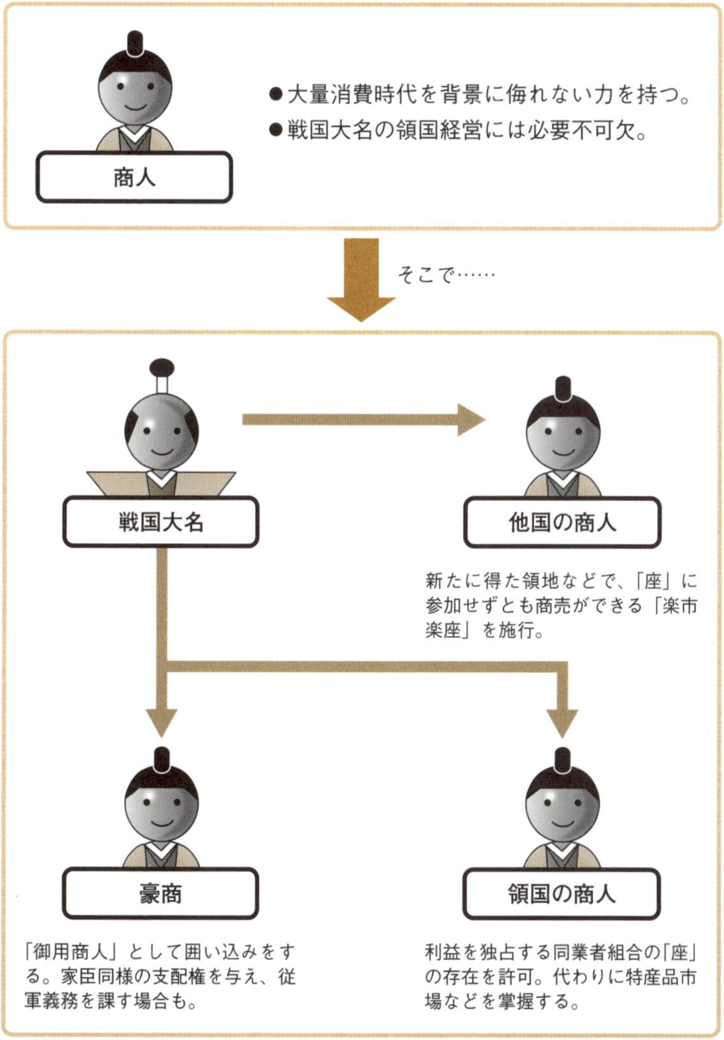
商人
●大量消費時代を背景に侮れない力を持つ。
●戦国大名の領国経営には必要不可欠。
そこで……
戦国大名
他国の商人
新たに得た領地などで、「座」に参加せずとも商売ができる「楽市楽座」を施行。
豪商
「御用商人」として囲い込みをする。家臣同様の支配権を与え、従軍義務を課す場合も。
領国の商人
利益を独占する同業者組合の「座」の存在を許可。代わりに特産品市場などを掌握する。

関連項目
●戦国大名の収入源とは？→No.012
●合戦にはどれぐらいの費用がかかったのか？→No.034
●兵士はどうやって集めたのか？→No.035
●戦国時代のものの単位→No.066

No.110

戦国大名と職人

諸外国から流入した技術、そして戦国大名たちによる奨励は、職人たちの技術を飛躍的に高めていった。

●技術革新が戦場を変える

戦国時代は海外との交流により、様々な技術がもたらされた時代であった。戦国時代の職人たちは、こうした新技術を柔軟に受け止め発展させていった。職人たちの技術革新は戦国大名たちに大きな影響を与え、やがて戦場を大きく変えていくことになる。

金属の分野では鉱山を掘る技術と、灰吹き法と呼ばれる効率のよい金属精錬法がもたらされた。これにより貴金属や鉄の生産量が格段に増え、鉱山を持つ戦国大名たちは多大な収益を得た。また、豊富な鉄は多くの武器の供給につながり、職人たちも丈夫な新しい道具を安易に手に入れられるようになる。染織の分野では木綿、絹織物が大いに発展した。特に丈夫で軽い木綿は、衣服以外にも船の帆や**鉄砲**の火縄にも用いられるなど各方面で活躍している。木工の分野では大型の鋸などの登場により、木の板の生産量が飛躍的に増大した。これに加えて寄せ木の技術がもたらされたことにより、**大型船**を作成したり、液体を貯蔵、運搬するための結桶《ゆいおけ》を作ったりすることが可能になった。石工の分野でも穴太衆《あのうしゅう》と呼ばれる職工集団が登場し、**城の石垣**などに大きな影響を与えている。このほか陶器や漆器などの工芸品も大いに発展し、大名や庶民たちの生活に彩を添えている。

当時の職人たちは棟梁《とうりょう》と呼ばれるリーダーを中心に同業者同士で集まり、座と呼ばれる組合を作っていた。棟梁は武士同然に扱われることが多く、中には禄《ろく》と呼ばれる給料を戦国大名から与えられるものもいた。また、織《お》田《だ》信長《のぶなが》や豊臣秀吉《とよとみひでよし》などは、腕のいい職人に「天下一」の称号を与え、優遇することもあったという。もっとも一般の職人がそのような優遇を受けることはなく、技術者として囲い込まれ、**税**の一種である夫役《ぶやく》を課せられ築城や武器生産など様々な労働に駆り出されたという。

職人と戦国大名の関係

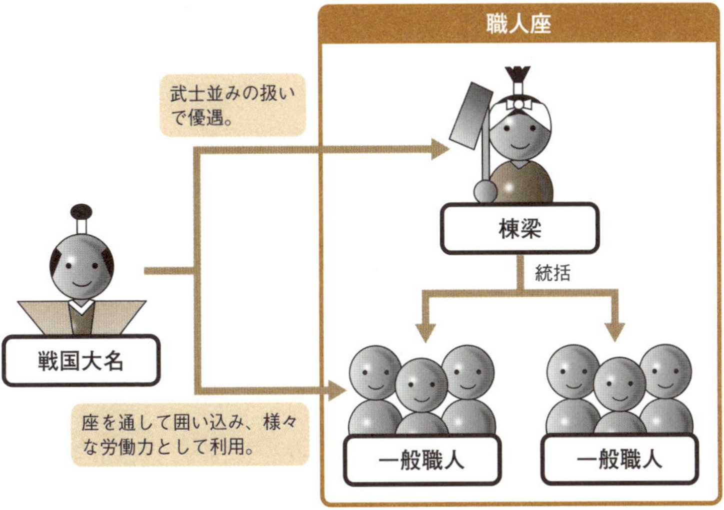
職人座
武士並みの扱いで優遇。
棟梁
統括
戦国大名
座を通して囲い込み、様々な労働力として利用。
一般職人
一般職人

戦国時代の技術革新

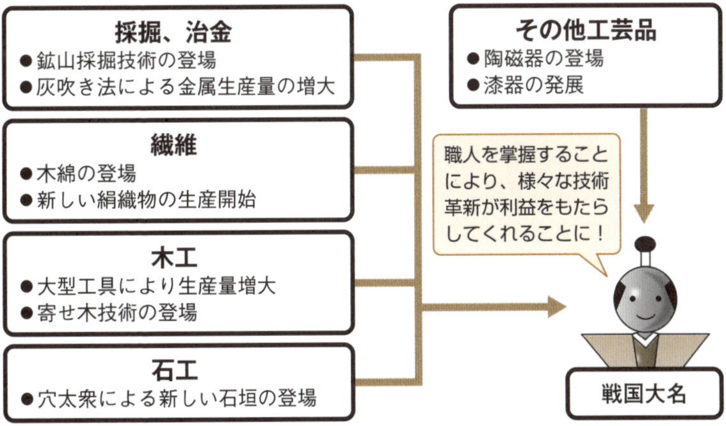
採掘、冶金
●鉱山採掘技術の登場
●灰吹き法による金属生産量の増大
繊維
●木綿の登場
●新しい絹織物の生産開始
木工
●大型工具により生産量増大
●寄せ木技術の登場
石工
●穴太衆による新しい石垣の登場
その他工芸品
●陶磁器の登場
●漆器の発展
職人を掌握することにより、様々な技術革新が利益をもたらしてくれることに！
戦国大名

関連項目

●戦国大名の収入源とは？→No.012
●領民も戦にかり出された？→No.014
●城はどうやって建てたのか→No.044
●鉄砲は合戦を変えた？→No.056
●水軍の船はどのようなものだったのか？→No.060

No.111

戦国大名と南蛮人《なんばんじん》

はるか遠方より訪れた航海者たち。戦国大名たちは彼らと積極的な交流を持つことで、様々な情報と技術を得ていく。

●日本に大きな変化をもたらした異邦人

南蛮人《なんばんじん》はヨーロッパ人、特にポルトガル人、スペイン人を指す言葉である。彼らが来訪する以前の時代、日本人の世界観はごく単純なものだった。世界を構成するのは天竺《てんじく》（インド）、震旦《しんたん》（中国）、本朝《ほんちょう》（日本）のみで、ほかは夷《えびす》とか南蛮《なんばん》と呼ばれる未開地という認識だったのである。そのため、当時の日本人たちは彼らのことを「南蛮人」と呼ぶようになったのだ。もっとも、この区分は大雑把すぎたためか、ポルトガル人たちより遅れて日本と交渉を持つようになったオランダ人、イギリス人はポルトガル人たちと区別して「紅毛人」と呼ばれている。

紅毛人たちが貿易を重視したのに対して、南蛮人たちは貿易と同時にキリスト教布教を重視していた。その中心となったのがカソリック系のイエズス会である。彼らは貿易斡旋を武器に大名たちと交渉し、各地で布教を勝ち取っていった。大名たちにとって南蛮人たちのもたらす**鉄砲**などの新技術や珍しい貿易品は非常に魅力的なものだったのである。九州地方では宣教師の斡旋による**貿易**が盛んに行われ、食文化やファッションなどの多くのヨーロッパ文化が日本にもたらされた。

しかし、こうした積極的な経済活動と布教活動は、様々な軋轢を生むようになっていく。キリシタンによる寺社への破壊活動や、徒党を組んだキリシタンの暴動などが起こるようになったのである。さらに日本人の奴隷貿易や、貿易による銀の流出も南蛮人への不信に拍車をかけた。その結果、1587年には豊臣秀吉《とよとみひでよし》によってバテレン追放令が出され、貿易からキリスト教布教が切り離されるようになる。その後、南蛮人との貿易は続くものの、次第に貿易のみを優先する紅毛人との貿易がヨーロッパ人との貿易の中心に変化していった。

ヨーロッパ人の分類とその目的

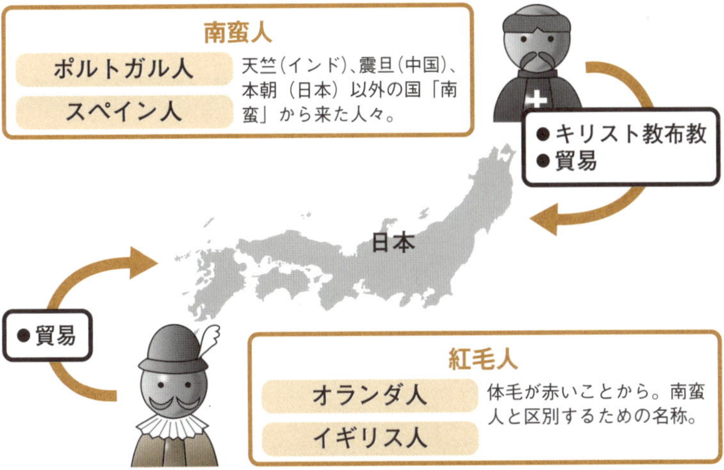
南蛮人
ポルトガル人
スペイン人
天竺（インド）、震旦（中国）、本朝（日本）以外の国「南蛮」から来た人々。
●キリスト教布教
●貿易
日本
●貿易
紅毛人
オランダ人
イギリス人
体毛が赤いことから。南蛮人と区別するための名称。

戦国大名と南蛮人の関係の推移

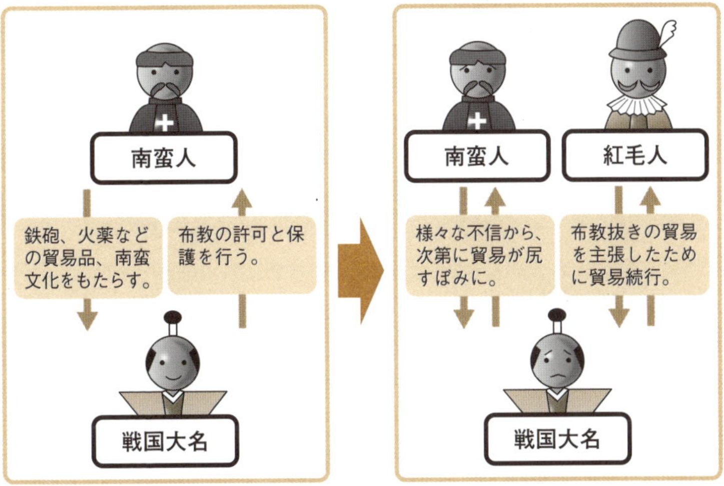
南蛮人
鉄砲、火薬などの貿易品、南蛮文化をもたらす。
布教の許可と保護を行う。
戦国大名
南蛮人
紅毛人
様々な不信から、次第に貿易が尻すぼみに。
布教抜きの貿易を主張したために貿易続行。
戦国大名

関連項目
●戦国大名の収入源とは？→No.012
●戦国武将はどんなものを食べていたのか？→No.020
●鉄砲は合戦を変えた？→No.056

No.112

戦国大名と農民

戦国時代に起こった技術革新は農民に多大な恩恵を与えた。しかし、大名による大規模な統制は、彼らと武士の立場の隔絶をもたらした。

●革新の時代

戦国大名にとって、農民の扱いは常に悩みのタネであった。それは大名が彼らに求めた役割の矛盾に由来する。当時の農民たちは、**収入**の要である農業従事者であると同時に、重要な**兵力**であり雑多な土木作業における**労働力**だったのである。国内生産を重視するのであれば、兵力や労働力として農民を動員するわけにはいかない。逆に兵力や労働力を重視するのであれば、どうしても国内生産に影響が出てしまう。実際、初期の大名たちの多くは農民の手が空く農閑期を選んで合戦を行っていた。こうした悩みが解消されるのは、**兵農分離**が確立されてからのことである。

大名たちが農民たちの扱いに悩む一方、農民たちのほうは着実に力を蓄えつつあった。戦国時代は農民たちにとって革新の時代だったのである。戦国時代は、中国からもたらされた排泄物を肥料として利用する技術や、農機具の改良が盛んに行われた時期だった。これに加え、大名主導による大規な治水事業や開墾事業により、農地事情が飛躍的に改善されていったのだ。生産能力が高まれば、当然農民の生活も向上していく。

さらに、戦国時代の農民の地位も彼らを有利にしていた。当時は武士と農民の垣根が低く、武士であれば軍役《ぐんやく》と呼ばれる戦争への参加義務を負い、農民であれば税である年貢《ねんぐ》を納めるという義務を負うという程度の違いしかなかった。土豪《しごう》と呼ばれる有力農民であれば、武士同然の扱いを受けていたほどである。そのため、大名と敵対する農民たちも多かった。各地の大名を苦しめた**一向一揆《いっこういっき》**の一翼を担っていたのは、こうした力を持った農民たちである。しかし、豊臣秀吉《とよとみひでよし》が天下を統一したことにより、農民を巡る状況は一変する。秀吉は農民に土地を保証する代わりに、彼らから武器を取り上げた。そして、武士と農民を完全に区別してしまったのである。

戦国大名を悩ます農民の扱い

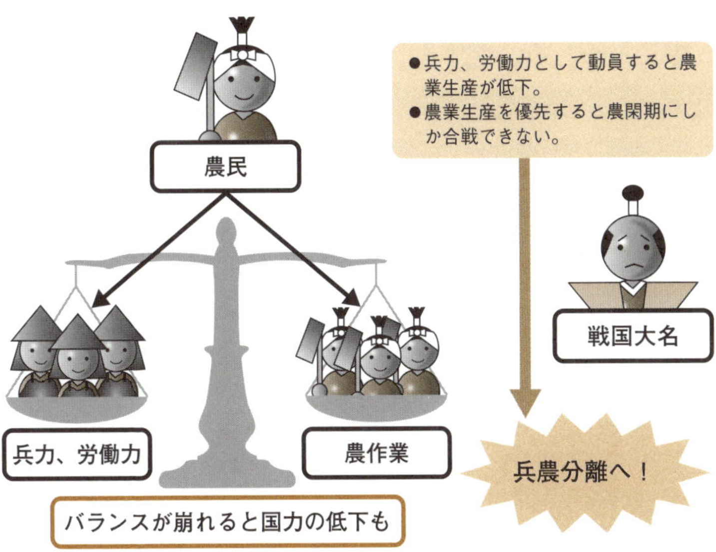
農民
●兵力、労働力として動員すると農業生産が低下。
●農業生産を優先すると農閑期にしか合戦できない。
兵力、労働力
農作業
戦国大名
兵農分離へ！
バランスが崩れると国力の低下も

戦国時代の農民

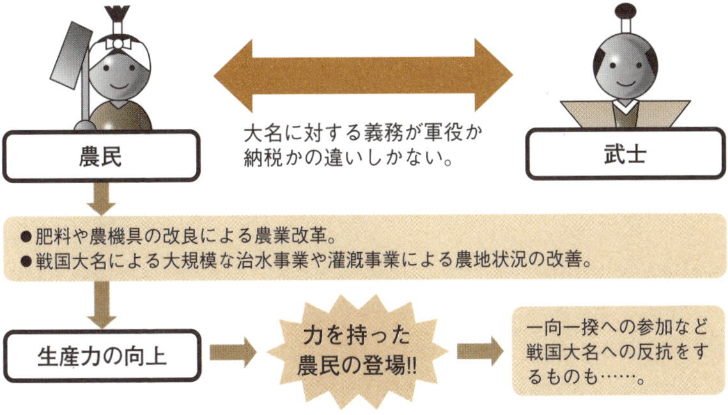
農民
大名に対する義務が軍役か納税かの違いしかない。
武士
●肥料や農機具の改良による農業改革。
●戦国大名による大規模な治水事業や灌漑事業による農地状況の改善。
生産力の向上
力を持った農民の登場!!
一向一揆への参加など戦国大名への反抗をするものも……。

関連項目

●戦国大名の収入源とは？→No.012
●兵士はどうやって集めたのか？→No.035
●足軽とはどのような存在だったのか？→No.036
●戦国大名と一向宗→No.106

No.113

戦国大名と忍者

武士と並び戦国乱世のヒーローとして扱われる忍者。彼らは武士とは違った世界で生きる技術者や、アウトローたちの集団だった。

●情報収集のプロ

戦国大名の手足として働いたのは、武将や兵士だけではない。彼らとは違い、表だって活動することを許されない集団も存在していた。忍者や間者と呼ばれる集団である。彼らは戦国大名の命によって時に各地を巡って**情報収集**を行い、時に敵陣の後方攪乱を行っていた。

戦国大名たちは、それぞれ独自の集団を雇い情報の収集を行っていた。徳川家康《とくがわいえやす》の使った伊賀《いが》、甲賀《こうが》、武田信玄《たけだしんげん》の使った乱破《らっぱ》、上杉謙信《うえすぎけんしん》の使った担猿《のきざる》、関東地方の大名北 条《ほうじょう》 氏の使った風間《ふうま》、東海地方の大名今川《いまがわ》氏の使った素破《すっぱ》などの忍者集団などがその一例である。さらに、信玄の使った巫女の集団や中国地方の大名毛利《もうり》氏の使った琵琶法師の集団など宗教者の集団なども情報収集に活躍している。もっとも、こうした集団を信用しておらず、もっぱら家臣に情報収集を任せる戦国大名もいた。

彼ら、特に忍者集団は大名の家臣ではなく独立した存在である。多くの場合、彼らは有力な社寺などに守られた独立領の豪族や領民だった。また、定住地を持たない漂泊の民や犯罪者の集団であることもある。

いくつかの例外があるものの、忍者には上忍、中忍、下忍の三つの身分があった。上忍は豪族のことで、彼らは大名からの依頼を受けて、各地に忍者を派遣する役割を持っている。忍者というよりは武士に近い存在で、そのまま武将として家臣になってしまったものも少なくない。織田信《おだのぶ》長《なが》の配下滝川一益《たきがわかずます》は、元々忍者であったのではないかといわれている。彼ら上忍のもとで実働部隊を率いたのが中忍で、下忍は彼らの指揮下で働いた。忍者の技術は厳しい山間部での生活や、山伏などの宗教者から得た医学、呪術などを源流としている。現在のフィクションで語られるような荒唐無稽なものは少なく、当時としては合理的な技術の集大成であった。

忍者の組織と戦国大名との関係

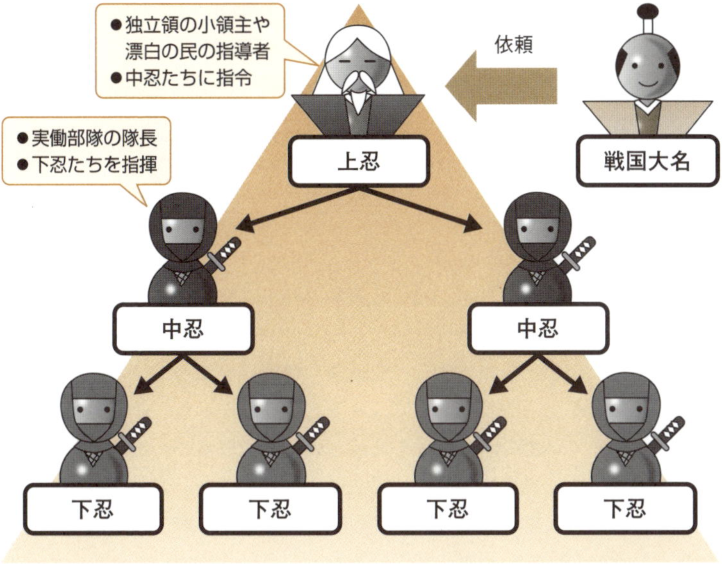
●独立領の小領主や
漂白の民の指導者
●中忍たちに指令
依頼
上忍
戦国大名
●実働部隊の隊長
●下忍たちを指揮
中忍
中忍
下忍
下忍
下忍
下忍

代表的な忍者集団とその仕事

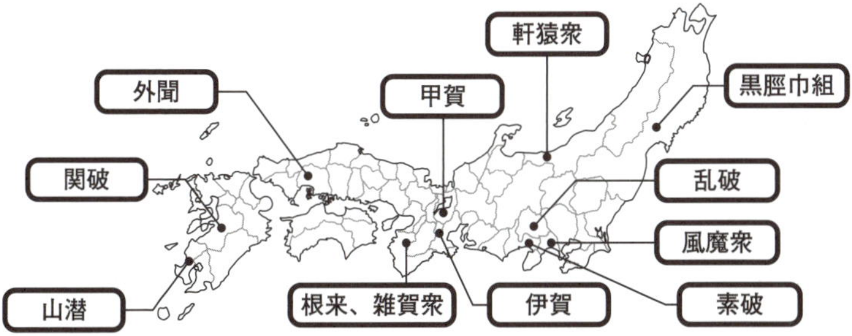
軒猿衆
外聞
甲賀
黒脛巾組
関破
乱破
風魔衆
山潜
根来、雑賀衆
伊賀
素破

通常時の仕事

- 敵国内の情報収集
- 敵国内の情報操作

戦場での仕事

- 敵陣の情報収集
- 敵軍の後方攪乱

関連項目
●合戦中はどうやって情報を集めたのか？→No.042　●城はどうやって攻めたのか？→No.045

No.114

戦国大名と犯罪者

現代ほど治安や統制が徹底されていなかった戦国時代。犯罪者は戦国大名の頭痛の種となっていた。

●戦国大名を悩ませるもの

戦国大名たちは、自らが支配する領国の秩序を重要視していた。秩序が乱れ国内が荒廃すれば、それは国力の低下、ひいては滅亡につながったからである。しかし、現在のように**交通網**や**情報網**が整っていない戦国時代、領国全体に気を配るなどとてもできることではなかった。そういった隙をついて活動していたのが、盗賊や海賊といった犯罪者たちである。

盗賊の被害は庶民にとどまらず武士にも及んでいた。盗賊が城に侵入したため、全員白装束を着てそれ以外の服を着ている盗賊を探し出そうとした城主の話や、寝ている間に着ているものから脇差まで盗まれてしまった武士などの話も残されている。特に戦国時代初期の京は、将軍を巡って情勢が定まらず盗賊たちが横行していた。

こうした盗賊の中で、現在最も有名なのが石川《いしかわ》五《ご》右《え》衛門《もん》であろう。もっとも、現在の大盗賊というイメージは江戸時代に浄瑠璃や歌舞伎などで創られたもので、実際には盗賊たちの中の一人でしかなかった。五右衛門は阿波国《あわのくに》の大名**三好《みよし》氏**家臣の息子ともいわれているが、その素性ははっきりとはしていない。各地で被害を出したようだが、最終的には豊臣秀吉《とよとみひでよし》の命で家族とともに捕縛され、20人の盗賊たちと三条河原で釜茹でにされている。秀吉の命と聞けば、大泥棒としての名に恥じないように思われるが、彼が凄かったというよりはそれだけ盗賊の被害が酷かったのである。

一方、海賊たちは主に海外で猛威を振るっていた。大陸沿岸を荒らしまくった倭寇《わこう》がその代表である。彼らは時に商人としても活動したため、完全に根絶することは難しかった。また、独自の海軍勢力を保持していたため、次第に大名たちに**海軍**として取り入れられていく。彼らは後年、秀吉により海賊停止令が出されるまで海上で猛威を振るい続けた。

戦国大名と犯罪者

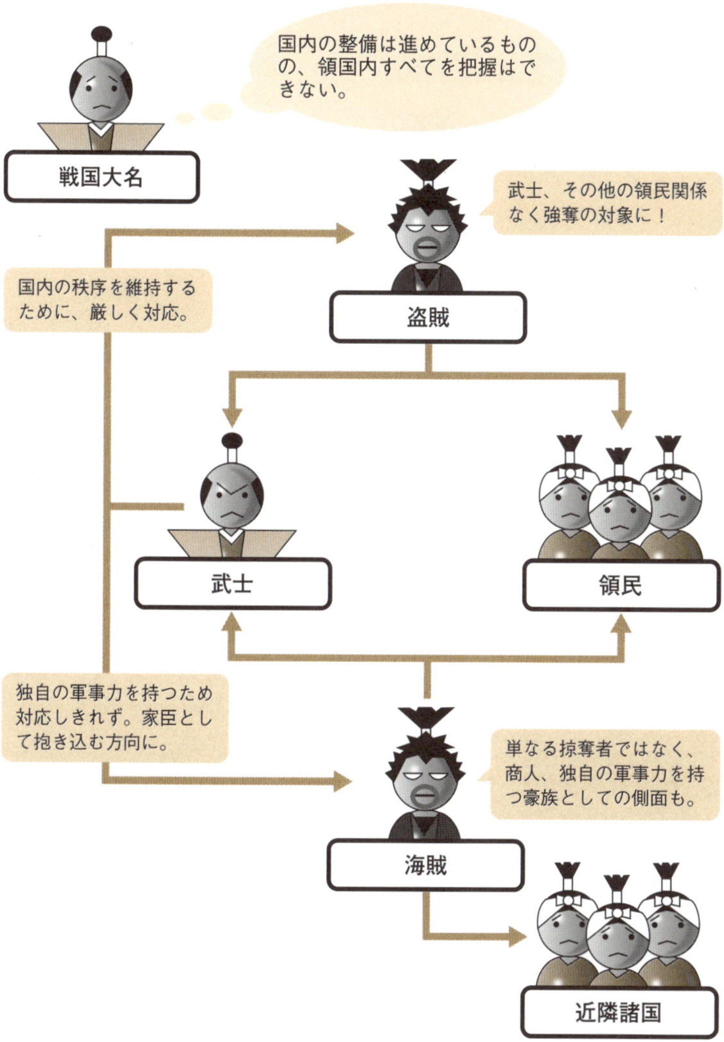
国内の整備は進めているものの、領国内すべてを把握はできない。
戦国大名
武士、その他の領民関係なく強奪の対象に！
国内の秩序を維持するために、厳しく対応。
盗賊
武士
領民
独自の軍事力を持つため対応しきれず。家臣として抱き込む方向に。
単なる掠奪者ではなく、商人、独自の軍事力を持つ豪族としての側面も。
海賊
近隣諸国

関連項目

●海上ではどのように戦っていたのか？→No.048
●戦国時代の交通手段→No.070
●戦国時代の情報伝達手段→No.069
●戦国時代初期の四国地方→No.082

重要ワードと関連用語

あ

■合印（あいじるし）
戦場で敵味方を区別するための目印。そろいの色の布などが用いられた。

■足軽（あしがる）
武士階級ではない歩兵の総称。初期は傭兵や臨時雇いの領民などがほとんどであったが、後に武士に順ずる扱いとなった。

■足軽大将（あしがるだいしょう）
物頭（ものがしら）ともいう。長柄隊（ながえたい）、鉄砲隊、弓隊などの足軽部隊の隊長。

■穴太衆（あのうしゅう）
近江国出身の石工集団。優れた技術を持っていたため、各地の城で石垣作りに従事した。

■安堵（あんど）
土地などの権利を保証すること。

■石落（いしおとし）
櫓などに設けられた防衛設備。壁の一部をせり出させてあり、そこから下に石を落とした。

■石垣（いしがき）
城の土台などの防御力を高めるために作られた石積み。

■一門衆（いちもんしゅう）
大名の血縁。

■一向宗（いっこうしゅう）
浄土真宗本願寺派のこと。地侍（じさむらい）や農民といった人々と結びつき、大名たちに激しい抵抗を示した。

■一揆（いっき）
本来は心を一つにするの意。転じて一致団結した集団や、その行動を指す。戦国時代における一揆は、権力者や富裕層に抵抗する集団や抵抗運動を指すことが多い。

■馬印（うまじるし）
指揮官の居場所を示す目印。一軍を指揮する地位にあることを示すステータスとしての意味もあった。

■馬揃（うまぞろえ）
軍事パレード。自らの軍事力を誇示する際などに行った。

■馬廻（うままわり）
大将の警護役に当たる騎馬武者。親衛隊。

■烏帽子親（えぼしおや）
元服（げんぷく）の際の後見人。武士が元服する際、烏帽子（えぼし）をかぶせる役を負ったことからこの名がある。

■大手（おおて）
城の正面や正門のこと。城の正面から攻める軍勢のこともいう。

■大手門（おおてもん）
城の正面に位置する門。追手門ともいう。

か

■花押（かおう）
貴族や武士が用いたサイン。自分の名前などを図案化したものが多い。

■家中（かちゅう）
大名家の家臣の総称。

■家督（かとく）
家を継ぐ人。戦国時代において、家を継ぐということは一族の長としての権限や一族に伝えられた役職、土地財産を継ぐということだった。

■寡兵（かへい）
兵士が少ないこと。

■上方（かみがた）
京、大坂周辺のこと。

■搦手（からめて）
城の裏口や背面のこと。城の背面から攻める軍勢のこともいう。

■間者（かんじゃ）
敵の内情を探るもの。

■感状（かんじょう）
働きの良い家臣に対して大名が送る賞状。武将の評価基準のひとつとして考えられ、家中での地位や再就職の際の評価につながった。

■管領（かんれい）
室町幕府の役職で、本来は将軍の補佐役。

■給人（きゅうにん）
扶持人（ふちにん）ともいう。給料をあてがわれた人。

■キリシタン大名
キリスト教を信奉した大名。キリスト教の布教や信者の保護を行い、南蛮貿易によって力を蓄えたものも多かった。

■近習（きんじゅう）
主君の身の回りの世話や身辺警護を行う家臣。小姓とは違い、既に名のある武将が多かった。

■国衆（くにしゅう）
領国拡大の際に取り入れられた家臣。外様（とざま）、新参（しんざん）ともいう。

■首実検（くびじっけん）
戦場で討ち取った首を大将が確認する儀式。対象となる首が高位のものであれば対面、逆に足軽など身分の低いものであれば見知（けんち）という。

■曲輪（くるわ）
城の一区画。本丸（ほんまる）が城の最終防衛区画であり、それより外の区画を二の丸、三の丸、出撃拠点となる区画を馬出（うまだし）、各区画をつなぐ細い区画を帯曲輪や武者走り、犬走りという。

■軍使（ぐんし）
大名が自分の意思や命令を伝えるために派遣した使者。大名間の交渉ではその場での判断が求められる場面も多く、軍使には大名の信頼の厚い優秀なものが選ばれた。

■軍忠状（ぐんちゅうじょう）
戦場での働きや負傷の度合いなどを大将に申告するための報告書。論功行賞の際の判断材料の一つ。

■軍配（ぐんばい）
軍配団扇のこと。兵士を指揮する際に指揮棒として用いたほか、占いに用いたり敵の攻撃を防いだりするためにも用いられた。

■軍配者（ぐんばいしゃ）
軍配と兵士の指揮権を与えられた人物。実際には合戦に関する様々な占いや、指揮官へのアドバイスを行った人物を差す。軍師ともいう。

■軍奉行（ぐんぶぎょう）
合戦時の作戦立案や軍事的アドバイスを行う役職。

■軍法（ぐんぽう）
合戦開始にあたって決められる様々な規則。禁止事項が多かった。

■軍令（ぐんれい）
合戦中の規律、戦略行動、機密保持などについての命令。

■下向（げこう）
京を離れ、任地に向かうこと。

■元服（げんぷく）
公家、武家で成人になること。またはその儀式。

■減封（げんぽう）
支配下の大名の領地を減らすこと。

■豪族（ごうぞく）
土地を実力で支配する地方の有力者。

■国人（こくじん）
村などごく小さな範囲を支配する地方の小領主のこと。地侍（じさむらい）、土豪（どごう）ともいう。国人を国衆という場合もある。

■虎口（こぐち）
城の出入り口の総称。

■小姓（こしょう）
主君の身の回りの世話や身辺警護を

行う家臣。見習いとして主君から様々なことを学んだ。

■拵（こしらえ）

刀剣類や槍の刀身部分を除いた外装部分。

■後詰（ごづめ）

交代、補充を行う後続部隊のこと。援軍や奇襲部隊などの別働隊のことを言う場合もある。

■御所（ごしょ）

天皇や将軍などの住居。転じて天皇や将軍の俗称。

■小人（こびと）

小物（こもの）ともいう。武士に仕え雑用などを行った使用人。

さ

■座（ざ）

今で言うところの労働組合。商人の属する商人座、職人の属する職人座がある。戦国時代は座に属さなければ商売することができない土地が多かった。

■采配（さいはい）

30cmほどの棒の先に細長く切った布や獣毛の房をつけたもの。兵士を指揮する際に指揮棒として用いられた。

■侍大将（さむらいだいしょう）

騎馬武者隊の隊長。部将（ぶしょう）ともいう。(物頭がこちらの意味で用いられることもある。

■直臣（じきしん）

大名と直接主従関係を結んだ家臣。

■殿払い（しつばらい）

撤退作戦において殿（しんがり）をつとめた軍勢のこと。

■地頭（じとう）

鎌倉幕府、室町幕府の役職の一つ。警察権と裁判権、徴税権を持ち地方を支配した。

■守護（しゅご）

鎌倉幕府や室町幕府の職名。地方警備や治安維持が主な役割だったが、時代が下るにつれ派遣された地方全般の支配権を確立するようになった。

■守護代（しゅごだい）

京に居住することの多い守護に代わって現地に赴いた役人。代官ともいう。

■守護大名（しゅごだいみょう）

地方の支配権を確立した守護。あくまで幕府の支配機構の一部に過ぎなかった。

■出奔（しゅっぽん）

逃亡して行方をくらますこと。

■城主（じょうしゅ）

城とその周辺の領土の支配者。独立勢力としての城主から、大名の重鎮まで身分は様々。

■城代（じょうだい）

城主に代わって城の管理や防衛を行う役人。

■庶子（しょし）

側室など、正妻以外の女性から生まれた子供。

■地割（じわり）

領民に対する土地の割り当て。農地の割り当てや都市部の区画整理も含む。

■殿（しんがり）

退却する際に最後尾で敵軍の追撃を防ぐ部隊やその指揮官。

■陣僧（じんそう）

元来は戦死者の供養のために従軍した僧侶で、時宗の僧侶が多い。後に医者や交渉役として戦場で活躍するようになった。

■陣触（じんぶれ）

軍令の一種。召集命令。

■陣屋（じんや）

陣に設営された簡易宿泊施設。

■戦国大名（せんごくだいみょう）

幕府の後ろ盾なく独自の支配権を確立した地方の有力者。

■先鋒（せんぽう）

合戦の際に先頭に立つ部隊やその指揮官。先手（せんて）、先陣（せんじん）ともいう。

■奏者（そうじゃ）
戦国大名からの要望を将軍に伝える仲介者。

■惣領（そうりょう）
一族の長、当主。

た

■大名（だいみょう）
元来は大名田堵（だいみょうでんと）と呼ばれる有力農民をさす言葉。後に派遣された地方の支配権を確立した守護を守護大名と呼ぶようになったことから、転じて地方の権力者を大名と呼ぶようになった。同じく有力農民である大名主が元ともいわれる。

■内裏（だいり）
天皇の住居。

■力攻め（ちからぜめ）
正攻法。平攻めともいう。

■嫡子（ちゃくし）
正妻から生まれ、家督を継ぐ子。

■茶坊主（ちゃぼうず）
主君の身の回りの世話をする僧侶の姿をした従者。

■調略（ちょうりゃく）
はかりごと。敵をだまし、ことを有利に進めるための手立て。

■使番（つかいばん）
合戦中の伝令役。

■天守（てんしゅ）
殿守ともいう。城の中心部に築かれた最大規模の櫓。有事には司令部として機能した。

■田畠薙ぎ（でんぱくなぎ）
植えつけたばかりの田の苗を踏みにじるなどをして敵国にダメージを与えること。青田刈りという場合は稲を刈り取ってしまうことを言う。

■転封（てんぽう）
支配下の大名の今までの領地を召し上げ、別の領地を与えること。国替えともいう。

■同胞衆（どうほうしゅう）
座敷まわりの雑役夫。

■取次（とりつぎ）
大名への上申を行う役職。家臣からの要望は取次を通じて大名に伝えられた。

な

■撫切（なでぎり）
城を攻め落とした際、城に立て篭もっていた人間を皆殺しにすること。

■縄張（なわばり）
城の設計図。古くは実際に現地に赴き、縄で設計を行ったためこの名がある。

は

■陪臣（ばいしん）
又家来（またけらい）ともいう。大名の家臣の家臣のこと。大名との直接の主従関係は無い。

■半役（はんやく）
軍役に定められた兵数の半分。三分の一役、四分の一役などもある。

■被官（ひかん）
大名の支配下に入った武士や地方領主のこと。彼らを支配下に置くことを被官化するという。

■火攻め（ひぜめ）
敵城下に放火すること。直接交戦することが少ないためか、武将の初陣などでも行われた。

■評定（ひょうじょう）
今後の方針を決める会議。

■兵糧攻め（ひょうろうぜめ）
敵軍の補給を立ち、抵抗力を奪う。

■奉行（ぶぎょう）
主君の名を受けて各種の仕事を担当する役人。その内容は多岐に渡り、織田信長の家臣団には相撲奉行などという役職もあった。

■普請（ふしん）
築城の際に行う土木作業のこと。築

城そのものや補修工事、その他土木工事を指す場合もある。

■譜代（ふだい）

大名に代々仕えている家臣。

■扶持（ふち）

給料（現在とは違い金銭だけではなく米や土地で支払われることもある）、もしくは給料をもらうこと。

■奉書（ほうしょ）

上位のものから受けた命令を、より下位のものに伝えるために発行した文書。

■堀（ほり）

敵の侵入を防ぐために城や屋敷の周りに掘った深い溝。そのままにして通路としても利用する空堀、水を満たした水堀がある。

■本陣（ほんじん）

総大将が陣取る場所。合戦中の司令部であり、側近たちが総大将の周囲を固めていた。

ま

■水攻め（みずぜめ）

長囲（ちょうい）の一つ。敵城の周囲を水没させ補給を絶つ。

■水手（みずのて）

城の水源。通常は井戸のことだが、周囲の河川や池、沼などを指すこともある。

■目付（めつけ）

家臣団を監視する役割で置かれていた役職。合戦時は軍目付、軍監（ぐんかん）と呼ばれる役職が置かれた。

■物見（ものみ）

戦場での偵察や、その任務に当たる人物。

や

■御館（おやかた）

武将の邸宅。政治の中心の場であり、転じてその主である武家の棟梁（とうりょう）を意味するようになった。御館様（おやかたさま）ともいう。

■櫓（やぐら）

城の防衛施設となる建物の総称。役割や由来によって様々な名称のものが存在する。

■猶子（ゆうし）

兄弟や親戚から貰い受けた養子。

■右筆（ゆうひつ）

現在でいう書記のこと。文書の作成や記録を行った。祐筆ともいう。

■会合衆（よりあいしゅう）

貿易港として栄えた商業都市である堺を支配していた36人の豪商。

■寄親・寄子制度（よりおや・よりこせいど）

戦国時代における家臣団管理システムの一つ。大名が有力家臣に家臣を預け、自分の代わりに管理させた。

■与力（よりき）

加勢する人の意。織田信長政権下では、重鎮の助っ人として派遣された家臣。

ら

■乱破（らっぱ）

忍者のこと。主に東国で用いられる。山賊などを指すこともあった。

■領国（りょうごく）

支配する国、領土のこと。

■塁（るい）

敵の侵入や攻撃を防ぐために土などを盛り上げたもの。土のものを土塁、石のものを石塁という。

■禄（ろく）

封禄（ほうろく）ともいう。今で言うところの給料で年俸制。

索引

あ

合印（あいじるし）……242
明智光秀（あけちみつひで）……188
浅井長政（あざいながまさ）……184
足利学校（あしかががっこう）……60
足軽（あしがる）……80、242
足軽大将（あしがるだいしょう）..22、242
安宅船（あたけぶね）……128
穴太衆（あのうしゅう）……232、242
安堵（あんど）……242
家衆（いえしゅう）……16
イエズス会……234
伊賀（いが）……238
石落（いしおとし）……242
石垣（いしがき）……100、242
石川五右衛門（いしかわごえもん）……240
石田三成（いしだみつなり）……202
伊勢盛時（いせもりとき）……162
市場銭（いちばせん）……30
一番首（いちばんくび）……134
一番乗り（いちばんのり）……134
一番槍（いちばんやり）……134
一門衆（いちもんしゅう）……16、242
一揆（いっき）……242
一向宗（いっこうしゅう）……224、242
犬追物（いぬおうもの）……58
今井宗久（いまいそうきゅう）……228
今川義元（いまがわよしもと）……168
諱（いみな）……52
印判（いんばん）……50
上杉謙信（うえすぎけんしん）……178
氏（うじ）……54
打違袋（うちがいぶくろ）……112
打掛姿（うちかけすがた）……64
打刀（うちがたな）……114
空穂（うつほ）……118
有徳銭（うとくせん）……30
馬印（うまじるし）……124、242
馬揃（うまぞろえ）……242
馬廻（うままわり）……242
馬廻衆（うままわりしゅう）……22
卜部兼倶（うらべかねとも）……228
役銭（えきせん）……30
烏帽子親（えぼしおや）……242
偃月（えんげつ）……88
延暦寺（えんりゃくじ）……222
奥州探題（おうしゅうたんだい）……160
応仁の乱（おうにんのらん）……156
大内義興（おおうちよしおき）……172
大坂夏の陣（おおさかなつのじん）……204
大坂冬の陣（おおさかふゆのじん）……204
大手（おおて）……242
大手門（おおてもん）……242
大友宗麟（おおともそうりん）……194
大身槍（おおみやり）……116
瘧（おこり）……44
織田大名（おだだいみょう）……10
織田信長（おだのぶなが）……182
小田原征伐（おだわらせいばつ）……196
覚書（おぼえがき）……216

か

海賊（かいぞく）……240
海北友松（かいほくゆうしょう）……228
花押（かおう）……50、242
鶴翼（かくよく）……88
笠懸（かさがけ）……58
肩衣（かたぎぬ）……62
刀（かたな）……114
家中（かちゅう）……242
加藤清正（かとうきよまさ）……202
家督（かとく）……242
姓（かばね）……54
兜仏（かぶとぼとけ）……112
鏑矢（かぶらや）……118
寡兵（かへい）……242

鎌倉公方（かまくらくぼう）……38
鎌倉府（かまくらふ）……38
鎌槍（かまやり）……116
上方（かみがた）……242
搦手（からめて）……242
狩衣姿（かりぎぬすがた）……62
家老（かろう）……20
雁行（がんこう）……88
間者（かんじゃ）……243
感状（かんじょう）……136、243
官職（かんしょく）……36
貫高制（かんだかせい）……32
関東管領（かんとうかんれい）……38
管領（かんれい）……38、243
聞書（ききがき）……216
奇襲（きしゅう）……98
亀甲車（きっこうしゃ）……102
着到状（きとうじょう）……78
九州征伐（きゅうしゅうせいばつ）……194
給人（きゅうにん）……243
饗応（きょうおう）……46
魚鱗（ぎょりん）……88
キリシタン大名……246
近習（きんじゅう）……20、243
禁制（きんせい）……132
九鬼水軍（くきすいぐん）……104
公家（くげ）……218
草摺（くさずり）……122
国衆（くにしゅう）……243
首実検（くびじっけん）……243
競馬（くらべうま）……48
蔵役（くらやく）……30
曲輪（くるわ）……100、243
軍記物（ぐんきもの）……216
軍使（ぐんし）……243
軍師（ぐんし）……82
軍事的上洛（ぐんじてきじょうらく）……40
郡代（ぐんだい）……20
軍忠状（ぐんちゅうじょう）……134、243
軍配（ぐんばい）……243
軍配者（ぐんばいしゃ）……82、243
軍奉行（ぐんぶぎょう）……22、243
軍法（ぐんぽう）……243
軍目付（ぐんめつけ）……22
軍役（ぐんやく）……78
軍令（ぐんれい）……243
檄文（げきぶん）……84
下向（げこう）……243
下剋上（げこくじょう）……12
結婚（けっこん）……70
蹴鞠（けまり）……48
謙信（けんしん）……→上杉謙信
検知（けんち）……32
元服（げんぷく）……243
源平交迭（げんぺいこういつ）……54
減封（げんぽう）……243
甲賀（こうが）……238
攻城車（こうじょうしゃ）……102
攻城兵器（こうじょうへいき）……102
豪族（ごうぞく）……243
紅毛人（こうもうじん）……234
衝軛（こうやく）……88
甲陽軍鑑（こうようぐんかん）……210
御恩（ごおん）……18
五経（ごきょう）……60
国人（こくじん）……243
石高（こくだか）……32
石高制（こくだかせい）……32
虎口（こぐち）……243
石盛（こくもり）……32
腰籠（こしかご）……112
腰刀（こしがたな）……114
腰兵糧（こしひょうろう）……112
腰巻姿（こしまきすがた）……64
御所（ごしょ）……243
小姓（こしょう）……20、243
拵（こしらえ）……114、244
御成敗式目（ごせいばいしきもく）……28
小袖（こそで）……64
小袖袴姿（こそではかますがた）……62
後詰（ごづめ）……244
籠手（こて）……122

小荷駄奉行（こにだぶぎょう）……22
近衛前久（このえまえひさ）……218
小早（こはや）……128
小人（こびと）……244
古文書（こもんじょ）……216
五輪塔（ごりんとう）……152
強飯（こわいい）……46

さ

座（ざ）……244
斉藤道三（さいとうどうざん）……166
采配（さいはい）……244
月代（さかやき）……62
作事（さくじ）……96
指物（さしもの）……124
真田幸村（さなだゆきむら）……204
侍大将（さむらいだいしょう）……22、244
三管領（さんかんれい）……170
三国同盟（さんごくどうめい）……178
三摂家（さんせっけ）……38
式三献（しきさんこん）……86
直臣（じきしん）……20、244
重籐（しげとう）……118
士豪（しごう）……236
四識（ししき）……170
時宗（じしゅう）……222
四書（ししょ）……60
賤ヶ岳（しずがたけ）……190
七書（しちしょ）……60
殿払い（しつばらい）……244
実録（じつろく）……216
私的上洛（してきじょうらく）……40
地頭（じとう）……244
地取り（じどり）……96
忍物見（しのびものみ）……92
島津義久（しまづよしひさ）……194
積聚（しゃくじゅう）……44
車借（しゃしゃく）……150
宿老（しゅくろう）……20
守護（しゅご）……38、244
守護代（しゅごだい）……38、244
守護大名（しゅごだいみょう）……10、244
出陣式（しゅつじんしき）……86
出奔（しゅっぽん）……244
書院造り（しょいんづくり）……42
城下町（じょうかまち）……146
将軍（しょうぐん）……220
城主（じょうしゅ）……244
精進潔斎（しょうじんけっさい）……86
城代（じょうだい）……244
浄土真宗（じょうどしんしゅう）……222
城壁（じょうへき）……100
上洛（じょうらく）……40
庶子（しょし）……244
諸役（しょやく）……20
地割（じわり）……244
陣（じん）……106
陣笠（じんがさ）……112
殿（しんがり）……134、244
陣形（じんけい）……88
信玄（しんげん）……→武田信玄
真言宗（しんごうしゅう）……222
陣僧（じんそう）……244
信長記（しんちょうき）……208
信長公記（しんちょうこうき）……208
寝殿造り（しんでんづくり）……42
神道（しんとう）……226
陣夫役（じんぶやく）……34
陣触（じんぶれ）……78、244
陣法（じんぽう）……88
陣屋（じんや）……244
水練（すいれん）……48
素襖姿（すおうすがた）……62
素破（すっぱ）……238
脛当（すねあて）……122
相撲（すもう）……48
素槍（すやり）……116
正攻法（せいこうほう）……98
井楼（せいろう）……102
関ヶ原の戦い（せきがはらのたたかい）……202
関船（せきぶね）……128
戦国家法（せんごくかほう）……28

戦国時代（せんごくじだい）……12
戦国大名（せんごくだいみょう）..10、244
戦国武将（せんごくぶしょう）……8
戦国法（せんごくほう）……28
禅宗（ぜんしゅう）……222
千利休（せんのりきゅう）……228
先鋒（せんぽう）……244
奏者（そうじゃ）……245
総大将（そうだいしょう）……22
惣無事令（そうぶじれい）……194
総矢倉（そうやぐら）……128
惣領（そうりょう）……245
束帯姿（そくたいすがた）……62

た

代官（だいかん）……20
大名（だいみょう）……245
大紋姿（だいもんすがた）……62
内裏（だいり）……245
鷹狩り（たかがり）……48
武田信玄（たけだしんげん）……166、178
竹束（たけたば）……102
武田八陣（たけだはちじん）……88
武田晴信（たけだはるのぶ）……166
武野紹鴎（たけのじょうおう）……228
他国衆（たこくしゅう）……20
太刀（たち）……114
伊達政宗（だてまさむね）……198
多宝塔（たほうとう）……152
力攻め（ちからぜめ）……245
治罰綸旨（ちばつりんじ）……84
嫡子（ちゃくし）……245
着到奉行（ちゃくとうぶぎょう）……78
茶の湯（ちゃのゆ）……48
茶坊主（ちゃぼうず）……245
中国大返し（ちゅうごくおおがえし）..190
中風（ちゅうふう）……44
中老（ちゅうろう）……20
長囲（ちょうい）……98
長蛇（ちょうだ）……88
調略（ちょうりゃく）……98、245
津（つ）……146
通名（つうめい）……52
使番（つかいばん）……22、245
鉄甲船（てっこうせん）……128
鉄砲足軽（てっぽうあしがる）……22
鉄砲大将（てっぽうだいしょう）……22
鉄砲奉行（てっぽうぶぎょう）……22
手槍（てやり）……116
天下布武（てんかふぶ）……50
天守（てんしゅ）……100、245
天台宗（てんだいしゅう）……222
天王山（てんのうざん）……190
田畠薙ぎ（でんぱくなぎ）……245
転封（てんぽう）……245
伝馬（てんま）……150
伝馬役（てんまやく）……34
唐瘡（とうかさ）……44
当世具足（とうせいぐそく）……122
塔天車（とうてんしゃ）……102
胴服（どうふく）……62
道服（どうふく）……62
同朋衆（どうほうしゅう）……245
胴丸（どうまる）……122
徳川家康（とくがわいえやす）……182
主殿造り（とのもづくり）……42
豊臣大名（とよとみだいみょう）……10
豊臣秀吉（とよとみひでよし）……190
豊臣秀頼（とよとみひでより）……200
取次（とりつぎ）……245

な

長柄（ながえ）……116
長尾景虎（ながおかげとら）……178
長篠の戦い（ながしののたたかい）……186
長刀（なぎなた）……116
撫切（なでぎり）……245
形象印（なりじるし）……124
縄張（なわばり）……96、245
南蛮人（なんばんじん）……234
南蛮胴（なんばんどう）……122
日記（にっき）……216

日本史（にほんし）......214
入道（にゅうどう）......66
忍者（にんじゃ）......238
塗籠籐（ぬりごめとう）......118
年貢（ねんぐ）......30
担猿（のきざる）......238
狼煙（のろし）......148

は

陪臣（ばいしん）......18、245
佩楯（はいだて）......122
馬具（ばぐ）......126
羽柴秀吉（はしばひでよし）......190
馬借（ばしゃく）......150
破傷風（はしょうふう）......44
旗足軽（はたあしがる）......22
旗印（はたじるし）......124
旗大将（はただいしょう）......22
旗奉行（はたぶぎょう）......22
バテレン追放例......234
早合（はやごう）......120
早船（はやぶね）......128
腹巻（はらまき）......122
半垣（はんがき）......128
半知（はんち）......245
被官（ひかん）......245
干殺し（ひごろし）......98
火攻め（ひぜめ）......245
鐚銭（びたせん）......144
直垂姿（ひたたれすがた）......62
人質（ひとじち）......26
姫飯（ひめいい）......46
評定（ひょうじょう）......245
兵糧攻め（ひょうろうぜめ）......245
兵糧袋（ひょうろうぶくろ）......112
平城（ひらじろ）......94
平山城（ひらやまじろ）......94
風間（ふうま）......238
奉行（ぶぎょう）......20、245
副将（ふくしょう）......22
武功夜話（ぶこうやわ）......212
武功夜話拾遺（ぶこうやわしゅうい）..212
普請（ふしん）......96、245
普請役（ふしんやく）......34
譜代（ふだい）......246
譜代衆（ふだいしゅう）......20
扶持（ふち）......246
仏教（ぶっきょう）......222
夫役（ぶやく）......34
仏郎機（ふらんき）......102
古田織部（ふるたおりべ）......228
分国法（ぶんこくほう）......28
偏諱（へんき）......52
方円（ほうえん）......88
宝篋印塔（ほうきょういんとう）......152
奉公（ほうこう）......18
法号（ほうごう）......52
奉公衆（ほうこうしゅう）......20
鋒矢（ほうし）......88
奉書（ほうしょ）......246
北条早雲（ほうじょうそううん）......162
疱瘡（ほうそう）......44
法名（ほうみょう）......52
法華宗（ほっけしゅう）......222
堀（ほり）......246
母衣（ほろ）......124
本陣（ほんじん）......246
本能寺の変（ほんのうじのへん）......188

ま

松平家康（まつだいらいえやす）......182
松平元康（まつだいらもとやす）......182
水攻め（みずぜめ）......98、246
水手（みずのて）......246
名字（みょうじ）......54
三好元長（みよしもとなが）......170
武者大将（むしゃだいしょう）......22
村上水軍（むらかみすいぐん）......104
目付（めつけ）......246
面頬（めんぽう）......122
盲船（もうせん）......128
毛利輝元（もうりてるもと）......202

毛利元就（もうりもとなり）……172
木まん（もくまん）……102
もぐら攻め（もぐらせめ）……98
持備（もちぞなえ）……102
物見（ものみ）……92、246
桃尻（ももじり）……126
門前町（もんぜんまち）……146

や

矢合わせ（やあわせ）……90
御館（やかた）……246
櫓（やぐら）……100、246
矢銭（やせん）……30
矢箱（やばこ）……118
矢狭間（やはざま）……100
流鏑馬（やぶさめ）……58
山城（やまじろ）……94
槍（やり）……116
槍足軽（やりあしがる）……22
槍下の功名（やりしたのこうみょう）……134
槍大将（やりだいしょう）……22
槍奉行（やりぶぎょう）……22
猶子（ゆうし）……246
右筆（ゆうひつ）……20、246
弓大将（ゆみだいしょう）……22
弓奉行（ゆみぶぎょう）……22
弓矢（ゆみや）……118
幼名（ようみょう）……52
吉田兼倶（よしだかねとも）……228
会合衆（よりあいしゅう）……246
寄親・寄子制度（よりおや・よりこせいど）……20、246
与力（よりき）……246
鎧櫃（よろいびつ）……112

ら・わ

楽市楽座（らくいちらくざ）……230
乱破（らっぱ）……238、246
領国（りょうごく）……246
綸旨（りんじ）……40
塁（るい）……246
恋愛（れんあい）……68
連歌（れんが）……48
労咳（ろうがい）……44
老中（ろうじゅう）……20
籠城（ろうじょう）……100
禄（ろく）……246
論功行賞（ろんこうこうしょう）……136
若中老（わかちゅうろう）……20
脇差（わきざし）……114
脇大将（わきだいしょう）……22
倭寇（わこう）……240

参考文献・資料一覧

■史料

『おあむ物語用語索引』 小林祥次郎編 小林祥次郎
『奥羽永慶軍記』 戸部一憨斎正直著 今村義孝校注 新人物往来社
『完訳フロイス日本史』 1～12 ルイス・フロイス著 松田毅一／川崎桃太訳 中央公論新社
『原本現代訳 甲陽軍鑑』 腰原哲朗訳 教育社
『信長公記』 上下 大田牛一著 中川太古訳 新人物往来社
『日本思想大系26 三河物語・葉隠』 岩波書店
『備前老人物語 武功雑記』 神郡周校注 現代思潮社
『武功夜話 前野家文書』 1～3 吉田孫四郎雄翟編著 吉田蒼生雄訳注 新人物往来社
『武功夜話 前野家文書 補巻』 吉田孫四郎雄翟編著 吉田蒼生雄訳注 新人物往来社
『葉隠』 上中下 山本常朝口述、田代陣基筆記、和辻哲郎／古川哲史校訂 岩波書店

■著作

『「戦国合戦」意外・驚きエピソード 信長・秀吉・家康と、武将たちのちょっと珍しい話』 加賀康之著 PHP研究所
『「武功夜話」のすべて』 瀧喜義著 新人物往来社
『「武功夜話」異聞 ー偽書『武功夜話』の徹底検証』 勝村公著 批評社
『ここが一番面白い！ 戦国時代の舞台裏』 歴史の謎研究会編 青春出版社
『カラー版徹底図解 戦国時代 一族の存亡を賭け、目指すは天下』 榎本秋 新星出版社
『カルテ拝見 武将の死因』 杉浦守邦著 東山書房
『一乗谷』 朝倉氏遺跡調査研究所編 朝倉氏遺跡資料館
『絵で見て納得！ 時代劇のウソ・ホント』 笹間良彦著 遊子館
『稀代の軍師 黒田官兵衛』 播磨研究所編 神戸新聞総合出版センター
『九州戦国合戦記』 吉永正春著 海鳥社
『軍師・参謀』 小和田哲男著 中央公論社
『軍需物資から見た戦国合戦』 盛本昌広著 洋泉社
『激突！ 城攻めのなぞ』 井上宗和監修 学習研究社
『現代教養文庫678 日本剣豪列伝』 江崎俊平著 社会思想社
『考証 戦国時代入門 常識・通説とちがう乱世の生活』 稲垣史生著 徳間書店
『国別 守護・戦国大名事典』 西ヶ谷恭弘編 東京堂出版
『室町戦国の社会 商業・貨幣・交通』 永原慶二著 吉川弘文館
『呪術と占星の戦国史』 小和田哲男著 新潮社
『松平家忠日記』 盛本昌広著 角川書店
『城のつくり方図典』 三浦正幸著 小学館
『城の見方ハンドブック』 菅井靖雄著 池田書店
『新版 古文書も読めるくずし字辞典』 池田こういち著 学習研究社
『新版 雑兵たちの戦場』 藤木久志著 朝日新聞社
『図説戦国武将おもしろ事典』 奈良本辰也監修 三笠書房
『図説日本文化の歴史6 南北朝・室町』 熱田公編 小学館
『図説日本文化の歴史7 安土桃山』 原田伴彦編 小学館
『戦国の村の日々』 水藤真著 東京堂出版
『図解雑学戦国史』 源城政好編著 ナツメ社
『戦国史事典』 桑田忠親監修 秋田書店

『戦国時代の大誤解』 鈴木眞哉著 PHP研究所
『戦国時代の謎と怪異』 桑田忠親著 日本文芸社
『戦国時代用語辞典』 外川淳著 学習研究社
『戦国人名事典』 阿部猛／西村圭子編 新人物往来社
『戦国大名と天皇 室町幕府の解体と王権の逆襲』 今谷明著 福武書店
『戦国大名の権力構造』 藤木久志著 吉川弘文館
『戦国大名の日常生活』 笹本正治著 講談社
『戦国大名マニュアル』 米沢二郎／野田克哉／竹内祐之著 新紀元社
『戦国大名論集1 戦国大名の研究』 永原慶二編 吉川弘文館
『戦国武将 知れば知るほど』 小和田哲男監修 実業之日本社
『戦国武将』 小和田哲男著 中央公論社
『戦国武将のこころ 近江浅井氏と軍書の世界』 笹川祥生著 吉川弘文館
『戦国武将のゴシップ記事』 鈴木眞哉著 PHP研究所
『戦国武将の手紙を読む ー乱世に生きた武将の鮮烈な心状』 二木謙一著 角川書店
『戦国武将の生活』 桑田忠親著 角川書店
『戦国武将の墓相』 杉浦岱典著 秋田書店
『戦国武将ものしり事典』 主婦と生活社編 主婦と生活社
『戦国乱世の民俗誌』 赤松啓介著 明石書店
『戰國武家事典』 稲垣史生著 青蛙房
『全集 日本の歴史8 戦国の活力』 山田邦明著 小学館
『早わかり戦国史』 外川淳編著 日本実業出版社
『知識ゼロからの戦国武将』 小和田哲男著 幻冬舎
『刀剣鑑定手帖』 佐藤貫一著 財団法人日本美術刀剣保存協会
『謎解き戦国武将常識のウソ』 戦国新説研究会編 一水社
『日本の時代史12 戦国の地域国家』 有光友學著 吉川弘文館
『日本の女性風俗史』 切畑健編 紫紅社
『日本の美術No.340 武家の服飾』 丸山信彦著 至文堂
『日本の歴史11 戦国大名』 杉山博著 中央公論社
『日本医療史』 新村拓編 吉川弘文館
『日本風俗史事典』 日本風俗史学会編 弘文堂
『日曜歴史家への誘い 戦国合戦の虚実』 鈴木眞哉著 講談社
『年表戦国史』 二木謙一著 新人物往来社
『戦国おもしろ読本』 桑田忠親著 廣済堂
『武田信玄 城と兵法』 上野晴朗著 新人物往来社
『面白いほどよくわかる戦国史』 鈴木旭著 日本文芸社
『目からウロコの戦国時代 ー史料から読み解く、武将たちの本当の舞台裏』 谷口克弘著 PHP研究所
『歴史図解 戦国合戦マニュアル』 東郷隆／上田信著 講談社
『歴史文化ライブラリー240 信長のおもてなし 中世食べもの百科』 江後迪子著 吉川弘文館
『城 その伝説と秘話』 江崎俊平著 日貿出版社
『続城 その伝説と秘話』 江崎俊平著 日貿出版社
『武家戦陣資料事典』 笹間義彦著 第一書房
『生き方の鑑 辞世のことば』 赤瀬川原平監修 講談社
『辞世の句と日本人の心』 吉田迪雄著 東洋館出版
『辞世のことば』 中西進著 中公新書

■雑誌・研究論文

「一向一揆と土一揆」(『戦国史研究第48号』) 神田千里著
「戦国期における火薬(玉薬)について」(『戦国史研究第47号』) 荒垣恒明著
「戦国期における陣僧と陣僧役」(『戦国史研究第30号』) 吉田政博著
「戦国期の「国」について」(『戦国史研究第49号』) 池享著
「戦国期栄典と大名・将軍を考える視点」(『戦国史研究第51号』) 山田康弘著
「戦国記領主層の歴史的位置」(『戦国史研究別冊』) 菊池浩幸著
「戦国大名の経済基盤を巡って」(『戦国史研究第57号』) 黒田基樹著
「戦場の商人—戦場の社会史によせて—」(『戦国史研究第28号』) 藤木久志著
「縄文時代から現代に至る関東地方人身長の時代的変化」(『人類史第80号』) 平本嘉助著
「豊臣政権の軍役」(『戦国史研究第44号』) 平野明夫著
『週刊朝日百科日本の歴史23 中世から近世へ1 戦国大名』 朝日新聞社
『週刊朝日百科日本の歴史24 中世から近世へ2 鉄砲伝来』 朝日新聞社
『週刊朝日百科日本の歴史25 中世から近世へ3 キリシタンと南蛮文化』 朝日新聞社
『週刊朝日百科日本の歴史26 中世から近世へ4 一向一揆と石山合戦』 朝日新聞社
『週刊朝日百科日本の歴史28 中世から近世へ6 楽市と駆け込み寺』 朝日新聞社
『週刊朝日百科日本の歴史29 中世から近世へ7 関ヶ原』 朝日新聞社
『天下布武 織田信長』 新人物往来社
『別冊歴史読本93号 事典に載らない戦国武将の居城と暮らし』 新人物往来社
『別冊歴史読本 考証事典シリーズ9 決定版戦国時代考証総覧』 新人物往来社
『別冊歴史読本 謎の日本史2 鎌倉・室町・戦国編』 新人物往来社
『歴史群像アーカイブ6 戦国合戦入門』 学習研究社
『歴史群像グラフィック戦史シリーズ 戦略戦術兵器事典 日本戦国編』 学習研究社
『歴史群像シリーズ特別編集 決定版図説・戦国甲冑』 伊澤昭二監修 学習研究社
『歴史群像シリーズ特別編集 決定版図説戦国合戦地図集』 学習研究社
『歴史雑学BOOK 図解知ってるようで知らない戦国合戦【バトル】の戦い方』 総合図書

F-Files No.026

図解　戦国武将

2010年5月4日　初版発行

著者　池上良太（いけがみ　りょうた）

カバーイラスト　渋谷ちづる
本文イラスト　渋谷ちづる
シブヤユウジ
編集　株式会社新紀元社編集部
デザイン・DTP　株式会社明昌堂

発行者　大貫尚雄
発行所　株式会社新紀元社
〒101-0054　東京都千代田区神田錦町3-19
楠本第3ビル4F
TEL：03-3291-0961
FAX：03-3291-0963
http://www.shinkigensha.co.jp/
郵便振替　00110-4-27618

印刷・製本　株式会社リーブルテック

ISBN978-4-7753-0810-3
定価はカバーに表示してあります。
Printed in Japan